采油企业设备精益管理与实践

马立军　贾品元　编著

中国石化出版社

内 容 提 要

本书重点对采油企业设备精益管理理论、管理要求、推进方法、主要设备精益管理方式、精益管理实践应用效果、精益管理创新提升方法进行了阐述，并列举了国内部分企业设备精益管理成功经验。

本书适合作为油田企业各级设备管理人员、技术人员培训及学习用书，也可供其他行业设备管理人员参考，还可作为普通高等院校相关专业学习及参考用书。

图书在版编目(CIP)数据

采油企业设备精益管理与实践 / 马立军，贾品元编著.—北京：中国石化出版社，2022.2
ISBN 978-7-5114-6582-5

Ⅰ.①采… Ⅱ.①马… ②贾… Ⅲ.①石油开采-石油企业-设备管理-研究-中国 Ⅳ.①F426.22

中国版本图书馆 CIP 数据核字(2022)第 025442 号

中国石化出版社出版发行

地址：北京市东城区安定门外大街 58 号
邮编：100011　电话：(010)57512500
发行部电话：(010)57512575
http://www.sinopec-press.com
E-mail:press@sinopec.com
北京力信诚印刷有限公司印刷
全国各地新华书店经销

*

787×1092 毫米 16 开本 12 印张 235 千字
2022 年 2 月第 1 版　2022 年 2 月第 1 次印刷
定价：59.00 元

前言

党的十九大报告提出，要深化国有企业改革，培育具有全球竞争力的世界一流企业。一流企业应该有一流的设备管理水平和装备创效能力，国家也出台一系列政策措施支持鼓励设备发展。中国经济进入“新常态”，企业管理面临新的挑战，如何处理好传统设备管理方式与新发展需求的关系，是今后一个时期企业设备管理的主要任务。

“细节决定成败，精益成就品质”。综观中外许多企业的成功之道，其之所以能有杰出的成就，往往主要是管理层始终把细节的竞争贯彻于整个生产和经营始终。细节的竞争既是成本、工艺和创新的竞争，也是各个环节协调能力的竞争，精益化设备管理是企业打造核心竞争力的重要途径。

设备管理是石油、石化企业生产管理的重要内容之一，是生产力的重要组成要素，体现了现代化油公司的治理能力。当前，国内外新设备、新技术、新材料发展迅速，人工智能、大数据、物联网等技术为油田提升现代化管理水平提供了有效的物质支撑，我们必须紧抓机遇，不仅要在油气产量上站排头、当先锋，也要在推进管理升级上树标杆、做表率。

在油田，设备管理工作繁琐复杂、头绪多。设备管理既是管理工作，也是技术工作。如何提升设备管理，做到精益管理，是摆在设备管理人员面前的课题。本书作者长期在油田采油一线工作，有着作业区、采油厂不同层面的工作经历。马立军从事过工艺管理、生产指挥工作，贾品元从事过设备管理工作，他们都对油田设备管理工作不断创新实践，特别是在精益管理方面做了许多探索和尝试。

本书重点对采油企业设备精益管理理论、管理要求、推进方法、油田主要设备精益管理方式、精益管理实践应用效果、精益管理创新提升方法进行了阐述，并列举了国内部分企业设备精益管理成功经验。希望对油田企业设备管理人员有所帮助和借鉴。

本书在编写过程中得到了长庆油田公司李宁会教授级高工、华南理工大学刘桂雄教授的大力指导，同时也得到了相关专业人员的帮助，在此一并表示感谢。

由于笔者水平有限，在编写过程中难免出现错误和不足，敬请广大读者提出宝贵意见。

目录

第一章　设备精益管理概论

设备精益管理是以提高设备运行效率，降低运行成本为目标，不断完善设备相关标准，创新管理理念，形成特色管理体系、保障体系，实现设备安全、平稳、高效、经济运行。设备管理精益化是一项艰巨的系统工程，相对常规管理是更高层次的管理，必须要做到全员统一，提高认识，敢于创新，勇于实践，使采油企业设备管理更加规范化，持续提升设备管理的整体水平，始终确保设备处于最佳运行状态，做到设备全生命周期效益最大化。

第一节　精益管理理论的起源与发展

精益管理源自精益生产(lean production)，是衍生自丰田生产方式的一种管理哲学。精益管理由最初的在生产系统的管理实践成功，已经逐步延伸到企业的各项管理业务，也由最初的具体业务管理方法，上升为战略管理理念。它能够通过提高顾客满意度、降低成本、提高质量、加快流程速度和改善资本投入，使组织社会性的价值实现最大化。

一、起源

1937 年 8 月，丰田喜一郎在日本成立了“丰田汽车工业株式会社”，但是很快公司就遇到了发展瓶颈，并且到了山穷水尽的地步。1950 年，为了扭转公司发展的颓势，丰田公司的丰田英二带着公司的高管远赴美国福特汽车公司进行了为期 12 周的考察。他惊奇地发现大批量生产方式根本不适合日本。后来，大野耐一上台后，他根据美国超市的经营理念提出了一个没有浪费的假设，并将其运用于公司的汽车生产。此后，消除浪费的行动在全丰田公司展开，精益管理理论的起源与运用研究之后便产生了精益管理的工具。经过近 30 年的努力，丰田生产系统(TPS)形成，并且丰田公司成功赶超美国福特汽车公司，使日本成为世界汽车生产大国，精益生产方式开始被世界瞩目。在市场竞争中遭受失败的美国汽车工业管理者，终于意识到致使其竞争失败的原因是大批量生产方式输给了丰田的精益生产方式。于是，美国专家开始组织研究精益生产方式，最著名的是麻省理工学院组织的耗资 500 万美元、耗时 5 年的研究，1990 年詹姆斯·P·沃麦克、丹尼尔·T·琼斯和丹尼尔·T·路斯合著的《改变的机器》一书标志着精益生产的正式形成。

二、精益思想的形成

20世纪90年代，美国开始对精益生产进行大规模的研究和生产实践，这一系列的研究普遍证明了精益思想的实践意义，并且逐渐成为新一代的生产哲学。特别是在1996年詹姆斯·P·沃麦克和丹尼尔·T·琼斯合著的《精益思想》(Lean Thinking)一书的问世，使得精益生产方式由经验上升为理论。精益思想包括精益生产、精益管理、精益设计和精益供应等一系列的内容，精益思想的核心就是用最小的资源投入(包括人力、设备、资金、材料、时间和空间等方面)来获取最大的价值，用以确保产品或服务的质量。所谓“精”就是指生产过程中的“零事故”“零缺陷”“零差错”，追求“尽善尽美”和“精益求精”。所谓“益”主要体现在生产成本和生产效益两方面，主要是指“零浪费”，在生产过程中只有低成本才能获得高收益。总体来说，精益思想并不仅仅是追求生产成本的最低和企业眼中的质量最优，它其实最终追求的是使客户和企业都满意的质量，实现成本和质量的完美搭配和最佳配置，以及实现产品性能价格的最优比。

三、精益管理理论的完善与推行

“精益”起源于精益生产，并在精益生产的基础上逐渐形成和发展，形成了一种以精益理论为核心和指导，应用系统化工具的管理模式——精益管理模式，精益管理是在精益生产理论基础上丰富和发展起来的管理理论。精益生产作为生产组织方式，它关注强调的是生产体系；精益管理其实就是广义意义上的精益生产，精益管理将管理所关注的视角扩大到了生产系统以外，是以客户需求为导向，将整个产品的价值流及相关辅助的活动纳入管理、关注的范围，以持续改进和精益求精为管理所追求的目标，以“人本思想”作为价值导向，从而形成企业特色文化，运用科学方法和前沿的管理技术管理各类资源的管理模式。

精益管理要求企业的各项活动都必须运用“精益思维”(Lean Thinking)。“精益思维”的核心就是以最小资源投入，包括人力、设备、资金、材料、时间和空间，创造出尽可能多的价值，为顾客提供新产品和及时的服务。

精益管理的目标可以概括为：企业在为顾客提供满意的产品与服务的同时，把浪费降到最低程度。企业生产活动中的浪费现象很多，常见的有：错误——提供有缺陷的产品或不满意的服务；积压——因无需求造成的积压和多余的库存；过度加工——实际上不需要的加工和程序；多余搬运——不必要的物品移动；等候——因生产活动的上游不能按时交货或提供服务而等候；多余的运动——人员在工作中不必要的动作；提供顾客并不需要的服务和产品。努力消除这些浪费现象是精益管理的最重要的内容。

第二节　精益管理的含义及理念

一、定义

说法一：精益管理是要求企业的各项活动都必须运用“精益思维”(Lean Thinking)。“精益思维”的核心就是以最小资源投入，包括人力、设备、资金、材料、时间和空间，准时地(JIT)创造出尽可能多的价值，为顾客提供新产品和及时的服务。

说法二：精益思想是指运用多种现代管理方法和手段，以社会需求为依据，以充分发挥人的作用为根本，有效配置和合理使用资源，最大限度地为企业谋求经济效益的一种新型的经营管理理念。

说法三：针对设备，精益管理定义为：不仅追求单体设备的高效运行，更追求设备与系统的匹配，追求降低寿命周期费用，对设备的每一个环节精打细算、精确定位、精益求精、追求效益。

二、精益管理常用方法及工具

精益管理体系过程的监视、测量和分析所使用的管理工具与方法分为基本方法、分析工具及管理工具。

1. 基本方法

(1) PDCA 循环法：PDCA 循环，又称戴明环，对管理的影响具有划时代意义，是最基础、最重要的管理方法。PDCA 是英语单词 Plan(计划)、Do(执行)、Check(检查)和 Action(处理)的第一个字母，PDCA 循环就是按照这样的顺序进行质量管理，并且循环不止地进行下去的科学程序。

(2) DMAIC 法：DMAIC 是六西格玛管理中流程改善的重要工具。DMAIC 是指定义(Define)、测量(Measure)、分析(Analyze)、改进(Improve)、控制(Control)五个阶段构成的过程改进方法，一般用于对现有流程的改进，包括制造过程、服务过程以及工作过程等。

2. 分析工具

(1) 价值流图分析(VSM)：是丰田精实制造生产系统框架下的一种用来描述物流和信息流的形象化工具，其目的是为了辨识和减少生产过程中的浪费。

(2) 影响因素分析工具：检查表、层别法、鱼骨图(因果图、特性要因图、5M1E 分析法)、5W1H 法、5Why 法。

(3) 统计技术分析工具：排列图、散布图、控制图、直方图、平均故障间隔时间(MTBF)、故障平均处理时间(MTTR)。

(4) 关联关系分析工具：亲和图(KJ 法)、系统图(树图)、矩阵图、矩阵数学解析法、价值工程。

（5）选择最佳途径工具：箭线图（矢线图）、过程决策图（PDPC 法）、关联图。

3. 管理工具

（1）现场管理工具：6S 管理、定置管理、看板管理、目视化管理、全员生产维护（TPM）。

（2）流程管理工具：流程优化（BPR）、组织系统模型（SIPOC）、准时化生产（JIT）、一件流（OPF）、快速换模（SMED）、防差错管理（EPM）。

（3）标准化管理工具：标准化维持（SDCA）、标准化作业程序（SOP）。

（4）人员提升管理工具：班组建设、合理化建议（全员改善提案）、QC 活动、A3 报告、一线主管技能培训（TWI）、单点课程（OPL）、8D 工作法（适用于解决可能遇到的简单或复杂问题，其方法就是建立一个体系，让整个团队共享信息，努力达成目标）。

三、精益管理理念

精益化管理是一种高效、集约管理方式，要求在管理过程中，组织通过相应管理工具建立科学量化标准和可操作、易执行的作业规则，要求全员参与，内部管理规范化，实现全过程管理，其中规则包括程序和各业务单元的制度。在精益化管理理论出现之前，精细化管理伴随科学管理之父泰勒的《科学管理原理》产生，其产生背景是二战后企业生产规模逐渐扩大，生产技术日益复杂，产品生产周期缩短，对生产的协调性要求较高，生产活动注重定量分析，这种情况就向企业生产过程提出了更加精细化的要求以精益生产为主的思想后来逐步延伸到营销领域，尽管其困难要大大高于生产领域，但是对企业管理带来的提升却显而易见，一些跨国企业开始实行通路精耕，特别是终端工作精细化，进而形成了精细化管理理论。

精细化管理超越了传统的粗犷式管理方式，将详细、明确的量化标准贯穿到管理的各个环节，其最基本特征就是重视过程和细节，注重企业生产经营中的每一件事、每一个细节。与精细化不同，精益化更加注重管理效率，追求减少不必要资源的投入与消耗，以最小的投入，取得最大的产出，全面灵活、优质高效为用户“提供服务”，也就是消除产品研发设计、生产、管理过程中的无效工作，以最优质量、最低成本及最高效率响应市场，使企业效益最大化。

第三节　设备精益管理的作用和意义

一、开展设备精益管理的背景

基于采油企业设备管理体系建设和设备管理标准化示范点打造，为优化设备管理信息和数据的采集、传递和应用，助力油田采油企业实现稳油增气、持续高质量发展，针对设备全生命周期创造价值最大化的目标要求，笔者分析研究了油田采油企业现有设备管理现状，并梳理出油气田设备精益管理的实施途径；同时，建设完善与“开源节流、降本增效”和“精细管理、提质增效”等企业管理创新创效要求相一致的，以“责任化分工、流程化管理、规范化运行、智能化支撑”为标志的采油企业设备精益管理模式并推广应用。例 1-1 列出了目前管理存在的短板实例。

例 1-1

管理存在短板

以长庆油田某采油厂为例，设备精益管理存在的不足列举如下：

(1) 管理力量薄弱。一是该厂主要生产设备已达万余台，各主要生产单位人均管理设备上千余台，工作量大、任务繁重，特别是特种设备、防爆电气及非标设备日常管理难度较大，厂部无专职设备管理人员（公司已确定相应岗位），各级管理人员不足 30 人，有的作业区设备管理人员仅为 1 人，人均管理设备台数大 400 余台；二是设备管理信息平台上线运行，目前各单位配备的人员技术力量明显不足，导致设备管理信息平台维护、运行、信息录入等工作相对滞后。

(2) 设备老化，安全风险增大。随着该厂生产建设时间增长，近半数设备达到或接近折旧年限，生产设备腐蚀老化严重、技术性能不断下降、效率降低、故障频繁，历年集团公司、油田公司 QHSE 体系审核及公司安全监督发现的设备设施类问题都在 40% 左右，现场重复性问题多，运行安全风险大，设备安全管控压力大。

(3) 资金投入不足。厂部安全隐患治理、设备再制造、老油田改造等渠道资金在设备上的投入有限。逐年呈下降趋势。特别是冬防保温加热设备检修资金投入明显不足，2018 年投入 535 万元、2019 年投入 430 万元、2020 年投入 350 万元。

(4) 安全环保，问题突出。根据加热炉烟气排放检测数据，2020 年该厂加热炉（转油站以上）氮氧化物排放超标站点 49 座 104 台锅炉（加热炉），需进行治理。

(5) 部分设备能耗、运行成本高急需改造提升。一是逐步淘汰落后低效高耗 Y 系列抽油机电机，计划每年 200 台；二是目前全厂有 18 台防护等级为 IP23 注水泵电机，需要进行再制造，降低能耗，提升效率。

(6) 设备智能化，水平较低。设备智能化水平较低，不能充分满足智能油田高质量发展需求。如状态监测范围有限，目前该厂只有极少数站点设备开展了状态监测；自动化程度低，员工劳动强度大、设备本质安全程度低等。

(7) 管理制度及执行效果落实不到位。如设备购置到货现场验收时，要求按照合同与技术协议的规定进行，签字认可，但仍有不符合技术协议的设备通过验收。

二、目前面临的困境

困境一：管理模式转变。

采油企业过分强调扩大生产规模，在引进先进技术装备时片面追求自动化和搞生产效率，对整个生产过程和需求的均衡性考虑不周，重技术轻管理现象较为普遍。

困境二：对精益思维的理解。

精益思维是精益管理的核心。西方一些国家曾建立示范中心，推广精益管理。中国企业，特别是采油企业对精益管理还是相对比较陌生，推进精益管理还需结合自身现状，不断引导、推进。

困境三：推行进程控制。

精益管理不是采油企业管理活动的全部，应与采油厂各项管理协调推进。精益管理只是生产管理的一种模式，应因地制宜，具体实施。

三、设备精益管理现实意义

一流企业应该有一流的装备管理水平和装备创效能力，国家也出台一系列政策措施支持鼓励装备发展。设备管理与企业的油气生产、节能降耗、安全环保、经济效益等密切相关，加快设备基础建设、流程再造、体系建设和文化建设具有紧迫性，企业要顺应第四次工业革命浪潮，借鉴和应用信息技术和共享经济的新成果，坚持工业化和信息化两化融合发展，全面推进公司设备管理水平提升。

采油企业要能够持续稳定发展，能够实现新的跨越，必须降本增效，在管理上下功夫，从管理要效益。采油企业的成本构成主要有两大块，一块是人工成本，一块是设备投入及运行成本。只有通过管理创新，降低采油企业的成本，提高设备使用效能，从而实现降本增效，提高采油企业的经济效益。

第四节　国内外企业设备精益管理现状

一、国外设备精益管理模式

1. 美国企业设备管理模式(PM)

以福特汽车、波音、通用电气等为代表的企业，推行“以后勤学、运筹学、优化理论、系统工程等为理论基石+技术、管理、经济相结合+采用优化的维修策略+发挥工人的积极性”设备管理模式，创造了20世纪80年代左右美国制造型企业经济大发展的奇迹。总结了一套适合本国国情的行之有效的管理模式和方法。

2. 日本企业设备管理模式(TPM)

日本企业大都基于丰田公司全面生产维护(TPM)的精益(LEAN)管理模式，着重识别设备相关价值链和因果链的断点，削除设备管理中的浪费环节，资源和时间成本最小化，生产的产品或提供的服务能够不断提高。

二、国内石油企业设备精益管理模式

中国石油+壳牌(中国)合作项目 MIE 设备管理模式。长北国际合作项目，形成了基于精益战略思想的卓越运行管理(OE，Operational Excellence)涡轮模型(28 个涡片代表各管理要素)和设备维护维修管理体系(MIE，“122263”)，如图 1-1 所示。其导入了设备完整性管理等一系列先进的管理理念、方法和运行标准。

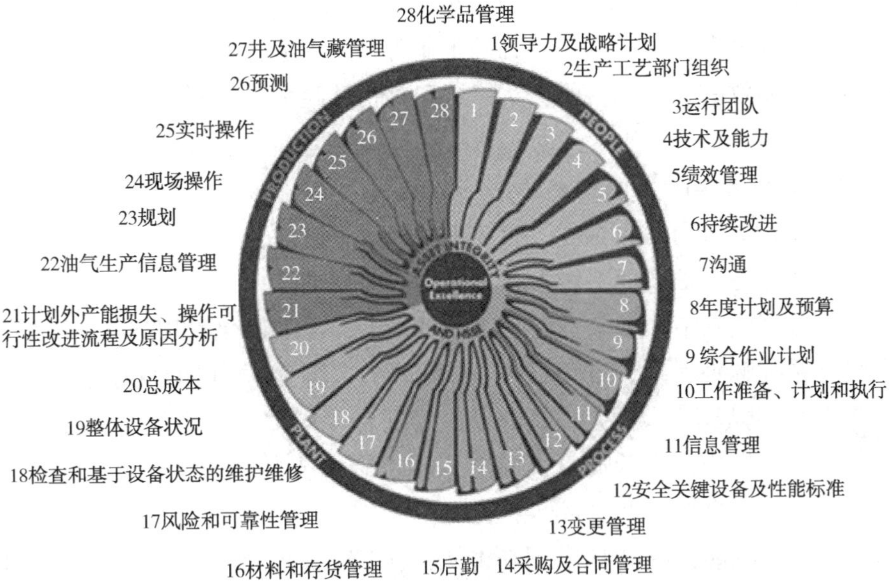

图 1-1 MIE 设备管理模式

长北项目 OE 管理——涡轮模型的 MIE(28 个涡片)。其中，第 19 个涡片，代表直接与设备相关的管理要素——整体设备状况；其余涡片，代表间接与设备相关的其他管理要素要求。

三、启示

1. 日本丰田汽车设备精益管理模式的启示

(1) 丰田生产方式的核心是改善。管理者就是家长与导师，他对员工的成长负有责任，他的使命就是把经验与解决问题的方法传授给员工。营造对人尊重与持续改善的环境，会对团队有极大的价值，因为暴露问题远比解决问题更重要。

(2) 管理就是要建立一个让更多的人懂得如何去为客户创造价值的战略与环境。当管理者把大量时间消耗到“鱼钩行为”上时，员工就会失去自主与独立工作的能力。管理者真正的实质劳动，应当是为团队提供战略方向与执行规则，营造团队激励文化，提供作业流程与标准化的知识管理系统。

（3）员工与企业之间是信任与合作关系。减少浪费或者改善不是对人的实施，而是由人来实施，人力价值永远是最重要的价值源泉，应当将错误视为学习的机会，采取纠正措施，并从每次经历中获得经验。

（4）如何让员工变为“人财”。不要担心员工素质不够，要担心的是管理者习惯对智慧的浪费。不要把管理粗放归于员工素质低，应该学会如何让你在员工培育上所花出去的时间和精力获得回报。如果你把制造产品的过程，作为把员工智慧转化为创造价值的过程，那么，员工就成了“人财”。

（5）员工是流程的主人。流程应当由员工做，面对经济危机紧缩产量，减少成本，培训员工，提高竞争力！核心竞争力就是企业为客户创造独特价值的团队执行力。

（6）向制造要效率或效益。所谓实质劳动是指通过劳动不断去思考，追求并创造高价值。

2. 长北作业公司 MIE 模式的启示

采油企业设备要做到精益管理，应至少做到以下方面：

（1）需不断完善设备管理工作思路，制定战略规划

在摸清设备家底和结合未来发展趋势的基础上，清晰简化管理战略与规划。进一步从机制上强化系统解决问题，避免设备“头疼医头、脚疼医脚”的现象，设备管理人员不能被动成为“消防战士”，而是设备的健康管理者。

（2）需要加强机构，完善职责，配够人力、资金支持，从“人、机、料、法、环”全面保障油田公司二次加快发展目标的实现。

（3）需为员工赋能，提高集成创新能力。随着社会快速发展、前沿科学的精准运用，客观上需要企业积极向员工赋能，促进转变观念，从技术和管理等多方面自觉提升集成创新创效能力。

（4）需搭建管理信息平台，进行全面共享。先进专业的设备管理信息平台，是设备精益管理的核心见效手段，通过现有成熟先进智能化维护技术的应用，获得海量有用数据信息进行大数据分析，为开展设备状态监测和故障诊断及预警提供强有力的信息系统工具。

（5）需借助外脑，推进设备“四化”管理。推进设备向“自动化、可视化、智能化、信息系统融合管理一体化发展”的“四化”管理目标，需要有持续的外脑支持，以优化传统的组织结构方式和优化管理的边界和责任的划分。

第二章　采油企业设备精益管理推进方法

随着我国改革进入攻坚期和深水区，石油行业上游企业的发展面临着一系列复杂的挑战与困难。为顺应市场竞争机制和石油企业自身发展特点，构建一套科学的设备管理模式是企业发展的基本保障，从而确保企业在结构转型期平稳运作，朝正确的目标前进。

设备精益管理模式的构建，首先应在系统分析企业内外环境的基础上，根据企业发展战略进行设备管理的策划定位，使之融入企业决策和企业文化之中。从而按企业的核心流程(生产流程)重构设备管理的组织结构，达到充分利用企业资源，快速、高效地完成组织目标，以增强企业应变市场环境的能力，最终形成新的设备管理模式——设备精益管理模式，并在实践中不断地调整和改善。本章从管理+技术两条主线阐述精益设备管理推进方法。

第一节　价值流分析

价值流分析是运用精益制造的工具和技术来帮助企业理解和精简生产流程。价值流程图的目的是为了辨识和减少生产过程中的浪费。浪费在这里被定义为不能够为终端产品提供增值的任何活动，并经常用于说明生产过程中所减少的“浪费”总量。实现精益生产管理，最基本的一条就是消灭浪费，而在企业的生产经营活动中，要消灭浪费，就必须判别企业生产中的两个基本构成：增值和非增值活动。本节引入价值流分析目的是发现设备精益管理哪些方面需要改进，并列出相应的改进项目。

一、增值与非增值活动

增值活动是直接为顾客创造价值的活动，即生产顾客需要的产品，提供顾客需要的服务。例如：生产线上的组装过程、机械加工过程等。非增值活动包括必要但非增值的活动和不必要的非增值活动(即浪费)两种。必要但非增值的活动多数发生于支援部门的非增值行为，有些是必要的，但更多的是看似必要。例如设备维护、来料/制品/成品的检验、由于变更导致的额外工作——产品/工艺设计更改、计划变更、人员流动以及繁杂的审批过程、冗长的会议等。

统计研究发现，增值活动约占企业生产和经营活动的5%，必要但非增值活动约为60%，其余35%为浪费。换言之，顾客只愿意冲着那5%的增值掏腰包。试图把其余的成本加进产品或服务的价格中，就有可能超过顾客对该产品或服务价值的期望。因此，在顾客对价值的认同下，企业应加大力度消灭浪费，降低成本，以赢取更高的边际利润。在精益生产管理中，判别和消灭浪费的一个有效工具是价值流图分析。

二、价值流管理

在企业实践中，一个典型的现象是谁也说不准增值活动占企业生产活动的比例。当一位老总或厂长被告知，他的企业的增值活动还不到所有活动的5%时(实际上大部分工厂离5%还差得远)，他会大吃一惊，甚至怀疑你可能搞错了。导致这种现象的基本原因有两种：其一，在大量生产模式下，部门按功能设置，彼此画地为牢，管理人员缺乏对企业运作的宏观了解；其二，管理人员缺乏对增值和非增值活动的认识和判别，难以运用系统的观点对企业的浪费现象进行分析和改善。

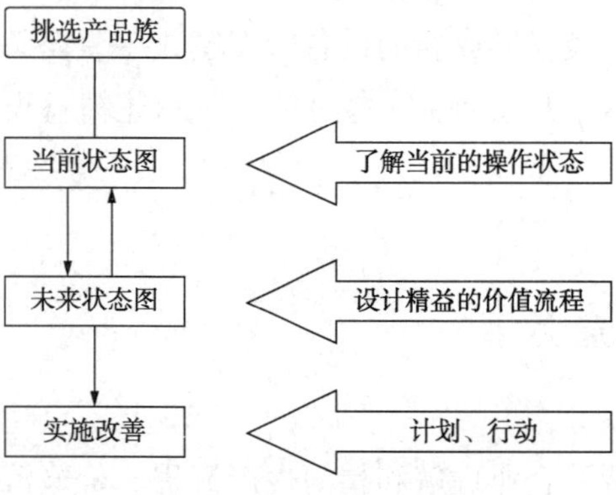

图 2-1　价值流管理流程

精益生产中提出了“价值流管理”的概念，价值流管理流程见图 2-1。这种管理模式彻底打破了大量生产模式下的功能割据，由“价值流团队”对产品从供应商到顾客整个过程进行管理，实现对运作过程系统而有效的控制，从而提高满足顾客需求的能力及反应速度。

三、价值流图分析法

对一个产品来说，以下两条主要流动路径是至关重要的：一是从原材料到达顾客手中的生产流程；二是从概念到正式发布的产品设计流程。价值流就是使一个产品通过这些主要流程所需要的全部活动，包括增值活动、必要但非增值活动和非增值活动(即浪费)三类。研究表明，企业用于增值活动的时间仅占整个流程的极小部分，大部分时间都花在非增值的活动中。

价值流图(图 2-2)是一种使用铅笔和纸的工具，它有助于观察和理解产品通过价值流过程时的物料流动和信息流动，以及其中的增值和非增值活动，从而发现浪费和确定需要改善的地方，为改善活动定下一个蓝图和方向。同时也便于员工了解企业的状态，提供参与改善的机会。

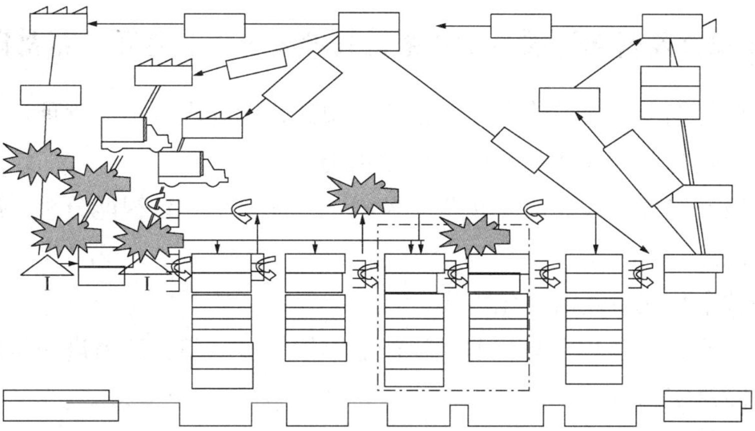

图 2-2　价值流图示意图

应用价值流图分析企业生产流程，意味着要从全盘看待问题，而不是集中于某个单独的过程；意味着将改变整体，而不仅仅是优化某个部分。

在价值流分析中，有一套约定俗成的符号供绘制价值流图之用，使用者只要经常运用，就能轻易掌握。价值流图分析法一般先对运作过程的现状进行分析，即所谓“当前状态图”。有了“当前状态图”，管理人员一般都能比较容易地判别和确定出浪费所在及其原因，为消灭浪费和持续改善提供目标。“未来状态图”是以精益思想为指导，按照企业的实际情况，为未来的运作模式指明方向，设计新的精益流程。所谓“未来状态”，也仅仅是基于当前的技术和认知水平，在一定时间内可以达到的较为理想的目标。随着人们技术和认知水平的提高，原来的目标又变得不理想了，人们又进入了一个更高层次的改善循环。如此往复，正是精益思想中“与完美竞争，永无止境”的精髓所在。

第二节　当前模式设备管理存在的不足

采油企业当前设备管理模式还未真正做到精益管理，本节主要指出在当前模式下，油田设备管理存在的短板与不足。

一、设备管理制度不完善、责任不明确

采油企业虽然制定了相关制度，但制度仍存在漏洞，不利于设备精益管理的开展，制度落实困难，执行力差。存在“谁都管，谁都管不好”的局面，导致设备管理责任不明确。

二、设备管理比较粗放，未做到精细化管理

设备整体优化还不科学，闲置、低效无效设备仍较多，完整性管理还不到位，设备现场低老坏重复性问题依然较多。现场管理粗放，未建立系统的管理体制方法。

三、智能设备及智能管理与设备精益管理要求仍有差距，需要提升

以长庆油田为例，当前模式下，设备还未做到智能管理、精益管理。

(1) 在用设备智能化改造和新设备智能化仍需提升

数字化升级改造多为远程启停和调节控制，目前还不具备智能分析、决策、诊断和自主执行的功能。

(2) 设备数字化交付还需强化落实

数字化交付及验收涉及采购、基建和外部单位等多部门，还需进一步加强协作、培训和考核，保障落实到位。

(3) 智能化管理机制仍需完善

人员认知和技能还不满足现代化管理要求，部分业务流程和制度还需进一步优化和完善，以提高工作效率和管理效力。

四、管理人员业务能力不足

部分采油企业设备部门人员专业性差，对设备管理只停留在表面上，部分单位设备管理人员忙于现场，扮演的是“消防员”角色。管理没有思路、工作没有方法、不谋事、不想问题、不主动学习。一些设备隐患长期得不到解决，严重影响生产，对企业造成损失。

五、设备管理工作受重视程度不够，管理人员积极性不高

由于设备效益通过生产效益体现，在各级管理者中，普遍存在重生产、轻设备的观念，导致设备管理人员及操作人员对自身工作重要性认识不足，工作积极主动性不高，一定程度上阻碍了设备精益管理工作的推进。

六、设备管理队伍建设与新形势需求有差距，需要加强

目前采油企业普遍存在设备管理直线责任和监管责任落实力度还不够，方法较简单的情况。管理人员在设备设计选型全生命周期管理过程中的主动参与力度还不够，作用发挥不够。设备管理“前、中、后”三期各阶段的管理专家及人才体系尚未健全，设备管理新体制下的激励机制尚需科学完善。

第三节　设备精益管理主要推进方法

本节是针对当前模式下设备管理存在的不足，提出精益管理推进方法，此方法是更高级别的管理方法，是常规管理的升级版。

一、制度建立完善

不依赖于人的自觉性，着眼于完善制度。采油企业应完善各项制度，建立设备维保质量体系。科学系统管理，不局限于个体设备，着眼于系统。

二、设备管理组织构架

1. 管理机构

采油企业须建立设备管理组织机构。设立设备管理组织委员会，明确主管领导，成立设备管理部门，各三级单位明确主管领导及专管设备技术人员。

2. 岗位职责

采油企业须明确各级管理人员岗位职责，各级管理人员应按照本单位制定的设备管理制度细则严格履职尽责。做到热爱本职工作，忠于职守岗位，尽职尽责，乐于奉献，不断创新。

3. 培训

随着采油企业生产规模的不断扩大，设备数量也随之增多，设备技术水平也在提升，各级设备管理部门应常态化地组织各类技术培训，提高管理与操作人员技术水平。培训内容要有针对性、要适用、要有讲义、要进行考勤、培训结束要进行考试、要达到效果，专业性培训应发培训结业证。

（1）培训方式选择

① 现场培训。以现场培训实际操作为主。

② 送外培训。组织培训人员赴设备生产厂家系统学习设备结构原理、维修工艺、制造装配工艺方法、出厂试验等。

③ 本单位自行组织培训。适合培训人员较多的培训，可以聘请专业技术人员采用理论与实际操作相结合的培训方式。重点培训人员动手能力，现场拆装设备，了解掌握工艺性能等。

（2）必须进行的培训

① 新上岗人员操作设备前培训。新上岗人员因对设备“四懂三会”不掌握、不熟悉，不能正确操作设备，须进行上岗的技术培训。

② 新设备投产前的技术培训。由于技术革新进步，设备更新换代也比较快，每批次设备存在性能差异，新设备投运前须对岗位操作人员进行系统培训。

③ 设备改造或变更后的培训。设备改造或变更后，设备的部分或整体结构性能发生了改变，操作规程要求也会发生变化，所以仍须对操作人员进行培训。

④ 一些特殊岗位取证培训。国家规定的如焊工、钳工、电工、司驾人员、司炉工、压力容器检验、压力容器操作人员等都需要经过专门培训，取得相应资质才能上岗。

⑤ 其他培训。设备人员参加检查、内部审核、相关制度编制、标准起草等的培训。

(3) 培训的相关内容

主要以设备“四懂三会”、相关制度、标准、信息平台及设备管理相关理论知识、完整性管理、隐患排查与治理等方面培训为主。

三、工作程序

1. 专题会议

专题会议是推进落实工作的有效形式之一。开会要明确开会的目的，会后要督办落实，要确保会议安排每项工作都落到实处。采油企业设备管理部门每年应组织召开以下相应会议：

(1) 年度设备管理工作会议

年度设备管理工作会是采油企业年内最重要的会议，是由二级单位主管领导、设备管理部门负责人、各基层单位主管领导参加的会议。会议主要总结上年管理成果，交流管理经验，提出面临的形势和挑战，安排全年重点工作。该会议是年度管理的工作指南，一般应在油田公司设备工作会及厂工作会后召开。

(2) 季度工作例会

每季度应召开季度例会。季度例会是由厂设备管理部门组织，厂主管领导、基层领导、设备管理人员参加的会议。会议主要坚持问题导向，落实年度安排重点工作实施进度，听取各基层单位管理存在的阶段性问题，针对问题拿出针对性的解决措施。该会议是一种简单、有效、实用的工作方式，应在每季度交替之间召开。

(3) 阶段性重点工作部署会

该会议是根据工作需要适时召开的会议，是由厂设备管理部门组织召开，各基层单位设备主管领导或管理人员参加的会议。该会议主要是对厂部阶段性重点工作进行安排部署，如冬防加热设备季度检修启动会、活动设备冬季整修会等。

(4) 新设备、新技术交流会

该会议由二级单位设备管理部门组织召开，基层设备管理人员参加。会议采用介绍新设备、新技术使用结合现场观摩方式进行。此种会议是设备管理技术人员学习新技术、掌握新知识、了解设备发展趋势、开阔眼界的活动。该会议一般每两年召开一次，一些新设备、新技术需要运行时间来验证评价，时间太短无法客观准确评价。设备部门应根据设备现场应用效果，客观如实评价，并形成评价报告，上报上级管理部门，对下一步新设备、新技术是否推广应用提供参考依据。试验成功的新设备、新技术应纳入产建设计方案推广使用。

(5) 审查研讨会

该会议是由二级单位设备管理部门组织、相关部门参与的会议。主要对相关制度规定、标准制(修)订、技术方案、事故分析、购置计划等进行会审，最终形成结论，并形成纪要。采油企业设备部门应经常性召开相关的技术研讨、设备方案审查会，应主动参与产建项目地面建设方案审查，提出设备选型意见，抓源头管理，应选用质量优、服务好的厂商，尽量减少供货厂商，便于后期运行维护。设备选型选厂应充分考虑设备智能化、自动化、节能环保等要求。

2. 设备管理工作检查

设备检查是采油企业及时掌握了解一线设备管理运行情况、发现设备隐患、调整运行状态、及时预防设备事故发生、确保设备安全、平稳、高效运行的有力措施和手段。通过设备检查促进工作，有利于各级设备管理及操作人员抓好设备管理，从而提高设备完好率和利用率，发挥设备最大效能。

采油厂每季度应开展一次设备管理工作检查，由厂设备管理部门牵头，抽调基层相关设备管理人员穿插检查，相互学习交流。依据检查考核标准持表检查，量化考核排序，实施季度考核奖惩兑现。每季度检查结果作为年终评先选优的依据。检查结束形成检查通报、问题清单、责任到人、限期整改、现场复查，做到问题闭环管理。厂级每季度检查，作业区每月检查，中心站每周检查，班站每天检查。

各级检查侧重点不同。厂级检查侧重于重点工作执行落实、设备合理使用、维护保养、承包商管控、油水及润滑管理、技术培训、设备调整改造、创新创效、现场管理、设备信息平台建设等；作业区及检查应以设备维修保养规程执行、维修保养运行记录、维修费用使用、设备十字作业、岗位操作人员技能、应知应会、风险辨识、设备单耗等为检查重点；中心站主要落实设备维保、设备运行工况、隐患排查、运行记录等为主；班站主要以十字作业、风险辨识为重点。表 2-1～表 2-3 为长庆某采油厂设备管理检查考核标准及单机验收考核标准，根据检查量化打分排序。

表 2-1　某采油厂设备管理年度检查考核标准

序号	检查项目及要点	标准分	检查标准	检查要点及方法	扣分标准
一	设备管理主要技术经济指标	10			
1	主要设备综合完好率	2	总体设备综合完好率大于等于 95%	作业区设备数据库	每低 1%扣 0.2 分
2	主要设备综合利用率	2	总体主要设备利用率大于等于 85%	作业区设备数据库	各类主要设备利用率每低 1%扣 0.2 分
3	重特大设备责任事故发生率	2	重特大设备责任事故发生率：0	作业区设备管理岗、现场	发生重特大事故单位为不合格单位
4	设备维修费用率	2	综合维修费用率不高于 3.5%	作业区设备管理岗	超定额 1%扣 0.2 分
5	特种设备注册率	1	特种设备注册率：100%	作业区设备管理岗，计算达标率	每低 1%扣 0.2 分

续表

序号	检查项目及要点	标准分	检查标准	检查要点及方法	扣分标准
6	特种设备检验率	1	特种设备检验率：100%	作业区设备管理岗，计算达标率	每低1%扣0.2分
二	设备管理体制、制度	10			
1	设备管理机构、职责	1	各单位要建立设备管理机构、网络图和制定各级设备管理职责	作业区设备管理岗	无机构、网络不得分 职责缺一项扣0.2分
		0.5	要有一名主管领导主管设备管理工作	作业区设备管理岗	无主管领导不得分
		0.5	按要求设置一定数量的专(兼)职设备管理人员，并要保证有一定工作能力且工作相对稳定来负责设备管理工作	作业区设备管理岗	无专(兼)职设备管理员不得分
2	设备管理程序	1	有年度、月度设备管理工作计划	作业区设备管理岗	缺一次扣0.1分
		1	设备管理工作、网络一季度活动一次，有记录、有总结	作业区设备管理岗	少一次扣0.2分，记录和总结流于形式的，每次扣0.2分
3	设备管理实施细则	5	(1) 设备管理职责； (2) 设备资料、归档管理制度； (3) 设备维护保养制度； (4) 设备使用管理制度(岗位责任制、交接班制、巡回检查制、操作规程)； (5) 设备油、水管理制度； (6) 设备变更、更新改造、闲置、停用、报废管理制度； (7) 设备安装、验收管理； (8) 防爆电气管理制度； (9) 特种设备管理； (10) 设备的事故管理制度； (11) 设备培训管理制度； (12) 设备检查、评比、奖惩制度	作业区设备管理岗	缺一项管理制度扣0.2分，一项不全扣0.1分
4	设备管理标准	1	有主要设备技术标准和设备管理人员工作标准	作业区设备管理岗	缺一项扣0.2分

续表

序号	检查项目及要点	标准分	检查标准	检查要点及方法	扣分标准
三	设备修理与检查	20			
1	设备维修管理	1	有年度设备大修理计划、月度设备维修计划和冬季设备整修计划，计划安排合理，保证主要设备修理	作业区设备管理岗	缺一份计划扣 0.2 分
		1.5	制定维修费用管理措施	作业区设备管理岗	无措施不得分，措施不详实扣 0.2 分
		2	严格按厂部送修和结算程序标准执行，修理计划全面完成	作业区设备管理岗	一次不按程序办理扣 0.2 分
		2	建立设备维修台账，换件记录齐全，进行月度、季度和年度设备维修费用分析，根据分析存在问题制定对策	作业区设备管理岗	无台账不得分，缺一次分析扣 0.2 分
		1.5	修理质量、范围符合合同要求	作业区设备管理岗	未按合同规定修理不得分，合同落实不好扣 0.5 分
		2	按时、按范围进行了各级保养，有详细、完整的保养、修理费用原始统计资料，进行了经济技术分析，根据分析制定了对策	作业区设备管理岗	落实不好扣 0.5 分
2	设备检查、考核	2.5	各单位设备检查每月一次，井区(中心站)每月一次，开展月度自查自改工作，检查有记录、总结和考核	作业区设备管理岗 抽查 3 个井区(中心站)	缺一次检查扣 1 分，无总结、考核扣 0.5 分
		1	定期开展设备评选竞赛活动、奖惩兑现	作业区设备管理岗、现场	无活动不得分
3	设备事故管理	1	事故记录准确、齐全	作业区设备管理岗	无记录不得分，少一次扣 0.2 分
		1	事故上报及时	作业区设备管理岗	上报不及时扣 0.5 分
		1	做到“四不放过”，即事故原因查找和分析不清不放过；事故责任者与员工未受教育不放过；没有制订出具体的防范措施不放过；事故责任者没有受到处理不放过	作业区设备管理岗	有一个环节放过不得分

续表

序号	检查项目及要点	标准分	检查标准	检查要点及方法	扣分标准
4	闲置、停用、报废设备管理	1.5	有闲置、停用、报废设备台账(包括设备型号、编号、投用时间、停用时间、设备状况、原安装地点、现存放地点和看护人)，每季度更新上报	作业区设备管理岗、现场抽查2个井区(中心站)	无台账扣0.2分，一项不符规定扣0.1分，未定期上报更新台账扣0.2分，漏报1台扣0.1分
		1.5	有闲置、停用、报废设备存放的地方，且有人看管	现场	无存放地点不得分，无看护人扣0.5分
		0.5	有闲置、停用、设备调剂利用记录，尽可能减少闲置设备，有调拨存根	作业区设备管理岗、现场抽查3个井区(中心站)	无记录扣0.1分，记录不全扣0.1分
四	技术培训和教育	5			
1	培训计划及完成情况	1	有设备管理人员和使用人培训计划，教材、教员、时间、对象落实	作业区设备管理岗	一项不全扣0.2分
		2	完成培训计划，考勤、考试、成绩齐全	作业区设备管理岗	一项不全扣0.1分
2	技术培训管理	1	管理人员按要求参加了培训，能够胜任工作	作业区设备管理岗	未参加培训扣0.5分，不胜任工作不得分
		1	新设备起用前和设备操作新人员上岗前要进行技术培训	作业区设备管理岗	一人次不培训扣0.2分
五	设备管理基础资料	15			
1	设备档案管理	1	说明书(含有操作规程、维修保养规程)	作业区设备管理岗	缺一项扣0.1分
		1	配件目录	作业区设备管理岗	缺一份扣0.1分
		1	合格证、安装验收单	作业区设备管理岗	缺一次扣0.1分
		1	重点设备选购(改造)技术论证报告	作业区设备管理岗	缺项不得分 缺一次扣0.1分
		1	设备事故报告统计表	作业区设备管理岗	缺一次扣0.1分
		1	设备大修合同及交接验收	作业区设备管理岗	缺一份扣0.1分
2	设备台账	2	各单位应建立设备台账(上报设备台账、自管设备台账)，且账、物相符	作业区设备管理岗	缺一项扣1分，一项不全扣0.2分
		2	各井区(中心站)、班站应建立设备台账	每单位抽查2个井区(中心站)、班站	缺一项扣.2分
3	设备记录、报表	2	各项报表上报及时、数据准确，使用了设备管理软件	设备管理岗	未使用管理软件不得分，出现一次错误扣0.1分

续表

序号	检查项目及要点	标准分	检查标准	检查要点及方法	扣分标准
4	设备能耗管理	1.5	能耗计量统计准确、齐全	作业区设备管理岗现场抽查3个点	装机100kW以上设备未进行单机能耗统计的扣1分，统计不准确扣0.2分
		1.5	有月度能耗分析，有措施	作业区设备管理岗	无措施不得分，少一份分析扣0.2分
六	设备改造及四新应用	5			
		3	有计划、有总结、对比资料齐全、可信，经济效益显著	作业区设备管理岗	缺一项扣0.5分
		2	有成果，有论文	作业区设备管理岗	无论文不得分
七	设备现场管理	20			
1	清洁	0.5	设备、设施总体卫生见本色	现场随机抽查5~10台	发现一处问题扣0.2分，扣完为止
		0.5	设备无漏气、漏油、漏水现象		发现一处问题扣0.2分，扣完为止
2	润滑	0.5	润滑工具、润滑油品(脂)清洁		发现一处问题扣0.2分，扣完为止
		1	各润滑点润滑装置齐全、润滑到位		发现一处问题扣0.5分，扣完为止
		1	油品使用合格无变质		发现一处问题扣0.5分，扣完为止
		0.5	油面按标准加注合格		发现一处问题扣0.5分，扣完为止
		0.5	有无缺失油标尺		发现一处问题扣0.2分，扣完为止
		0.5	有无缺油箱盖和呼吸器罩		发现一处问题扣0.2分，扣完为止
		0.5	油桶是否专用，油桶是否缺少		发现一处问题扣0.2分，扣完为止
3	紧固	0.5	设备各部位螺丝有无松动、缺失		发现一处问题扣0.2分，扣完为止
		0.5	护罩是否齐全、完好		发现一处问题扣0.2分，扣完为止
		0.5	各种电路是否完好，仪表是否齐全、灵敏、准确		发现一处问题扣0.2分，扣完为止
4	调整	0.5	设备安装平稳、正确、牢靠，机件齐全		发现一处问题扣0.2分，扣完为止
		0.5	皮带张力是否合格		发现一处问题扣0.2分，扣完为止
		0.5	控制装置调整是否正确		发现一处问题扣0.2分，扣完为止

续表

序号	检查项目及要点	标准分	检查标准	检查要点及方法	扣分标准
5	防腐	0.5	设备有无锈蚀现象	现场随机抽查 5~10 台	发现一处问题扣 0.2 分，扣完为止
		1.5	冷却液是否符合要求，添加是否合适，冬季活动设备应加防冻液，且进行冰点测试	现场随机抽查 5~10 台	发现一处问题扣 0.5 分，扣完为止
6	保养	1.5	按规程进行设备定期各级保养，保养质量合格	现场随机抽查 5~10 台	(1) 发现 1 台未按规定周期保养扣 0.5 分； (2) 发现 1 台保养内容不全，扣 0.5 分； (3) 存在保养质量问题，一处扣 0.5 分
7	运转记录	2	运转保养记录整洁、规范、准确	现场随机抽查 5~10 台	发现一处问题扣 0.5 分，扣完为止
8	应知应会及巡回检查	2	设备操作人员持证上岗率 100%，操作人员应掌握“十字”作业，“四懂三会”，巡回检查基本知识和技能	现场抽查	发现 1 人未持证上岗本项不得分；现场抽查 3 名员工，每人提问 3 个以上的问题，一人次回答不正确或不完整扣 0.5 分，未落实设备“三检制”扣 0.5 分
9	设备合理操作	2	严格按设备操作规程操作设备，设备在合理工况下运行，严禁超温、超压、超速、超负荷运行	现场抽查 3~5 台	发现一台扣 1 分，扣完为止
10	锅炉压力容器管理	2	“三证”(使用证、合格证、操作证)齐全；无过期使用行为	现场抽查 5~10 台	一项不全扣 1 分，扣完为止
八	重点工作落实率	15			
1	工作计划安排	2	是否编制了年度、月度工作计划？是否按月进行总结？是否制定了存在问题的相应措施	作业区(大队)设备管理岗	(1) 缺一项计划或总结扣 0.2 分； (2) 缺少一项措施扣 0.2 分，本项扣分扣完为止
2	维修计划上报	2	是否按要求按时进行上报计划？上报计划是否准确？是否发生增补计划现象	作业区(大队)设备管理岗	一次性上报计划的满分；补报一项扣 1 分，扣完为止
3	新分配设备领取及时性	2	分配单出具后一周内是否在采办站领取出库	作业区(大队)设备管理岗	未按规定时间领取设备，未领 1 台扣 1 分，扣完为止

续表

序号	检查项目及要点	标准分	检查标准	检查要点及方法	扣分标准
4	ERP 系统管理	1.5	是否按要求管理 ERP 系统？设备是否全部录入？数据录入是否准确	作业区（大队）设备管理岗	（1）设备录入差 1 台扣 0.2 分；（2）数据信息不准确，发现 1 处扣 0.2 分
5	设备报表	1.5	月度、季度、年度及临时性报表上报是否按要求时间上报？报表上报数据是否准确	作业区（大队）设备管理岗	未按时上报不得分，发现一处错误扣 0.2 分，扣完为止
6	抽油机减速箱清洗、过滤	2	以 3 年半为周期对抽油机减速箱应利用真空滤油机过滤、清洗一次（当年投运的抽油机除外）	作业区（大队）设备管理岗	本项工作未开展不得分，未完成清洗、过滤，每差 10 台扣 1 分，扣完为止
7	新设备使用情况	1	新分配的设备是否利用起来	作业区（大队）设备管理岗	未使用起来不得分，1 台闲置扣 0.2 分，扣完为止
8	设备维修	2	是否根据年初预算分配金额合理控制维修费用使用？设备维修是否针对存在问题采取了措施？年度维修费用是否按计划运行？是否完成维修费用降控指标	作业区（大队）设备管理岗	未按年初分解费用使用维修费不得分，超计划运行，每超 10 个百分点扣 0.2 分，没有针对存在问题采取措施扣 0.2 分
9	新技术推广	1	是否开展新技术推广试验项目？项目试验是否进行分析评价	作业区（大队）设备管理岗	（1）无推广试验项目本项不得分；（2）1 个项目未进行使用和经济效益分析评价扣 0.5 分

表 2-2　往复式注水泵验收标准（单机）

项目	内容	验收标准	验收部门	备注
注水泵	类型结构	（1）额定排量≤25m³/h 时，泵型选择三缸泵，动力端曲轴支撑选择二支承；（2）额定排量>25m³/h 时，泵型选择五缸泵，动力端曲轴支撑选择三支承；（3）额定排出压力<16MPa 时，液力端阀组-分体锥阀结构；（4）额定排出压力≥16MPa 时，液力端阀组-组合阀结构	产建项目组	
	基本指标	（1）额定排出压力≤20MPa 时，额定排量≥理论排量×泵容积效率，泵机组效率≥85%，0.02MPa≤额定吸入压力≤0.1MPa，泵容积效率≥92%；（2）额定排出压力>20MPa 且≤31.5MPa 时，额定排量≥理论排量×泵容积效率，泵机组效率≥84%，0.02MPa≤额定吸入压力≤0.1MPa，泵容积效率≥90%	作业区、设备管理科	

续表

项目	内容	验收标准	验收部门	备注
注水泵	冲次、冲程、线速度	(1) 注水泵冲程≤50mm时，冲次≥450min^{-1}，最高许用线速度为45m/min； (2) 50mm<注水泵冲程≤75mm时，400min^{-1}≤冲次<450min^{-1}，最高许用线速度为60m/min； (3) 75mm<注水泵冲程≤100mm时，350min^{-1}≤冲次<400min^{-1}，最高许用线速度为71m/min； (4) 100mm<注水泵冲程≤125mm时，310min^{-1}≤冲次<350min^{-1}，最高许用线速度为73m/min； (5) 125mm<注水泵冲程≤150mm时，270min^{-1}≤冲次<310min^{-1}，最高许用线速度为82m/min； (6) 150mm<注水泵冲程≤175mm时，240min^{-1}≤冲次<270min^{-1}，最高许用线速度为85m/min； (7) 175mm<注水泵冲程≤200mm时，210min^{-1}≤冲次<240min^{-1}，最高许用线速度为85m/min	作业区、设备管理科	
	允许温度	注水泵试运行后，曲轴轴承外圈、十字头导轨孔的温度不大于85℃，润滑油温不大于75℃，电动机轴承外圈的温度(温度计法或埋置检温计法)不大于80℃，电动机表面工作温度不大于85℃	作业区、设备管理科	
	允许泄漏量	(1) 额定流量≥10m^3/h时，填料函泄漏量≤6.9L/h； (2) 额定流量<10m^3/h时，填料函泄漏量≤1L/h； (3) 各静密封面不应泄漏	作业区、设备管理科	
	电机	(1) 注水泵应按能效等级不低于GB 18613—2012中2级的标准； (2) 电动机额定功率为泵额定水功率(按介质为清水计算)的1.3倍，绝缘等级F，外壳防护等级最低为IP44； (3) 电动机的其他性能指标符合《往复式注水泵电动机技术规范》的要求； (4) 根据实际需要配置注水泵"变频电机+变频器控制柜"或"普通电机+软启动控制柜"，介质为采出水时，配置隔爆电动机	作业区、设备管理科	
	控制柜	(1) 控制柜具有输入/输出缺相、负载短路、漏电接地、三相不平衡、过电压、欠电压、电动机过载、进口压力过低、出口压力过高等保护功能； (2) 控制柜应具有远程启停功能，控制柜应安装在配电室，注水泵现场应安装启停按钮； (3) 一个注水系统应对一台注水泵配置变频调速控制系统，且系统必须设置工频控制回路，电动机须选用变频电动机	作业区、设备管理科	
	蓄能器	(1) 胶囊式蓄能器与接头座之间宜采用外螺纹连接，与泵头独立连接。应设置安全防护装置；应配置耐震性能好的小表盘直径(不超过40mm)压力表；应预先充装氮气，压力不低于泵的工作压力的40%~60%)；蓄能器容积要严格执行相关企业标准(产庆油田企标对蓄能器容积有明确规定)； (2) 球形稳压器应与注水泵排出管线采用法兰连接，的外表面应光滑平整，且喷漆防腐(当达到额定排出压力时，球形稳压器应能保证排出管线内液体压力脉动值应在±0.49MPa范围内)	作业区、设备管理科	

续表

项目	内容	验收标准	验收部门	备注
注水泵	皮带轮防护罩	（1）注水泵的大、小皮带轮应设置固定的封闭式防护罩（应在防护罩上对应大、小皮带轮的中心位置设置有多孔金属网观察窗，防护罩内侧应全部采用多孔金属网）； （2）防护罩各部位固定可靠，防护罩整体及内侧罩网均可拆卸，设计师防护罩与皮带轮之间应留有 50mm 安全距离； （3）防护罩罩板及多孔金属网观察窗外表面应涂艳绿色漆，大小皮带轮外露表面应图大红色漆	作业区、设备管理科	
	安全阀	（1）注水泵应在排液管线上设置微启式安全阀； （2）安全阀的正常开启压力（整定压力）调整至 1.05~1.1 倍注水泵额定排除压力； （3）注水泵自带安全阀应保持出厂色，安全阀排液口安全放空管线采用大红色	作业区、设备管理科	
	压力表	（1）注水泵排液管线上选用抗震压力表，同时选用抗震电接点压力表以实现出口压力超限报警自动停泵电气保护； （2）注水泵试运行中，压力表量程的选择应使被测压力的指示的平均值为满量程的 1/3~2/3	作业区、设备管理科	
	传动皮带	（1）采用标准规定的抗静电型有效宽度制联组窄 V 型传动皮带，型号有 9J、15J、25J 三种； （2）电动机轴上安装锥套，电动机与锥套用平键连接，锥套与皮带轮采用螺栓连接，皮带轮上留有拆卸用工艺孔	作业区、设备管理科	
	呼吸阀	动力端曲轴箱顶部应设计有可拆卸式带滤芯的呼吸阀	作业区、设备管理科	
	集液槽防护网	（1）液力端密封函体的泄漏液应采用就业草给予集中，并使用管路引出泵外； （2）集液槽顶部应设置金属防护网	作业区、设备管理科	
	旋转方向	在曲轴非轴伸端机身顶部位置铸造箭头（并涂红色漆），以标明曲轴的旋转方向，曲轴旋转方向正对大皮带轮方向看为逆时针	作业区、设备管理科	
	润滑	（1）曲轴箱润滑油选用 15W/40CD 柴油机油、HM46 抗磨液压油及柱塞泵专用油； （2）电动机润滑采用手动脂润滑，润滑脂为 3#锂基润滑脂	作业区、设备管理科	
	润滑辅助装置	（1）装机功率不小于 185kW 的注水泵曲轴箱底应设置有检测润滑油温的表盘式温度计； （2）在注水泵曲轴非轴伸端机身上设置机油看窗，同时标明油位的上、下限； （3）应在曲轴箱底部设置磁性装置； （4）箱体底部设置机油放空口，放空口设放空阀	作业区、设备管理科	

续表

项目	内容	验收标准	验收部门	备注
注水泵	铭牌	(1) 铭牌要求固定在曲轴非轴伸机身表面的明显部位; (2) 铭牌上应包含以下内容：制造商名称及商标、泵名称及规格型号、泵的技术参数(介质、额定流量 m^3/h、理论流量 m^3/h、额定吸入压力 MPa、额定排除压力 MPa、介质温度℃、冲次 min^{-1}、冲程 mm、柱塞直径 mm、配套电机功率 kW、泵效率%、泵机组总质量 kg、外形尺寸长×宽×高 mm、进口管线直径 mm、出口管线直径 mm)、泵出厂编号和出厂年月	作业区、设备管理科	
	外观	注水泵外观光洁、平整，无毛刺、坑洼，机身表面涂漆颜色为艳绿	作业区、设备管理科	
	成套性	(1) 成套供应的泵包括动力端、液力端、电动机、控制柜、安全阀、蓄能器、传动部分(大、小皮带轮，联组窄 V 型皮带，防护罩)公共底座、抗震压力表、抗震电接点压力表; (2) 注水泵随机备件包括柱塞、填料盘根、导向套、阀组、连杆大头瓦片、密封件，均为三缸泵配套 2 个，五缸泵配套 3 个，弹簧配套一套; (3) 注水泵应随机配套提阀工具、盘泵工具、取填料工具、紧填料压盖扳手各一套; (4) 泵随机技术资料应包含出厂合格证、装箱清单、使用说明书、整机出厂台架试验报告各一份	作业区、设备管理科	
	试验	注水泵试运转中，注水泵的声响、振动、润滑、温升、泄漏和所有保护装置应正常	作业区、设备管理科	
	备件	配件	作业区	作业区保存

表 2-3　设备单机检查标准(注水泵)

序号	设备种类	检查部位	检查项目	具体内容	达到标准
1	注水泵	电机	表面温度	轴承盒外表和电机表面部位	不能超过 85℃
2			轴承润滑	轴承定期维护	无自动润滑电机每月检查加注 1 次
3				自动润滑装置	储油罐油量不缺，显示正常。润滑管线、油嘴完好。油品型号：0 号硫化钙锂基脂或 3 号锂基脂
4			电机安装	固定螺栓	紧固、数量够
5				水平调节螺栓	顶紧丝杆完好、调整合理，顶丝数量不少于 3 个
6				电机电缆	紧固，运行表面温度不高于 70℃
7			皮带轮	完整性	无缺损
8				皮带轮槽型、数量	与大皮带轮的相同
9				配套皮带	配套的皮带要求使用联组带，运行中联组带横向不开裂，更不应该缺损
10				检查皮带松紧	大小皮带轮共面，松紧合适

续表

序号	设备种类	检查部位	检查项目	具体内容	达到标准
11	注水泵	动力端（曲轴箱）	箱体附件	呼吸阀	完整，畅通，周围无油污
12				曲轴箱左右两侧油封	无漏失
13				中间杆油封	无漏失
14				放油丝堵	紧固、无渗漏
15				排污管线	孔径和长度满足
16				连接螺栓	紧固
17			润滑	油位	运行时，油面处于油窗中间位置（不低于下刻度线，不高于上刻度线）
18				油质	无乳化或严重发黑污染
19				润滑油类别	抗磨液压油：型号：L-HM46；L-CKC320 工业闭式齿轮油；CD-15W/40 内燃机油
20				润滑油泵	运行正常、连接部位无渗漏
21			箱体温度	箱体表面	不能超过 65℃
22				曲轴两端轴承盒外	不能超过 65℃
23		液力端	泵头及附件	柱塞密封（盘根）	无明显刺漏
24				盖板、法兰	固定，无渗漏
25				蓄能器	安装牢靠、压力为实际压力的 40%~60%，定期检测，无压力时必须更换
26				稳压球	连接牢固、无渗漏
27				安全阀	必须使用规范的安全阀，超过检验有效期的不得使用
28					安全阀的压力设置不超过最大工作压力的 1.05~1.1 倍
29					泄放管各部连接牢固、并接到安全地点
30					工作时不得出现连续泄露
31				进出口压力表	必须是检验合格的仪表，超过检验有效期的不得使用
32					量程为工作压力的 1.5~3.0 倍
33					没有影响压力表显示问题存在、运行中指针灵活
34					压力表内和工艺连接各部位无渗漏
35				数字式压力表	必须是检验合格的仪表，超过检验有效期的不得使用（1 年校验 1 次）
36					连接线无破损、接头牢固
37		设备基础	设备安装	基础	无缺损
38				地脚螺栓	紧固、完整、无松动

续表

序号	设备种类	检查部位	检查项目	具体内容	达到标准
39	注水泵	安全防护	各类防护装置	超压保护装置	超压保护设定最高极限压力合理，实际工作压力+(2.0~3.0)MPa
40					电接点压力表信号电源 24V
41					电接点压力表完好，并经过检验，在有效检验周期内
42				皮带轮护罩	完善、规范、固定牢靠
43				泵体与电机防雷电接地	接地线完好，符合规范要求，与设备、地理连接牢固
44					按照要求，定期进行测试，接地电阻不高于 4Ω
45				蓄能器防护	紧固、无松动
46		控制仪表	柜装压力表	控制柜装有的水系统压力表的	与电气同一个控制柜的严禁水系统接入
47			电气仪表	电流表、电压表	齐全、显示良好，需要定期校验的必须按时校验
48				启动开关	固定紧固、无损坏、接地完好
49		设备运行情况	运行参数	运行压力	在设备额定工作压力范围以内
50				运行温度	各部温度在标准控制范围以内
51				运行排量	在设备额定排量控制范围以内调节，有变频杜绝回流
52			运行管理资料	运转记录	设备基本参数录取完善、运行录取及时、运行情况反映清楚、维护记录登记齐全
53				操作规程(作业指导卡)	与现场设备类别相符
54				巡回检查资料	按照要求规范进行设备巡回检查、情况录取准确

3. 设备调研

采油企业设备管理部门应每年至少开展一次设备管理调研活动。以问题为导向，准确掌握了解设备相关信息，解决生产当中由于设备影响生产的瓶颈问题，针对存在问题，制定出整改措施，通过多种渠道，分阶段解决，为生产提供保障。

(1) 调研形式

① 深入现场。

② 制定调研表单。

③ 座谈交流。

(2) 调研具体要求

① 选择重点设备调研，选择合适的调研方式。

② 掌握设备系统人员不想干、不愿学、不抓保养、不抓落地、不分重点、就事论

事等突出问题，彻底予以纠正。

③ 坚持问题导向，了解第一手资料，掌握设备运行工况、技术参数，要看到实际运行设备，要对资料数据力争做到验证。

④ 要掌握了解各类主要设备性能、不同生产厂家设备的优缺点、性价比、易损件寿命、设计能力与实际运行参数匹配、故障形式和故障率、能耗等。

（3）撰写调研报告

调研最终要撰写调研报告。调研报告内容要翔实、具体，要有深度；要暴露存在问题实质，不能高谈阔论，不能出现空话套话虚话；提出的观点要有相关数据、证据支撑，要有针对性的解决措施从技术层面、管理层面解决设备管理中存在的瓶颈问题。

例 2-1

长庆油田某采油厂，坚持每年开展设备现场调研活动。表 2-4 为现场调研问题清单及解决措施。通过现场调研，挖掘好的管理经验和做法、剖析存在问题、提出解决措施及建议。全厂设备管理各项业绩指标圆满完成，走在了公司前列。2019-2020 年度分别获得油田公司级设备先进单位、设备再制造及利旧先进单位。

表 2-4　某采油厂上半年设备调研检查问题汇总及解决措施

序号	问题类别	主要问题	典型问题汇总	整改措施及建议	备注
1	设备本质安全及完整性方面	设备安全管理直线责任需进一步明确	设备设施直线管理职责不清晰，如机械设备、工艺设备、生产设施等方面的管理很模糊，没有明确界定管理职责	针对目前的设备设施安全管理状况，建议进一步细化安全管理直线责任，从机械设备类、工艺设施类、集输管道类等方面进行详细划分，真正落实好“管业务管安全”的工作要求	
2		压力容器注册率仍未完全做到“三同时”	2019 年未进行注册的由产建项目组及时办理注册手续	从源头抓起，产能建设新到压力容器，采办站应通知组织到货验收，索取资料、安装前施工告知、监督检验、完成注册、证书移交，形成闭环管理，切实从源头把控好，做到新投压力容器检验率、注册率达到双 100%	
3		部分站点立式燃气加热炉联锁保护装置未安装或功能不完好	近几年公司隐患治理专项共计对理 175 台立式加热炉加装了联锁保护装置，目前还剩余 49 台未安装。现场调查中发现，前期改造的联锁保护装置电磁阀阀芯拆除、控制柜不显示等，导致联锁保护装置功能失效，存在极大安全隐患。如麻南黄 31 增等站点	一是安排作业区立即对已安装的联锁保护装置逐台排查，逐台维护，确保台台完好，消除隐患；二是积极从公司争取隐患治理费用，计划 1~2 年逐年将剩余立式炉改造完毕。治理原则：先治理井区部常压热水炉（生活聚集区），后治理增压点	

续表

序号	问题类别	主要问题	典型问题汇总	整改措施及建议	备注
4	设备本质安全及完整性方面	井组安装自制压力缸（分液包），使用不规范	目前全厂井组加热炉伴生气燃料几乎全部采用自制的压力缸进行油气分离，属于“三无”产品，使用不规范，全厂共有××台套	列入厂安全生产费用，加工定做(规避压力容器适用范围)，全部予以治理	

四、设备配置精益管理

设备配置应科学长远规划，优化设备配置，以高性能、高利用率、高效率、低能耗的“三高一低”为原则，逐步解决报废替换、老旧淘汰设备的更新，加大自动化、数字化、智能化设备配置，开展报废、老旧淘汰设备恢复性能、优化升级再制造，探索推进设备“区域共享”模式，不断优化资源配置，保持或提升设备新度系数。采油单位设备配置主要由产能建设投资及油田公司设备部门购置资金实施。产建设备配置资金由产能建设项目掌握，后者由油田公司设备管理部门掌握。

如长庆油田近几年给二级单位下达了少量的自主实施小型工器具购置资金，下达资金便于二级单位应急购置部分小型工器具，解决生产急需，有一定的灵活性。两种资金渠道配置的设备最终都形成固定资产，都要进行转资。如何做到设备配置精益管理，应从以下方面抓好落实。

1. 严格执行配置技术规范

油田公司设备部门应制定不同设备的配置技术要求，使用单位要严格执行配置技术政策规范。在设备配置工作中，要遵循“标准化、系列化、通用化、突出重点、保障生产、先调后配，充分利用、科学论证”的基本原则，提高设备完整性和本质安全水平。

(1) 保障生产原则：以满足生产建设需要为导向，抓住重点，着力解决关键瓶颈问题，提升关键装备保障能力。

(2) 安全环保原则：以安全生产、绿色发展为底线，依法合规，着力消除设备安全隐患和环保风险。

(3) 效益最大化原则：以设备资产轻量化为抓手，控制增量，盘活存量，注重投资效益，着力获取最大收益。要认识到今天的投资就是明天的成本。

(4) 轻重缓急原则：应根据工作实际，按照轻重缓急原则将需求计划进行 ABC 分类，便于后期统计分析。

2. 开展前期论证

采油厂配置的设备，无论哪种渠道配置的，都应该进行前期论证，避免投资失误。

配置设备前要进行准确、客观、充分论证，防止购置设备与工艺不匹配、不能满足工况，造成大量闲置，给企业造成极大浪费。

例 2–2

长庆油田设备配置论证

长庆油田设备配置在满足工艺设计和安全环保生产要求的前提下，做到选型标准化，通用性、互换性、可维护性强。对于技术成熟、性能稳定、选配工作相对简单的设备由各二级单位进行审核把关。上报计划时有设备部门牵头，会同工艺、生产、质量、安全等部门对配置计划进行会审后报厂部按照“三重一大”程序会议决定后上报最终计划，避免投资失误。

3. 合理编制配置计划

采油厂应按照油田公司相关要求及基层单位需求，合理编制设备购置计划，编制购置计划同时制定供货技术要求及技术规范。技术规范要对设备使用环境、参数要求、配置要求、功能质量、安全环保等方面提出要求。对于产建配置设备，如数量较大的抽油机、机泵炉等公司采购部门应统一执行相关供货技术规范，产建新投设备应优先使用闲置及再制造设备。

例 2–3

长庆油田对于每年购置设备进行范围界定，抓源头管理

（1）不得上报国家、行业、集团公司明令禁止淘汰的高耗低效、存在安全隐患的设备。

（2）不得上报未经现场验证、未取得油田公司认定的“四新”技术产品。

（3）不得上报大型橇装设备（大型橇装设备申请油田公司油维专项）。

（4）不得上报安全隐患治理的设备改造项目。

（5）不得上报消防车，设备管理部按照保卫部消防车更新意见进行分配。

（6）不得上报修井机和试井车，按照公司统一方案分配。

4. 组织会审

设备购置计划上报前，设备使用单位主管领导负责组织设备、生产、工艺、安全、节能、工程、物资采办、作业区等部门单位召开设备购置专题审查会，会审后进行会签，从源头抓起，实行申报负责制，在充分调研的基础上主动作为，做到优化技术配置、科学优选参数、多家性能比较，确保优质优价，避免更新后重复改造。

5. 计划上报

计划汇审后，按照油田公司资金分配额度编制年度设备及工器具购置需求报告，将

会议纪要(设备购置专题会议)、会议签到表(设备购置专题会议)、按照“三重一大”相关决策程序的证明文件和设备购置计划编制、审核、审批人签字，加盖二级单位公章，报上级设备管理部门。

6. 跟踪实施进度

最终确定的购置计划上报油田公司设备管理部门后，公司设备管理部门下达公务通知单，二级单位设备管理部门按照公司相关购置采购程序将采购公务单转交物资采办站，物资采办部门按照公司给定的 WBS 号，列入专项资金购置计划上报，公司物资采购部门按照采购程序规定进行采购。设备到货后严格按照合同、技术协议、供货技术规范进行验收。动静设备要执行不同验收标准，避免验收环节把关不严出现一系列问题。

7. 核销转资

油田公司集中采购的设备，购置发票由物资供应处(物资管理部)保管，不再传递至二级单位。委托各单位自行采购的设备，购置发票由二级单位采办站传递至本单位财务资产管理部门。当年购置的设备应当年完成转资。无论哪种渠道购置设备应尽早下达计划，跟踪购置进度，做到到货一批，验收一批，核销一批，提高当年核销率。

8. 设备评价

要坚持设备用后评价制度，只有客观地评价新购置设备使用效果，才能为下一步设备选型提供可靠依据，避免错误的延续。

(1) 设备实际能力评价：要在现场对设备运行相关参数进行运转测试，判定是否达到铭牌规定的额定参数。如机泵应验证其排量、压力、效率等；加热炉应测试实际出力等。这些参数应达到供货技术要求规定。

(2) 可靠性评价：跟踪收集新购置设备无故障运行时间及故障现象、故障频次、故障类型、修理运行费用等。

(3) 能耗评价：计量测试设备耗电、耗油、耗水等。如输油泵应测试输油单耗值是否达到节能指标，抽油机应测试吨液百米耗电等。

(4) 通用性评价：要评价新购设备的标准化、系列化、通用化。目前有不少虽然设备型号一样，或是一个厂不同年份的产品，但由于某些零件尺寸略有差异，就给设备检修、备件储备带来很多困难和不必要的资金积压，并增大了检修费用。不少专用设备，目前还采用带图加工的办法，是很不合理的。一是不能批量生产，成本较高，质量不易保证；二是备品储备增加；三是工艺改变，不利于设备的充分利用。一来可节省设计费用，减少不必要的重复劳动；二来对推动标准化、系列化、通用化有益，对改善企业管理有利。

9. 基于 LCC(全生命周期费用)设备优化配置

通过设备全生命周期评价，应从设计成本、制造成本、采购成本、使用成本、维修保养成本、废弃处置成本等综合考虑评价进行配置设备。如社会化可租赁的特车、小汽车、工程机械等采用租用方式，不应购置；对于一些工作量少、利用率不高、专业性强的设备，可采用技术服务方式，不应配置设备。

五、精益运维管理

设备的管理和维护质量的好坏，直接关系到设备能否长期保持良好的工作精度和性能，关系到设备的故障率和贡献率，关系到企业的生产效率和经济效益的提高；应本着抓好“防”重于“治”这个环节，降低故障率，减少停机维修的时间，大大提高设备的使用寿命、工作性能和安全性能，做到设备全生命周期效益最大化。

1. 6S 管理

实施设备精益管理“五个 6”闭环管理，如图 2-3 所示。以 6S 为工作起点，适时进行价值链和因果链的断点识别，最终追求设备“6Z”目标，即设备质量 0 缺陷、安全 0 事故、工作 0 差错、设备 0 故障、生产 0 浪费等 6 个 0 目标。

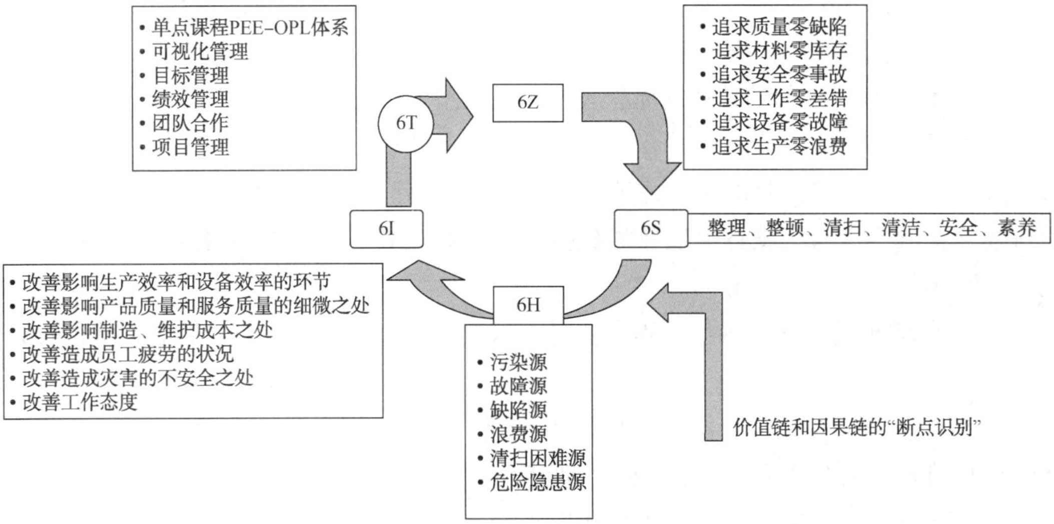

图 2-3　油田设备资产精益管理“五个 6”模型

2. 两册与对标管理

“两册”指的是管理手册、操作手册。“两册”就是以“岗位有专责、办事有标准”为基本要求，把散落在各基层级的管理制度、标准以及体系中对于基层和基层岗位员工的要求集合到统一文本，吸收先进管理理念，是继承和弘扬岗位责任制的新方法、新载体，是落实岗位责任制的基础。

（1）管理手册

管理手册是传统岗位责任制的升级版。《站库管理手册》主要包括站库基础信息、管理目标、岗位职责、考核标准、管理方法、管理制度、资料管理等方面。

① 站库基础信息篇。包含站库简介、站库图表和主要设备设施信息。

• 站库简介。包括站库概况；站史描述；站库荣誉等。

• 站库图表。将本站的平面图、工艺流程图(分集输、注水、加热、消防等)、场站集输管网图、线缆管沟示意图(集输管网、注水系统管网、采暖管网、污水及雨水排放、观察井、电缆走向地下分布图等)、井位分布图等一一列出。

• 主要设备设施信息。以表格的形式反映，内容包括类别、名称、规格型号、厂家、数量、额定参数。

② 站库管理目标篇。主要包含总体目标、管理目标、工艺参数运行管控目标。

③ 岗位职责篇。主要包含岗位责任制基本内涵、站库组织结构图、站内各岗位职责。

④ 考核标准篇。包括：站库检查考核标准(《采油厂三基工作检查考核细则》《采油厂基层站队 HSE 标准化建设考核标准》)和岗位考核标准。岗位考核标准需按照八项岗位责任制要求，对应制定工作标准和考核细则。

⑤ 管理制度篇。以生产运行、设备管理、安全环保、工艺技术、数字化管理、经营管理、队伍管理等部分进行编制。

⑥ 管理方法篇。归纳整理站库管理方面的典型方法。

(2) 操作手册

操作手册为标准作业指导卡的升级版。《站库操作手册》主要包括班站日常操作的管理规定及操作步骤、设备原理及故障排除、应急处置程序、数字化系统应用操作等内容。

① 操作规范篇。岗位操作规程主要包含示意图、管理规定及技术标准、操作步骤、风险提示及规避措施四部分内容。

② 设备原理及常见故障篇。汇总编制各班站日常使用主要设备的工作原理，做到描述简单清晰，翔实准确，通俗易懂，便于员工更好地了解掌握；汇总编制各班站使用主要设备常见的一些故障及各种故障的排除方法，故障描述清晰，故障排查方法翔实准确，便于员工学习掌握。

③ 应急处置篇。内容包含油气泄漏、初期火灾、中毒、触电及机械伤害、其他五大部分应急处置内容。

④ 数字化系统操作篇。编制内容为：利用操作系统界面截图、标注说明的方式，明确数字化各类系统(SCADA 系统、视频监控系统、管线泄漏报警系统等)的基础操作步骤、查询方法，便于员工快速掌握系统基本操作。

(3) 对标管理

“对标管理(标杆管理)”是目标管理的一种方法工具，指企业、部门、专业持续不断地将自己的产品、服务及管理实践活动与先进企业的产品、服务及管理实践活动进行对比分析，通过对比分析查找差距，采取相适应的改进措施，不断向标杆先进水平靠拢，并最终达到和超过标杆的一种促进实践的方法，包含定标、选标、对标、达标、创标。对标管理既是一种理念，也是一种(系列)方法工具，是发现短板、寻找改进方向的有效方式。对标管理不等同于绩效考核。

采油厂对标管理体系建设，简单来说，就是通过对照总体目标梳理业务确定对标项，对比标杆找差距，对比指标抓落实，对照标准提问题，从总体目标、过程控制和细节管理全方位促进经营管理能力和绩效水平的提升，建立一种简单而有效的管理模式。

① 对标管理的作用

学习和借鉴国内外、同行业先进企业的经验，促进企业提升管理，提高效益。

- 了解自身——知现状。
- 了解兄弟单位——找差距。
- 取人之长——为所用。
- 避免走弯路——找方法。
- 明确具体目标——找方法。
- 助力企业发展——促提升。

② 对标管理的类型

根据企业所选择的不同对标单位所划分的对标管理类型。分为内部对标、行业或功能对标、竞争性对标、类属或程序对标。

③ 设备对标管理

采油厂设备对标应从以下几个方面开展对标，通过对标管理找差距、补短板、抓提升。

a. 对标方式

- 与兄弟单位对标。
- 厂内部对标。

b. 对标主要内容

• 主要业绩指标对标。设备综合完好率、设备综合利用率、设备维修费用率、特种设备检验率、特种设备注册率、重复性问题整改指标、降本增效指标等。

• 管理提升指标对标。基础台账资料、现场管理、使用维修、润滑管理、设备运行、重复性问题等。

3. 备品备件

备品备件的合理储备直接影响到设备的使用效率和生产的进行。采油企业按照设备类型、数量合理储备备品备件，对数量多的设备实行代储代销制度。采油企业物资采办部门应与设备供货厂家签订备品备件代储代销协议，并在合同里要对供应配件的使用寿命按照相关标准进行规定，对因配件质量问题造成的损失应在结算时予以扣除。

设备备品备件的管理是一项复杂而细致的工作，库存管理是备品备件管理工作的重要组成部分。其库存量一般是尽量地减少，但是也要有一定的安全储备，根据企业设备状况，结合日常备品备件消耗情况等数据来确定。通过对库存备品备件的发放、使用动态信息的统计、分析，可以掌握备品备件使用期间的消耗规律，逐步修正储备定额，合理储备备件。同时，在及时处理备品备件积压、加速资金周转方面，也有重要作用。

（1）按其重要性分类

分为一级备品备件(故障型)和二级备品备件(消耗型)。

① 一级备品备件。包括：

- 维持设备运行的重要部件，一旦损坏在短时间内不易修复，会造成设备较长时间不能正常运行。
- 设备上的零部件，一旦损坏会直接影响设备运行和引发安全问题。
- 进口设备，其相应备品备件的采购周期比较长。

② 二级备品备件。包括：

- 设备工作时，必不可少的备品备件。例如检测仪器等。
- 设备正常运行情况下，经常磨损的零部件，需定期进行更换的。例如抽油机曲柄销及销轴、电机皮带等。
- 为降低设备故障率，提高设备性能，保养设备所需的备品备件。例如机泵配件耗材等。

（2）按状态分类

① 常用备品，容易损坏、故障较多的部件或使用最多的更换品。在日常保养、小修等定期更换的备件。

② 非常用备品，主要是指那些几乎不突然发生故障的定期更换品。

备品备件科学管理既能保证正常生产和供应，又能合理压缩库存资金，以得到较好的经济效果。通过加强企业库存管理工作，体现企业的综合管理实力，又有效地保证企业生产的连续正常进行，企业要不断加强对库存物资的管理工作，健全仓储管理的各种规章制度，利用现代管理手段、先进的科学分析方法、完善备件管理工作，有效控制备件的资金占用，以取得事半功倍的效果。

4. 润滑管理

润滑管理是指企业采用先进的管理方法，合理选择和使用润滑剂，采用正确的换油方法以保持机械摩擦副良好的润滑状态等一系列管理措施。润滑管理所涉及的范围非常宽广，凡是使用润滑剂的设备及行业都需要做这项工作。

设备润滑管理好坏直接关系到设备运行质量与寿命，随着设备不断创新及科技进步，现代设备向着大功率、小体积、质量小、高速化、精密化、功能多样化及高级化、微电子化、自动化、高可靠性等方向发展，做好设备润滑管理，是每一位设备管理工作者的重要职责。

(1) 润滑基础知识

① 润滑的作用

润滑主要作用为降阻、减磨、冷却、密封、防腐、减振、清洁等作用。

② 润滑剂产品分类

按润滑油的品种分类，我国润滑剂和有关产品(L类)的分类如表2-5所示。

表2-5 润滑剂分类

组别	应用场合	组别	应用场合
A	全损耗系统	N	电器绝缘
B	脱模	P	气动工具
C	齿轮	Q	热传导液
D	压缩机(包括冷冻机和真空泵)	R	暂时保护防腐蚀
E	内燃机油	T	汽轮机
F	主轴、轴承和离合器	U	热处理
G	导轨	X	用润滑脂的场合
H	液压系统	Y	其他应用场合
M	金属加工	Z	蒸汽气缸

按润滑油的黏度级别分类，分为以下四种：

a. 内燃机油SAEJ300-2000黏度分类见表2-6。

表2-6 润滑油的黏度等级分类

SAE黏度等级	低温动力黏度/mPa·s 不大于	低温泵送黏度/mPa·s 不大于	运动黏度(100℃)/(mm^2/s)		高温高剪切黏度(150℃，10^6s^{-1})/mPa·s 不大于
			不小于	不大于	
0W	6200(-35℃)	60000(-40℃)	3.8	—	—
5W	6600(-30℃)	60000(-35℃)	3.8	—	—
10W	7000(-25℃)	60000(-30℃)	4.1	—	—
15W	7000(-20℃)	60000(-25℃)	5.6	—	—
20W	9500(-15℃)	60000(-20℃)	5.6	—	—
25W	13000(-10℃)	60000(-15℃)	9.3	—	—
20	—	—	5.6	9.3	2.6
30	—	—	9.3	12.5	2.9
40	—	—	12.5	16.3	2.9(0W-10W/40)
40	—	—	12.5	16.3	3.7(15W-25W/40，40)
50	—	—	16.3	21.9	3.7
60	—	—	21.9	26.1	3.7

b. 美国汽车工程师协会(SAE)车辆齿轮油黏度分类见表 2-7。

表 2-7　车辆齿轮油黏度分类

黏度牌号	黏度为 150000mPa·s 时最高温度/℃	运动黏度(100℃)/(mm^2/s)	
		最小	最大
70W	-55	4.1	
75W	-40	4.1	
80W	-26	7.0	
85W	-12	11.0	
90	—	13.5	24.1
140	—	24.1	41.0
250	—	41.0	

c. 国际标准化组织(ISO)工业用润滑油黏度分类见表 2-8。

表 2-8　工业用润滑油黏度分类

ISO 黏度等级	运动黏度中间值(40℃)/(mm^2/s)	运动黏度(40℃)/(mm^2/s)		ISO 黏度等级	运动黏度中间值(40℃)/(mm^2/s)	运动黏度(40℃)/(mm^2/s)	
		最小	最大			最小	最大
2	2.2	1.98	2.42	100	100	90.0	110
3	3.2	2.88	3.52	150	150	135	165
5	4.6	4.14	5.06	220	220	198	242
7	6.8	6.12	7.48	320	320	288	352
10	10	9.00	11.0	460	460	414	506
15	15	13.5	16.5	680	680	612	748
22	22	19.8	24.2	1000	1000	900	1100
32	32	28.8	35.2	1500	1500	1350	1650
46	46	41.4	50.6	2200	2200	1980	2420
68	68	61.2	74.8	3200	3200	2880	3520

d. 美国润滑脂学会(NLGI)润滑脂稠度分类见表 2-9。

表 2-9　润滑脂稠度分类

等　级	锥入度(25℃工作 60 次后)/0.1mm	用途
000	445~475	齿轮脂、减摩轴承脂、水泵润滑脂、黑脂
00	400~430	
0	355~385	
1	310~340	
2	265~295	
3	220~250	
4	175~205	
5	130~160	
6	85~115	

③ 润滑油的质量级别分类

a. 内燃机油的质量级别分类

- 车用内燃机油的质量级别分类

API(美国石油学会)分类：汽油机油以 S 打头，柴油机油以 C 打头，后面字母 A、B、C…代表油品质量等级，档次依次提高，系统末端开口，不断发展。

ACEA(欧洲汽车制造商协会)分类：汽油机油以 A 打头，A1、A2，A3、A5。轻负荷柴油机油以 B 打头，B1、B2、B3、B4、B5。重负荷柴油机油以 E 打头，E2、E3、E4、E5。

ILSAC(国际润滑油标准和批准委员会)分类：GF-1，GF-2，GF-3、GF-4、GF-5。

- 车用齿轮油的质量级别分类

美国 API 车用齿轮油质量级别分类为：GL-1、GL-2、GL-3、GL-4、GL-5、GL-6。而且还提出了 PG-1 和 PG-2 两种新的齿轮油级别。

b. 工业齿轮油的质量级别分类

国际标准化组织(ISO)的工业齿轮油质量级别分类如图 2-4 所示，为：CKB、CKC、CKD、CKE 等等。我国工业齿轮油质量级别分类的代号与 ISO 相同，但含义上略有所不同。见图 2-4。

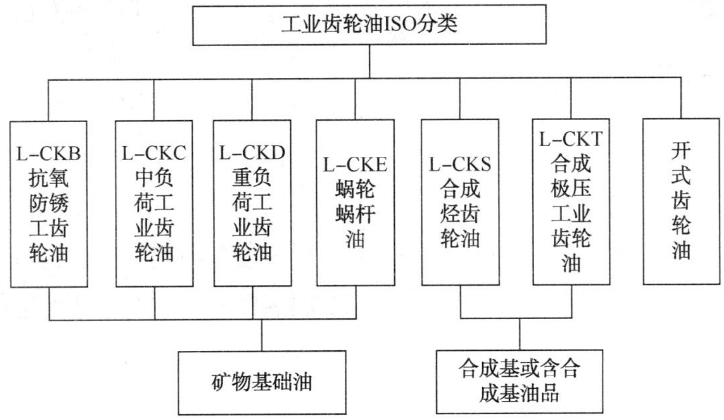

图 2-4 工业齿轮油 ISO 分类

c. 液压油的质量级别分类

国际标准化组织(ISO)的液压油质量级别分类为：HH、HL、HM、HR、HV、HS、HG 等。我国液压油质量级别分类与 ISO 相同，如图 2-5 所示。

(2) 润滑油脂主要理化指标

① 外观(色度)

油品的颜色，往往可以反映其精制程度和稳定性。对于基础油来说，精制程度越高，其烃的氧化物和硫化物脱除得越干净，颜色也就越浅。但是，即使精制的条件相

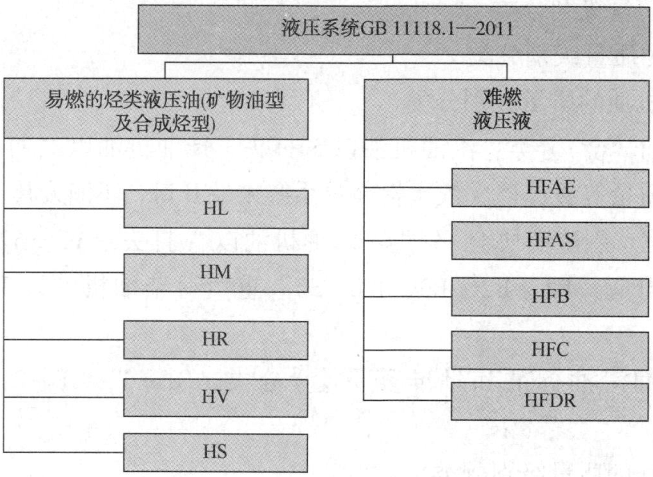

图 2-5　液压油质量等级分类

同，不同油源和基属的原油所生产的基础油，其颜色和透明度也可能是不相同的。对于新的成品润滑油，由于添加剂的使用，颜色作为判断基础油精制程度高低的指标已失去了它原来的意义。

② 密度

密度是在规定温度下，单位体积内所含物质的质量。相对密度是用 20℃时的油品与 4℃时同体积水的质量比来表示。相对密度和密度含义不同，但(同温度下)数值一样。

③ 黏度

黏度反映油品的内摩擦力，是表示油品油性和流动性的一项指标。在未加任何功能添加剂的前提下，黏度越大，油膜强度越高，流动性越差。

运动黏度是在相同温度下液体的动力黏度与它的密度之比。在温度 t(℃)时的运动黏度以“ν_t”表示，单位为二次方米每秒(m^2/s)(通常在实际中使用为 mm^2/s)。

黏度是评定石油产品，特别是润滑油质量的主要理化指标，对于生产、运输和使用都有着重要的意义。

④ 闪点

闪点是表示石油产品着火危险性的指标。油品的危险等级是根据闪点划分的，闪点在 65℃以下为危化品，闪点在 45℃以下为易燃品，45℃以上为可燃品，在油品的储运过程中严禁将产品加热到闪点温度；一般认为闪点比使用温度高 20~30℃，即可安全使用。

⑤ 凝点

凝点是试样在规定条件下冷却至液面停止移动时的最高温度，以℃表示。是将试样装在规定的试管中，并冷却至预期温度，将试管倾斜至与水平成 45°静置 1min，观察液面是否移动，以液面不移动时的最高温度作为试样的凝点。

⑥ 蒸发损失

蒸发损失是油品在一定条件下通过蒸发而损失的量，用质量分数表示。蒸发损失与油品的挥发度成正比。蒸馏方法得到的数据只是粗略的结果，润滑油品的蒸发损失需专门方法测定。目前，我国测定润滑油蒸发损失的方法为 NB/SH/T 0059—2010《润滑油蒸发损失的测定 诺亚克法》。适用于测定润滑油和润滑油基础油的蒸发损失。

⑦ 酸值、碱值和中和值

酸值：是表示润滑油中含有酸性物质的指标，单位是 mgKOH/g。酸值分强酸值和弱酸值两种，两者合并即为总酸值(简称 TAN)。我们通常所说的“酸值”，实际上是指“总酸值(TAN)”。

碱值：是表示润滑油中碱性物质含量的指标，单位是 mgKOH/g。碱值亦分强碱值和弱碱值两种，两者合并即为总碱值(简称 TBN)。我们通常所说的“碱值”实际上是指“总碱值(TBN)”。

中和值：实际上包括了总酸值和总碱值。但是，除了另有注明，一般所说的“中和值”，实际上仅是指“总酸值”，其单位也是 mgKOH/g。

⑧ 水溶性酸碱

用一定体积中性的蒸馏水和润滑油在一定温度下相混合、振荡，使蒸馏水将润滑油中的水溶性酸和碱抽出来，然后测定蒸馏水溶液的酸性和碱性，称为润滑油的水溶性酸和碱。

⑨ 皂化值

皂化值表示在规定条件下，中和并皂化 1g 物质所消耗的氢氧化钾毫克数，是酯值与酸值的总和。

⑩ 灰分和硫酸灰分

灰分是指在规定条件下，油品灼烧炭化残留物经煅烧所得的无机物，以质量分数表示。灰分的组成一般认为是一些金属元素及其盐类。

硫酸盐灰分是指油品灼烧炭化所剩余的残留物，用硫酸处理后再煅烧所得的无机物。

⑪ 残炭

油品在规定的实验条件下，受热蒸发、裂解和燃烧后形成的焦黑色残留物称为残炭，以质量分数表示。有时可用于在用润滑油的检测，以残炭值的增加表示油品老化的程度。

⑫ 机械杂质、水分

都是反映油品纯洁性的质量指标。

⑬ 元素含量

石油产品主要是由 C、H 两种元素构成，其总含量可以达到 95%~99%。同时还含有少量的 S、O、N 元素，另外还可能含有微量的氯、碘、磷、砷、钾、钙、钠、铁、镍、钒等。

⑭ 剪切安定性

液压油、齿轮油、内燃机油等在通过泵、阀(溢流阀、节流阀)的间隙、小孔或齿轮齿的啮合部位、活塞与气缸壁的摩擦部位时，都受到强烈的剪切力作用，油品中高分子长链物质发生裂解成短链物质，导致油品黏度降低。油品抵抗剪切作用而使黏度保持稳定的性能叫剪切安定性(抗剪切性)。

(3) 常用润滑油换油指标

① 发动机油

发动机油的更换，一般按汽车厂商推荐的换油周期进行换油。有条件进行油液检测的，推荐按照表 2-10 的换油指标进行发动机油的更换。

表 2-10　汽油机油和柴油机油换油指标

项　目		汽油机油	CD 柴油机油	试验方法
执行标准		GB/T 8028—2010	GB/T 7607—2010	目测
运动黏度(100℃)变化率/%	超过	±25	±25	GB/T 11137
闪点(闭口)/℃	小于	100	130	GB/T 3536
水分/%(m/m)	大于	>0.2	0.2	GB/T 260
酸值增加/(mgKOH/g)	大于	2.0	2.5	GB/T 7304
铁元素含量/(mg/kg)	大于	150	150	GB/T 17476
正戊烷不溶物/%	大于	1.5	2.0	GB/T 8926B

为方便车辆维护，汽车厂家通常推荐运输车辆按运行里程换油，CD 级别柴油机油换油周期 6000~8000km，固定式发动机运行工况较为缓和，可适当延长换油周期。

② 液压油

液压油的更换，一般依据两种条件：一是按时换油，即根据设备商或油品供应商规定的固定时间来换油；二是按质换油，即参照换油指标，某一项不合格即换油。按时换油具有方便管理和操作的优点，是换油管理的主流方式，如工程机械液压油一般规定换油期在 2000~5000h 不等。为了减少浪费，在有条件的情况下，应该根据设备和油品的情况安排必要的跟踪监测试验，以合理确定和调整换油期。

对于大型固定的液压系统推荐采用按质换油的方式，NB/SH/T 0599—2013《L-HM 液压油换油指标》(表 2-11)和 ASTM D6224-02(见表 2-12)可供用户参考使用。

对比可知，国内外液压油换油指标有一定差异，ASTM 指标增加了清洁度、空气释放值、抗氧剂含量、液相锈蚀以及抗泡性能等要求，能直观反映产品性能的改变情况，更具科学性。

表 2-11　L-HM 液压油换油指标的技术要求和试验方法(NB/SH/T 0599—2013)

项　目		换油指标	试验方法
40℃运动黏度变化率/%	超过	±10	GB/T 265 及本标准 3.2 条
水分(质量分数)/%	大于	0.1	GB/T 260
色度增加/号	大于	2	GB/T 6540
酸值增加[a]/(mgKOH/g)	大于	0.3	GB/T 264、GB/T 7304
正戊烷不溶物[b]/%	大于	0.10	GB/T 8926 A 法
铜片腐蚀(100℃，3h)/级	大于	2a	GB/T 5096
泡沫特征(24℃)(泡沫倾向，泡沫稳定性)/(mL/mL)	大于	450/10	GB/T 12579
清洁度[c]	大于	-/18/15 或 NAS9	GB/T 14039 或 NAS 1638

[a] 结果有争议时以 GB/T 7304 为仲裁方法。

[b] 允许采用 GB/T 511 方法，使用 60~90℃石油醚作溶剂，测定试样机械杂质。

[c] 根据设备制造商的要求适当调整。

表 2-12　ASTM D6224-02 液压油换油指标

分析项目		换油指标	试验方法
外观		不正常的变化或急速变黑	
空气释放值/min		5~20	
水分/%	大于	0.05	ASTM D1744
不溶物/%	大于	0.1	
清洁度	大于	17/14	
酸值增加		0.2	ASTM D664
抗氧剂含量		小于新油的 25%	
抗泡性能(程序 1)/mL		倾向性大于 450 稳定性大于 10	ASTM D892
液相锈蚀		轻锈	ASTM D665

③ 压缩机油

压缩机油在使用过程中，由于受到机械剪切、搅动、金属催化、高温等的作用以及外界条件如机械杂质、灰尘、氧化物、水气等的影响而氧化、变质、解聚和老化等，生成羧酸、胶质、沥青等产物，油品的颜色变暗、黏度和稠度变大、酸值增大、腐蚀性增强、使用性能变坏、寿命缩短。为了了解油品在使用过程中发生以上变化的情况和程度，应定期或不定期根据具体情况测试以下相关项目，如外观、水分、黏度、机械杂质、酸值、正戊烷不溶物等，才能做到"按质换油"。

压缩机油的换油期，随着压缩机的结构形式、压缩介质、操作条件、润滑方式和润滑油质量的不同而异。通常，可以根据油品在使用过程中质量性能的变化情况确定换油，目前国家尚无统一的换油标准，表 2-13 为中国石化长城润滑油根据多年行业经验的参考数据。

表 2-13 往复式压缩机油换油指标

分析项目		换油指标	试验方法
色度变化(比新油)/号		>4	GB/T 6540
运动黏度(40℃)变化率/%	大于	±15	GB/T 265
酸值增加值/(mgKOH/g)	大于	0.5	GB/T 264
正庚烷不溶物/%	大于	0.5	GB/T 8926A

而石化行业标准 NB/SH/T 0538—2013《轻负荷喷油回转式压缩机油换油指标》中，还增加了氧化安定性小于 50min 换油的指标。

④ 工业齿轮油

换油指标见表 2-14。

表 2-14 《工业闭式齿轮油换油指标》(NB/SH/T 0586—2010)

项　目		L-CKC 换油指标	L-CKD 换油指标	试验方法
外观		异常[a]	异常[a]	目测
运动黏度(40℃)变化率/%	超过	±15	±15	GB/T 265
水分(质量分数)/%	大于	0.5	0.5	GB/T 260
机械杂质(质量分数)/%	大于或等于	0.5	0.5	GB/T 511
铜片腐蚀(100℃, 3h)/级	大于或等于	3b	3b	GB/T 5096
梯姆肯 OK 值/N	小于或等于	133.4	178	GB/T 11144
酸值增加/(mgKOH/g)	大于或等于	—	1.0	GB/T 7304
铁含量/(mg/kg)	大于或等于	—	200	GB/T 17476

[a]外观异常是指使用后油品颜色与新油相比比较明显(如由新油的黄色或棕黄色等变为黑色)或油品中能观察到明显的油泥状物质或颗粒状物质等。

⑤ 导热油

导热油是作为传热介质使用，也称有机热载体，在油田加热炉有较多应用。其沸点比水高，具有传热均匀、传热效果好等特点。

导热油使用需要定期化验相关指标。需定期测定和分析导热油的残炭、酸值、黏度、闪点、熔点等理化指标，及时掌握其品质劣变情况，根据 GB/T 24747—2009《有机热载体安全技术条件》之规定，达到报废指标时，应予以报废。

导热油在使用过程要注意检查导热油的封闭情况，通常对膨胀罐要进行充氮保护，避免导热油与空气接触氧化，缩短使用寿命；导热油在超过最高使用温度时，易氧化反应，造成劣化变质，在管壁会出现结焦，影响传热效果，甚至造成爆管事故，因此出口处导热油的温度不得超过最高使用温度；导热油混入水及其他杂质，加热后迅速汽化，造成管内的压力急升，容易引发事故，因此，导热油在投入使用前应先缓慢升温，脱除导热油中的水和其他轻组分杂质。

（4）润滑管理误区

误区一：设备润滑就是加油

润滑并不是这么简单，它是综合运用流体力学、固体力学、材料学、应用数学、物理化学等基础理论，来研究润滑原理、润滑材料和润滑方式，控制有害摩擦、磨损的一门科学，加油仅仅是润滑之中的一环而已。一台设备的润滑，其实从它的设计阶段就开始了，并且贯穿于整个设备使用寿命始终。

误区二：油越多越好

润滑油加到两个摩擦表面之间，目的是在两个摩擦表面形成薄薄的油膜，避免直接接触，从而减少磨损。但是，考虑到加润滑油的某些副作用，就必须严格控制加油量，例如在减速器中，为了减少齿轮运动中阻力和油的温升，浸入油的齿轮深度以1~2个齿高为宜，转速高的加油量还应少些。

误区三：新旧润滑脂混合使用

新润滑脂与旧润滑脂即使是同一类型的也不能混合使用。因为，旧润滑脂内含有大量的有机酸和杂质，若与新润滑脂混合将加速其氧化变质。

误区四：润滑油黏度越高越好

以内燃机为例，为了防止运动零件间接触面磨损，润滑油必须有足够的黏度，以便在各种运转温度下，都能在运动零件间形成油膜。但润滑油的黏度不得高于影响发动机启动的程度，并要求在持续运转条件下产生的摩擦最小。使用黏度过大的润滑油会增加机件的磨损。难以及时将磨损下来的金属磨屑、炭粒、尘埃从摩擦表面中清洗出去。因此，不要使用黏度过大的发动机润滑油，更不能认为黏度越大越好。

误区五：用加入润滑油的方法使润滑脂变稀

冬季使用润滑脂时，喜欢在原润滑脂中加入润滑油调稀。这种做法是错误的。因为润滑脂的结构是由稠化剂和基础油组成的胶体结构体系，稠化剂形成结构网络，将基础油（一般为普通润滑油）吸附在网络中形成稳定的结构体系，不利于润滑。

误区六：盲目选择润滑

润滑油起着润滑、冷却、清洁和密封等作用。润滑油质量的好坏，直接关系到设备使用寿命的长短，因此不要盲目选择润滑油。选用润滑油时，既要重视质量等级，也要注意黏度等级。首先应按压缩比、排量等进行使用性能级别的选择；然后按照气温、负荷进行黏度级别选择。

误区七：设备润滑就必须存在泄漏

设备泄漏是指按设备技术条件规定不允许发生泄漏或超过技术条件规定的泄漏量是不正常现象。严重漏油不但产生少油或断油事故，影响生产的顺利进行，而且污染周围环境。这样既破坏了文明生产又浪费了润滑油。人们为了设备润滑而采用润滑油，但又带来了漏油这个矛盾。然而，人们对设备漏油并非束手无策，防止泄漏的方法和途径也很多。

只要思想上重视，技术上保证，是能够做到设备润滑和防止泄漏两不误。只有正确认识和理解设备润滑，才能做好设备的润滑工作，维护设备正常安全运转，从而有助于提高生产率和经济效益。

（5）如何做好润滑管理

① 全优润滑管理

20 世纪 70 年代，日本新日铁公司为提高设备管理水平，从设备润滑管理的各节点，建立了系统的润滑管理体系，并付诸实施，设备管理水平得到大幅提升。80 年代，美国积极学习日本经验，从电力行业开始，并迅速推广至其他行业，乃至扩展到全球，积极推行设备的润滑管理。

我国于 1992 年颁布了国家标准 GB/T 13608—1992《合理润滑技术通则》，这是我国第一部关于润滑管理的法规性文件，标志着我国在推广应用润滑管理方面迈出十分重要的一步。

进入 21 世纪，随着全球润滑管理的广泛推广，相关的理论、技术、方法的深入发展与完善，我国的一些专家、学者将其引入国内，提出“现代设备润滑”的理念，并细化了油品选择、保管、监测的具体要求。

a. 全优润滑管理的意义。国内外经验表明，通过推行全优润滑管理，润滑剂消耗每降低 1 元，从设备寿命和维修成本的收益是 5 元，而从生产率提高方面的收益则是 10 元。表 2-15 为国内外企业推行全优润滑产生的效益。

表 2-15　国内外部分企业全优润滑效益情况

方　式	效　益	实　例
延长油品使用寿命	节油 50%	平朔煤矿、新日铁
延长零部件/设备寿命	1~5 倍	SKF
延长在线过滤器滤芯寿命	节约 70%	攀钢、中隆纸业
延长供油泵寿命	1 倍以上	双城雀巢
减缓密封件磨损	降低密封耗材及油耗	宁夏恒力
节省维修费用	30%	首钢秦皇岛板材厂
减少故障停机	无法估量	首钢秦皇岛板材厂

b. 全优润滑要求。GB/T 13608—2009《合理润滑技术通则》，是正确合理对设备进行润滑的依据，也是执行的标准，由国家质检总局与标准化管理委员会于 2009 年 10 月 30 日发布、2010 年 5 月 1 日执行。采油企业应严格执行该标准。

c. 严格执行六定。具体如下：

定点：确定每台设备的润滑部位和润滑点，保持其清洁与完好无损，实施定点给油。

定质：按照润滑图表规定的油脂牌号用油，润滑材料及掺配油品必须经检验合格；润滑装置和加油器具保持清洁。

定量：在保证良好润滑的基础上，实行日常耗油量定额和定量换油，做好废油回收退库工作，治理设备漏油现象，防止浪费。

定期：按照润滑图表规定的周期加油、添油和清油，对储油量大的油箱，应按规定时间抽样化验，视油质状况确定清洗换油、循环过滤及抽验周期。

定人：按润滑图表上的规定，明确操作工、维修工、润滑工对设备日常加油，添油和清洗换油的分工，各司其职，互相监督，并确定取样送检人员。

定法：规定加注方法。

d. 各种油品要做到密闭过滤、密闭输送、密闭保存、密闭加注。储运设备和加注容器不能混用。

② 合理选用润滑剂

- 要做好新油及再用油的污染控制；
- 要按设备使用说明书要求规范选油；
- 根据设备类型确定油品组别；
- 根据设备工况确定油品性能。

摩擦副负荷大时，应选用黏度大、极压性良好的油或脂；摩擦副运动速度高的，选低黏度油或稠度大的脂；工作温度高的，选黏度大、闪点和凝点较高的油或稠度小、滴点高、耐高温的脂；温度变化范围大的，选黏度特性好的油；环境湿度大的，选抗乳化性好、油性和防锈性能好的油或脂。

③ 关键或润滑点多设备采用自动或集中注脂。

④ 定期利用真空滤油设备过滤油品，重复使用润滑油，减少新品采购量。

⑤ 及时治理堵漏漏油点。

⑥ 做好润滑培训。

⑦ 开展油液监测，做到按质换油。适时检测油质，掌握合理换油周期。

⑧ 应向节约润滑剂、延长设备寿命、降低设备的维护费用、节约设备的运行费用、减少环境污染等方向努力。

5. 创新维修模式

(1) 维修方式的选择

目前企业设备维修方式较多，随着生产设备的复杂化和维修技术手段的提高以及维修理论的创新，维修方式也在不断地发展变化，呈现出多种多样的维修形式和组合维修模式。主要的有定期维修、事后修理、状态监测修理、可靠性维修等。

① 定期修理

指对每种设备，规定一定时间的累计运行时间，到时就进行修理的一种修理方式。是一种预防性修理方式。其特点是可以减少设备故障台数，将潜在故障消除在萌芽状态。

② 事后修理

指设备发生故障或者性能低下后再进行的修理，其适用于设备维修费用低的情况，适合于辅助作业线的简单设备。它的最大优点是充分地利用了零部件或系统部件的寿命，但事后维修是非计划性维修，浪费了较多的剩余修理，同时还存在一定的缺陷和不足。

③ 状态监测修理

指根据对设备状态的监测，判断设备可能存在的问题，在问题未发生前对设备进行针对性修理的修理方式。也是一种预防性修理方式。

④ 可靠性维修

可靠性维修以可靠性理论为基础，通过对影响可靠性因素的具体分析和实验，应用逻辑分析决断法，科学地制定修理内容，优选修理方式，确定合理的使用期限，以控制设备的使用可靠性。

由于长期受传统的维修模式和事后维修思想的影响，目前国内企业的设备管理中普遍存在七大认识误区，严重阻碍了企业设备管理水平的提升和现代化进程。为了适应现代化设备管理模式的需要，设备管理人员必须走出误区，建立新的认识体系。

误区之一：只要是设备都会出故障

更正：以可靠性为中心维修思想显示，只要以可靠性数据分析为依据，采用先进的测试技术和诊断方法，就可以实现设备故障为零。这种思想使维修工作有了较强的针对性，使主客观更加一致，增强了科学性，减少了盲动性。

误区之二：设备一定要定期大修

更正：近年的研究表明，随着新材料、新工艺的应用，设备的可靠性日益提高，而设备的无形磨损日渐加速。60%以上的设备故障率曲线只有初始故障期，却无耗损故障期。盲目大修会引入新的初始故障期，增加设备故障率。由于设备不同部件的运动不同、负载不同、工作环境不同，因而磨蚀、老化、损坏不同，局部修理，即小修、项修、总成或组件维修更经济合理。

误区之三：不出故障，很难找到故障的原因

更正：故障不会凭空出现，而是日积月累形成的。尘土、油污、应力、微裂纹、腐蚀、松动、接触不良、老化等问题都是引发故障的原因。所以，故障下面有大量隐含的问题需要我们去仔细观察和发现，这也是全员维修的意义所在。只要强化基础，从细微之处做起，如检查、清洁、保养、防腐、减振、平衡等，就能防患于未然，也是最经济的设备维修策略。

误区之四：备件管理很难解决好保证维修和压缩备件库存的矛盾

更正：只要把备件合理分类，关键备件作冗余储存，一般备件正常储存，不重要备件可短缺储存，还有大量备件作零库存，可以既降低库存成本，又不会造成紧急短缺。如：按照“关键性”对设备、部件、零件都进行A、B、C分类，从AAA到CCC，按照关键性程度，分轻重缓急分别作冗余库存、一般库存、可短缺库存及只存信息不存零件的零库存管理。

误区之五：让操作工参与维修设备是不可能的

更正：操作工天天接触设备，最了解设备各种性能；设备运行中的声音、温度、动作、气味、颜色等发生异常也是现场操作人员最先感知。因此，操作工是否能正确操作，对设备负不负责任，结果大不一样。随着设备自动化程度提高，操作会变得更简单、轻松，也使操作工对设备负更多责任成为可能。

误区之六：企业的设备管理组织结构是不能改变的

更正：设备管理组织应该朝着扁平化、专业搭接、工序优先、短路管理、淡化分工、模糊边界管理的方向不断努力。理由是：层次太多，制造更多问题，解决更少问题，管理周期变长，效率变低；生产现场如同战场，以工序优先为原则，同级可以指挥同级，使管理短路、反应快速；实施淡化分工、模糊边界可以使推诿扯皮变成主动补台；永远坚持因需设岗、以岗定人。

误区之七：企业要有一支能够应付所有设备问题的维修队伍

更正：先进设备和落后维修队伍的矛盾永远存在。社会化维修是未来的发展趋势，企业要做的是在维修资源的整合、维修管理上下功夫。

（2）维修模式的选择

长庆油田属于市场化运作的油田，各二级单位没有自己的机修单位，设备维修业务基本都是依托市场化。现有的维修模式主要有根据设备运行情况采取的月度维修和总承包制维修模式。

① 月度维修模式

通俗地讲，月度维修模式就是每月对设备进行维修的模式。计划性的根据设备运行工况采取项修、大修、小修的一种修理模式。项修是只对设备部件故障进行的修理，这种方式具有维修费用低、故障停机时间短、针对性强的特点；大修是按照修理技术规范对设备进行全面拆检，修复或更换损坏磨损的零部件，恢复设备性能的修理方式。一般经过大修的设备各项技术参数、性能很难恢复新品标准；小修是现场开展最多的一种修理方式，是对设备进行简单的、局部的修理。对于实行状态监测维修的设备，小修的内容是针对日常点检、定期检查和状态监测诊断发现的问题，拆卸有关部件，进行检查、调整、更换或修复失效的零件，以恢复设备的正常功能。对于实行定期检修的设备，小修的主要内容是根据掌握的磨损规律更换或修复在维修间隔内即将失效的零件，以保证设备的正常运行。

例 2–4

长庆油田目前设备维修还是以月度维修模式居多。每月由各三级单位（大队级）根据设备运行工况提出维修计划，经单位主管设备领导审核后报二级单位（厂、处级）设备部门审核确定实施计划（需现场确认的项目，经现场核实后确定计划），计划以厂生产建设计划下发，从计划下发、实施、验收、结算、费用分析进行全过程闭环管理。

② 总承包制维修模式

总承包制维修就是由市场化承修单位根据设备的型号、数量进行维修费用总承包的方式。总包主要包括大修、定期巡检、维护保养，总包时间一般以 1~2 年为期限，采用包工、包料方式。专业承包商、总包费用由油田公司统一组织公开招标确定。这种方式，对于承包商来说，为了获得最大效益，他们会最大限度地减少维修频次，减少配件更换数量，特别是采取有效措施提高易损件寿命，对于使用方来说，同时提高了泵的运转时率，减少了岗位员工的劳动强度，从近几年长庆油田总包模式情况来看，这种模式与月度维修模式相比节约维修资金约 15%，符合油田降本增效的总体发展思路。这种模式优点是减轻岗位操作人员劳动强度，倒逼承包商强化设备维保，提高易损件寿命，从而提高设备完好率。缺点是，若总包时间短，承包商为了获得最大利润，存在维护保养不到位，配件更换不及时，一定程度上存在拼设备的现象。若次年维修模式发生改变，后期设备检维修费用会大幅度增加。总包时间一般应不少于 3 年。

表 2-16 为长庆油田某采油厂往复泵总包考核细则。

③ 创新维修模式

采油企业设备大多为固定安装使用，如长庆油田目前设备基本上仍采取计划(定期)维修和事后维修的维修策略，状态维修还处在尝试阶段。无论采取哪种维修方式，其目的都是为了降低维护维修费用，应做到几种方式的优化组合，不应绝对排斥哪种方式。应采取针对性的、动态的、灵活的维修策略，应根据不同设备类型，采取不同的维修策略，甚至对同一台设备的不同部件可采取不同的维修策略。应该从设备的运行可靠性及经济性的更高要求出发，合理地选择维修策略来降低设备的使用费用，提高经济效益。采油企业应不断探索创新维修模式，以下几种模式供参考(以长庆油田为例)。

a. 制造+模式探索

做到专业化管理服务，实现主要关键设备制造+服务，做到设备全生命运行费用最低。创建一流设备管理新模式。

产品+服务模式。制造厂家提供产品+安装+运行+维护+再制造整个全生命周期服务。

管家+专家服务。对维修难度大，维修频次低的设备，设备管理人员作为管家，负责日常运维，社会化力量作为专家，提供专业设备维修服务。

上述两项模式，需处理好以下关系：

理顺流程，解决瓶颈。因设备采购、安装、维修保运为多部门管理，如采购在物资管理部，供货厂商可能不具备安装资质，设备安装为另外部门管理，维修保运承包商可能不具备供货及安装资质。三者合二为一，是下一步一体化服务的瓶颈难点。

结合实际，试点运行。建议在抽油机、压缩机、机泵等项目试点运行，若可行，逐步推广。

体系建立，规范运作。对一体化服务商，要从管理制度制定、服务流程的确定、故障保修流程及服务实施流程建立健全等方面规范运行程序。

表 2-16　往复泵总包考核细则

维护要求	工作内容		考核标准	处罚规定	备注
1. 对每台设备每 15 天内进行一次主动现场巡护，并更换已损坏配件； 2. 对每台泵每 6 个月内强制保养一次； 3. 对突发设备故障问题，接到通知后 2h 内必须携带必要的工具和材料赶到现场抢修； 4. 每台设备每月因维修原因停机时间不超过 72h，有备用设备的泵站不得因检修影响正常注水； 5. 承包方对单台设备应建立维护检修记录及考核卡片，每次修保一台设备后填写记录，并由作业区（大队）设备管理岗位签字认可； 6. 相关基层单位负责日常考核，每季度由基层单位对承包商工作量进行一次确认，厂设备部门负责结算	巡护检修	检查密封泄漏情况，超标时处理，包含填料及油封等易损件更换	静密封点无泄漏	1. 巡护有缺项或达不到标准每台次扣除 500 元； 2. 强制保养每超过规定期限每 24 小时扣除 1000 元； 3. 突发故障不能按时赶到现场处理或者维修停机时间超出规定的，每小时扣除 100 元	1. 对于在维护合同期限内各单位新增或减少设备，费用进行相应增减； 2. 因甲方人为原因造成设备损坏或零部件丢失的，修理费用另行计算； 3. 因承包方修保质量问题造成甲方损失的，承包方负责赔偿； 4. 因不可抗力导致设备损坏的，修复费用另行计算； 5. 因甲方要求进行的设备改造费用另行计算； 6. 甲方应加强设备日常检查、保养力度，逐步提高岗位操作人员维护水平
		检查设备工作能力，达不到要求时维修液力端，更换过流部分配件	工艺流程完好时，在额定工作压力内，泵排量应达到额定排量的 85%以上		
		检查皮带、润滑油、压力表、安全阀的情况，发现问题作好记录，必要时更换皮带，更换安全阀阀芯（阀芯更换后需由资质部门进行检验后使用）等	记录准确，更换；安全阀、润滑油、压力表由使用单位提供		
	强制保养	承包商配件储备齐全，且为原厂配件	必须在规定时间内恢复泵的正常运行，由于承包商未使用原厂配件造成设备损坏产生费用完全由承包商承担		
		每月检查一次蓄能器充气压力，不合格的进行充放气或更换皮囊	充气压力为工作压力的 1/2～3/5，建立蓄能器定期测压记录		
		全面检查液力端、动力端各零部件情况及配合间隙情况，必要时进行修复或更换部分配件	对前次强制保养后累计运转时间未达到 2000h 的，可延期保养，但设备强制保养期最大时间间隔不得超过设备实际运转 2500h（平均每年强保 2 次）		
		清洗曲轴箱，协助站内操作工更换或过滤再利用润滑油	对强制保养中发现设备整体问题较大的，按照标准实施大修作业		
		属于产品质量问题的，在质保期内的由厂家进行维修。质保要求执行《中国石油天然气股份有限公司企业标准》（Q/SYCQ 3452—2015）	合同签订以前投产的泵，三大件（泵头、机身、曲轴）质保三年，超出质保期坏的，产生费用另计。		
			当年合同签订以后投产的注水泵质保执行 Q/SYCQ 3452—2015 企业标准		
	故障维修	根据故障情况，按往复泵修理技术标准视情维修	消除故障，修后验收，各项性能指标达到完好		

评价分析，优选模式。目前部分单位设备均为自主维修，如某采油厂，目前“三泵”(离心泵、往复泵、螺杆泵)、抽油机结构件(连杆除外)均为自主维修，无承包商。哪种方式运行费用最低，有待分析评价，优选适合长庆油田设备运维新模式。

b. 自主维修为主+委外维修为辅的维修模式

采油企业应以设备全生命周期运行成本最低为目标，坚持“目标引领，问题导向，提升价值，效益优先”的原则。重点从设备检修维护、设备再制造及利旧、设备提效改造三个方面开展工作。做到“控成本、降投资、创效益”。“自己动手，丰衣足食”。设备自主维修不仅可培养员工一岗多能，也有利于优化人力资源，减少设备故障和非计划检修，作业区现场督促，班组及时整改，故障解决在现场，保证设备稳定运行，降低维修成本，增强维修综合素质的作用，提高设备的使用率和完好率。采油企业应积极探索推行自主维修为主+委外维修为辅的维修模式。

无论采取哪种维修模式，设备管理部门应制定运行曲线，月度跟踪。重点对设备修理费用占比、维修费用率、折旧维修费用率、主要设备的平均单台修理费、频次，每季度开展一次统计分析。坚持问题导向，针对存在问题及时纠偏调整。

例 2-5

自主维修实践

长庆油田某采油厂积极落实厂部“开源节流，降本增效”总体工作部署及要求，积极开展设备自主维修业务。

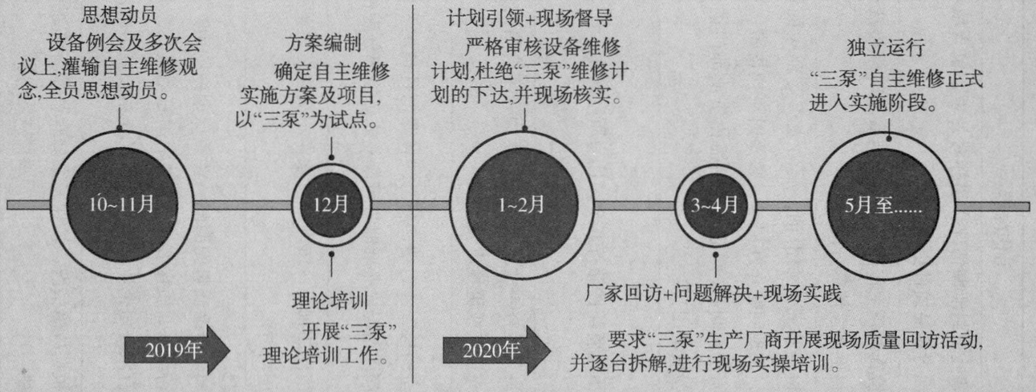

一是“三泵”全面自主维修。通过开展厂商质量回访、问题解决、实践培训。进一步提高维修人员分析判断解决问题的能力。2020 年“三泵”控降费用 1000 余万元。

二是拓展自主维修范围。电机小维修、非变频控制柜小型维修、抽油机易损件更换维修等逐步开展自主维修，全年控降费用 80 余万。

三是激发基层员工自主创新创效修旧利废积极性。通过小改小革、修旧利废为我厂创造更多效益。全年控降 100 余万元。

通过自主维修，全年控降维修费用高达 1800 余万元。

（3）优选维修商

采油企业所有设备维修商准入严格执行招标选商制度，各二级单位应根据维修工作量合理优选维修商。在日常监管过程中，严格执行本单位的设备维修承包商管理及考核实施细则。严格落实承包商“三个一批”（处罚一批、停工一批、清退一批）管理要求，做好准入核查、过程检查和年终考核。

表 2-17～表 2-22 为某采油厂承包商考核标准及考核表。

表 2-17　某采油厂设备维修承包商单台或单批次维修考核标准

考核承包商名称：　　　　　　维修项目：　　　　　　考核日期：　　年　月　日

序号	考核项目	标准及要求	分值	扣分标准	扣分原因	考核得分
1	否决项	维修中无质量事故		发生质量事故得零分		
		维修中无生产安全事故		发生安全事故得零分		
		维修中无环境污染事故		发生污染环境事故得零分		
2	安全管理	（1）按照规定办理（动火、检维修指令单、吊装、临时用电、进入有限空间、化学清洗）作业手续	8	没有按规定办理相关作业手续扣 8 分		
		（2）维修作业现场安全、环保设施齐全；消防器材配备到位	5	发现设备、设施一处不符合要求的扣 1 分，直到 5 分扣完为止		
		（3）现场维修人员劳保护器具齐全	5	现场维修人员劳保护具每少一处的扣 1 分，直到 5 分扣完为止		
		（4）维修作业人员办理备案手续	5	维修人员没有办理备案手续的扣 5 分		
		（5）维修过程中产生的废水、废液及废料按要求处理	5	未对产生的废水、废液及废料进行回收或无害化处理的扣 3 分		
				维修的废机油没有交还设备使用单位扣 2 分		
		（6）现场维修完毕，做到工完、料净、场地清	5	现场维修完毕后，场地凌乱，没有清理扣 5 分		
		（7）无违反安全生产管理制度的其他行为	5	存在违反安全生产管理制度的其他行为扣 5 分		
3	质量管理	（1）具有明确的维修质量承诺和维修质量保证期	5	无维修质量承诺和保证期的扣 5 分		
		（2）按照委托单的要求开展维修工作	3	未按委托单要求开展维修工作扣 3 分		
		（3）设备修理过程中，需增加修理内容时，必须与委托方沟通	5	没有与委托方沟通，私自增加修理内容扣 5 分		
		（4）建立维修技术资料，有解体、装配技术数据记录	5	缺少解体记录扣 2 分，缺少装配数据记录扣 3 分		

续表

序号	考核项目	标准及要求	分值	扣分标准	扣分原因	考核得分
3	质量管理	（5）建立验收资料，有修理完成之后的验收、试验记录	5	缺少修理试验记录扣3分，缺少验收记录扣2分		
		（6）服务商提供的材料和配件实行质量认证制度，严禁使用不合格产品，必须“三证”齐全（产品质量合格证、检验合格证、生产许可证），不存在以次充好、以旧充新	5	存在任何一项问题扣5分		
		（7）更换下来的旧配件交委托方回收	3	更换下的旧配件没有交委托方扣5分		
		（8）应公开投诉电话，对客户的意见、投诉要有答复	5	无公开投诉电话扣2分，对客户的意见、投诉没有答复扣3分（有相关记录备查）		
		（9）应提供24小时救援服务，救援及时率100%	4	24小时内没有进行救援扣4分（有相关记录备查）		
		（10）按承诺时间完成修复	6	未按承诺时间完成修复的每超一天扣2分，直到本项扣完为止		
4	维修资料	（1）设备修理结束后提供设备维修工作量确认单	8	无工作量确认单扣8分，确认单无委托方签字扣4分		
		（2）设备修理结束后提供费用结算清单	8	无费用结算清单扣8分		
合计			100			

设备考核人员：　　　　　　　　　　主管设备领导：

表2-18　某采油厂设备维修承包商月度考核表

序号	主修类别	设备维修承包商名称	修理范围	月度维修次数	合计得分	月度平均得分	排名	分级（A/B/C）

设备主管领导签字盖章：　　　　　　　　　　设备负责人：

表 2-19　某采油厂设备维修承包商季(年)度考核标准

考核承包商名称：　　　　　　　　维修项目：　　　　　　　　考核日期：　　年　月　日

序号	考核项目	标准及要求	分值	扣分标准	扣分原因	考核得分
1	否决项	季(年)度维修中无质量事故		发生一般及以上质量事故得零分		
		季(年)度维修中无生产安全事故		发生一般及以上安全事故得零分		
		季(年)度维修中无环境污染事故		发生一般及以上污染环境事故得零分		
2	维修抽查	(1)对照单台或单批次维修考核标准现场抽查安全管理符合要求	14	发现一项不符合要求扣 2 分		
		(2)对照单台或单批次维修考核标准现场抽查质量管理符合要求	20	发现一项不符合要求扣 2 分		
		(3)对照单台或单批次维修考核标准现场抽查维修资料符合要求	6	发现一项不符合要求扣 3 分		
3	响应能力	(1)修理厂内不定期检查问题整改得力、反馈准确、及时	10	发现一项不符合要求扣 3 分		
		(2)维修现场检查问题整改得力、反馈准确、及时	10	发现一项不符合要求扣 3 分		
4	质量保证	维修质保期内无质量问题	20	发现一项质量问题扣 10 分		
5	合同履约	(1)合同有效期内签订	10	发现一份合同签订不符合要求扣 2 分		
		(2)结算报送资料齐全、准确、真实	10	发现一项不符合要求扣 2 分		
合计			100			

设备考核人员：　　　　　　　　　　　　　　　　主管设备领导：

表 2-20　某采油厂设备维修承包商年度综合考评表

序号	主修类别	设备维修承包商名称	修理范围	年度考核平均分(85%)	业务部门综合评价(15%)	合计得分	排名	分　级(A/B/C)

厂领导：　　　　　　　　业务主管部门领导签字盖章：　　　　　　　　评价时间：　　年　月　日

表 2-21 某采油厂设备维修承包商管理工作检查考评表

考核单位名称： 考核日期： 年 月 日

考核项目		标准及要求	分值	扣分标准	扣分原因	考核得分
制度建设（标准得分22）	管理制度	制定设备维修承包商管理制度、办法等。明确设备管理人员监管责任、设备维修承包商的工作职责、工作界面、维保质量、安全环保、服务标准、专业能力、应急响应等要求	16	每缺一项扣2分		
	考评细则	制定设备维修承包商检查考评细则及相应评分标准	6	每缺一项扣3分		
过程管理（标准得分48）	准入管理	(1)设备维修承包商引入是否符合规定	4	每发现一家不合规扣1分，扣完为止		
		(2)设备维修承包商准入推荐符合规定	4	每发现一家不合规扣1分，扣完为止		
		(3)设备维修承包商准入100%	4	每发现一家未办理准入扣1分，扣完为止		
	管理活动	(1)编制设备维修承包商管理目录(包括承包商名称、准入方式、维修项目、标段、合同金额等)	10	每缺一项扣2分		
		(2)开展设备维修承包商管理、培训等活动并有相关记录	6	每开展一次得2分		
		(3)开展设备维修承包商风险辨识活动并有相关记录	6	每开展一次得2分		
		(4)开展设备维修承包商应急演练活动并有相关记录	6	每开展一次得2分		
	技术资料	(1)设备维修交接检验记录	2			
		(2)设备维修配件更换记录	2			
		(3)设备维修检验验收记录	2			
		(4)关键、主要设备监修和专项验收记录	2			
检查考核（标准得分30）		(1)开展设备维修承包商日常检查工作并有相关记录	10	每检查一次得2分		
		(2)开展设备维修承包商季度检查考核工作并有考核评价、处罚等相关记录	6	每检查一次得2分		
		(3)开展设备维修承包商年度检查考核工作并有考核评价、打分、排名及处罚等相关记录	10	每缺一项扣2分		
	“三个一批”落实	定期开展设备维修承包商的检查考核，严格落实“三个一批”	4			
总分(100)						

表 2–22　某采油厂设备维修承包商安全专项检查考评表

序号	评估分项	评估内容	分值	扣分标准	评估得分
1	HSE 法规、标准、制度遵守情况	是否存在违反国家、集团、油田公司 HSE 相关管理制度的情况	15	存在 1 项，扣 2 分	
2		国家和地方政府要求的有关资质、证照承包单位及其分包单位是否齐全有效		缺失 1 项，扣 2 分	
3		是否存在非法用工、无证上岗的现象		每次扣 2 分	
4	HSE 组织机构建立、HSE 培训教育情况	是否建立 HSE 管理机构和安全管理网络；项目经理、HSE 专兼职安全人员是否按要求配备	15	未建立 HSE 管理机构该分项不得分。无安全管理网络扣 5 分；人员未按要求配备的，扣 1~5 分	
5		HSE 教育制度是否有效执行，作业人员应知应会是否掌握		未执行或人员知识掌握不清，每项扣 2 分	
6		岗位员工培训考核是否合格，满足上岗条件		未考核或考核但不满足上岗条件的，每人次扣 2 分	
7	HSE 合同、HSE 作业计划书情况	维修项目是否签订了 HSE 合同，HSE 合同条款是否履行	10	未签订 HSE 合同的，该分项不得分；1 次未履行条款扣 2 分	
8		是否存在超 HSE 合同、方案、计划书规定范围的情况		超范围情况 1 次扣 5 分	
9	HSE 措施、劳动保护、应急预案落实情况	是否开展了危险危害因素辨识、环境因素识别，明确了风险消减控制措施	15	辨识不全扣 2 分，未开展扣 5 分，无措施扣 3 分	
10		编制的 HSE 措施、方案是否符合现场安全要求，是否经过有效审批		措施、方案不符合现场安全要求扣 1~5 分，未有效批准的，每项次扣 1 分	
11		作业人员劳动防护用品是否有效，并按要求配备和使用		1 项不符合扣 1 分	
12		是否编制有应急预案或措施，应急组织机构是否健全，物资是否充足完好，并开展过培训和演练		无预案或措施扣 5 分；未开展过培训、演练每项扣 2 分；其他每项不符合扣 1 分	
13	现场管理情况	现场管理是否规范。物料、工器具是否按规格分类、摆放整齐、挂牌标识，电气线路等是否存在私搭乱建现象；现场环境是否干净卫生、整洁，是否有存在环境污染情况	25	1 处不符合扣 1 分	
14		是否遵守了入场教育、维修前安全交底及开工许可等属地单位安全环保规定		每项次未遵守扣 2 分	
15		维修装备、机具配置是否满足行业标准规定，并经检验合格。是否对设备设施进行日常性检查、维护		设备、机具不符合标准、未经检验合格的，1 次扣 5 分；维护检查不到位的，扣 2 分	

续表

序号	评估分项	评估内容	分值	扣分标准	评估得分
16	现场管理情况	维修现场HSE防护设施是否齐全，安全标识设置是否规范	25	1项不齐全或不规范扣1分	
17		动火、动土、进入受限空间、高处作业、临时用电等危险作业的票证管理、安全防护措施落实是否符合HSE管理要求		发现1项不符合，扣2分	
18		针对现场重大危险源是否制定了有效的监控措施，并落实		未制定扣5分，少落实1项扣1分	
19		自查和各级检查下达的安全隐患整改通知书的执行及回复情况		未及时回复扣5分，现场有1项未整改扣2分	
20		维修现场是否存在“三违”行为；项目是否存在被停工处理的情况		1起违章行为扣1分，1起重复性违章扣2分，1起严重违章扣5分；承包商查处违章少于发包方查处的，扣3分。存在1次停工处理的，扣10分，存在3次及以上的，该单位评估总分取零分	
21		维修现场中是否存在《勘探与生产分公司承包商健康、安全与环境管理规定》中规定的严重违章行为		每存在1项，视严重程度扣5~20分	
22	事故、事件及信息管理	是否发生一般C级安全生产事故及以下事故或重大未遂事件、事故	20	发生描述中任何一起的，扣5分	
23		是否发生过一般B级安全生产事故、较大环境污染、生态破坏事件或重大质量事故；是否发生具有较大社会影响的事故事件		发生描述中任何一起的，该单位评估总分取零分	
24		事故事件是否处置及时、果断；在事故事件调查处理期间，是否发生擅离值守、逃匿等情况		事故事件未及时处置扣10分；事故事件发生后逃匿的，该单位评估总分取零分	
25		是否及时上报事故信息，是否存在瞒报或迟报现象		1起未及时上报扣5分；1起隐瞒扣10分	
合　计			100		

通过检查考核，优选维修厂商，形成竞争激励机制，让真正具有综合实力的厂商进入维修市场。

(4) 建立设备维保质量体系

按照精益管理理论建立油田设备维保管理体系，是提高油田设备管理水平，确保油田设备正常运行，实现油田降耗增效，提高油田经济效益的重要保证。

通过设备维保质量体系建设，可进一步提高设备健康水平，提高设备完好率，降低设备维修费用。减少配件使用量，减少消耗，构建节约型企业，为企业节约一定的材料消耗量，具有一定的社会效益。

采油企业按照精益管理理论和国际管理标准，结合企业的实际情况，建立和健全采油设备的维保管理体系，是采油企业维保质量及效益提升的重要手段。

① 管理体系的建立

管理体系的建立及健全，一般分三个阶段开展工作。

第一阶段：过程分析阶段。分析油田原油采出设备维保过程特点，维保工艺流程和所涉及的过程，对该原油采出设备维保的全过程进行识别和确认，确定采油设备维保各个过程的相互关系及作用。

第二阶段：建立文件化的管理体系并运行。按照“系统协调、科学合理、结合实际、职责分明”的管理体系文件编写原则，编制包括管理手册、程序文件、作业文件等管理文件、质量记录等管理体系文件。对油田采油厂的所有设备，集中进行使用状况调查摸底，分析油田设备的使用现状，针对性地制订维保作业文件；与此同时，也对采油厂维保人员进行维保技能培训，提高现场人员的质量意识及技能。同时采取可行的措施为这些过程配备必要的资源，建立质量信息反馈系统，对过程运行实施有效监控和分析，以实现这些过程所策划的结果；定期进行内审和管理评审，对发现的问题及时采取纠正和预防措施，确保这些过程持续改进。

第三阶段：对维保管理体系评价和总结。对构建的油田设备维保质量管理体系运行有效性及实用性进行评价，并对构建采出设备维保质量管理体系后的经济效益进行分析。

② 质量效益提升

油田设备维护保养的质量管理水平，直接影响设备的使用成本，影响油田的经济效益。提高采出设备(包括采油作业区的抽油机，注水、注聚、输油等设备)的维保质量，是提高设备的利用率及可靠性和节能降耗的重要手段。

构建油田采油设备维保质量管理体系是提高维保质量的重要保障。油田设备维保质量管理体系建设，就是针对目前油田采油作业的设备维保服务过程控制不到位、维保质量差等现状，就如何构建油田采油设备维保服务质量管理体系而进行的研究。

6. 隐患排查与治理

设备隐患管理直接关系到企业的经济效益和社会效益。采油企业设备隐患的管理应实行分级管理、档案管理、动态管理和全过程管理。具体做法是：

(1) 设备隐患分级管理。设备隐患分为分厂级和作业区(大队)级，作业区级隐患由各单位自行管理，厂部进行监督，并检查其整改情况；厂级隐患由厂部设备管理部门统一管理督办。

（2）档案管理。发现的隐患均建立台账，各级隐患均应建立台账。台账内容包括：隐患项目名称、隐患内容、发现时间、计划整改时间、实际整改时间、负责人等。对于作业区级隐患还建立专项档案，内容除隐患台账的内容外，还包括：具体采取的监护措施、详细的整改计划和整改措施、资金落实情况、项目负责人、各阶段的技术资料（如监测数据、整改可行性方案、设计图纸、开工报告、施工方案、竣工验收、隐患消号等）。

（3）动态管理。对于发现的隐患，要及时安排整改，对于暂时无法整改的隐患，制定有效的监护措施，掌握其劣化趋势，并限期整改。

（4）全过程管理。从隐患的发现到最后消项关闭，均有项目负责人按照“三定三强化”的原则（定措施、定责任人、定整改时间，未整改前强化监护、强化整改的全过程管理、强化考核）使设备隐患始终受控，确保了设备、人身安全。

采油企业应本着以“查隐患、定措施、补短板、抓提升、增效益、促管理、保安全”为目的，通过“摸现状、找差距、挖经验”，加强设备基础管理、突出重点设备管理，确保设备高效、安全平稳运行。

坚持问题导向，应定期或不定期开展设备隐患排查，全面掌控设备安全隐患；坚持目标导向，持续做好隐患排查和问题削减，按照“管业务必须管安全”的要求，各单位狠抓设备的日常巡检、隐患排查工作，从“不能少一个螺丝”做起，确保设备安全、平稳运行。重点对压力容器更新、加热炉联锁保护装置、防爆电气、高压注水泵主要结构件、安全附件带病运行问题，抽油机安全隐患问题等进行系统排查整改，要把重复性问题的整治作为设备隐患治理的基础工作，认真对待、常抓不懈。应制定设备重复性问题治理方案，并统计分析，做到每年新增重复性问题控制在8%之内。

7. 重点设备管控

采油厂重点针对抽油机、泵、炉、等关键生产设备实施重点管理，确保性能良好。加强特种设备、非标设备、防爆电气、轻烃装置等专业设备管理，完善管理体系，规范工作流程，确保平稳运行。重点设备管控要点见表2-23。

表2-23　重点设备管控要点

抽油机	开展新型抽油机技术评价	压缩机	开展压缩机组配件国产化推广
	开展抽油机技术优化及专项治理		开展压缩机组润滑油在线过滤评价
	做好新型抽油机、新技术试验		建立压缩机组维修质量管控机制
泵	做好油气混输泵试验应用评价	压力容器	组织制定压力容器定检计划，建立月度定检报表
	做好输油处大型输油泵管理		
	规范橇装设备配套泵管理		开展特种设备专项检查活动
加热炉	组织开展加热炉燃烧器及保护装置检测		组织开展压力容器隐患现状调查及治理
	组织开展加热炉隐患治理评价与验收		开展特种设备风险评价工作
	开展加热炉（锅炉）废气排放低氮改造		编制管理手册，指导使用管理

续表

非标设备	制定非标设备管理办法	防爆电气	完善管理系，形成防爆电气管理指南
	开展增压橇、螺杆泵"大马拉小车"、选型过大等问题整改。摸底、落实资金、组织实施		持续强化培训，做好技术管理知识推广
	开展增压橇防垢、防腐问题治理		坚决贯彻标准，推行竣工检测和定期检查工作
	组织新设计非标设备的项目审查		紧跟建设要求，配套完善信息化建设

六、精益设备经济管理

设备经济管理主要指设备资产台账建立、提取折旧、调剂利用、设备租赁、再制造、处置报废等。精益设备经济管理会给企业带来丰厚利润，为企业创造更大的价值。

1. 资产台账管理

建立设备资产台账是设备资产管理的基础工作。采油企业设备部门应与资产部门充分沟通加强对接，设备管理信息平台建立的数据要保证与资产台账一致。

产建新建场站转资时，不能以整体工程转资，应以单台设备转资，转资时须将辅机及各种票据合计，作为设备原值登记，不能一台设备分为多台建立台账，这样才能对应到相应设备资产，便于后期管理。

2. 折旧管理

(1) 折旧定义

设备折旧是指固定资产在使用过程中逐渐损耗而转移到商品或费用中去的那部分价值，也是企业在生产经营过程中由于使用固定资产而在其使用年限内分摊的固定资产耗费。

(2) 折旧的目的意义

a. 提取折旧资金是对企业固定资产管理进行考核监督的必要手段。通过对企业折旧计划执行情况的检查分析，可以发现企业在固定资产管理中存在的问题，促进管理部门及时采取措施，充分发挥固定资产的效能。

b. 正确提取折旧资金，能真实反映单位成本和利润。采油企业应规范合理提取折旧。

c. 折旧还与国家及企业利益有关。国家税收与企业利润密切相关。

d. 设备耗损价值的补偿是设备更新的必要条件。设备最终会报废，若不提取折旧，将无资金更新设备，企业装备生产能力会不断削弱。因此正确计算和提取折旧资金是设备更新的主要保证。

(3) 决定折旧额的因素

在设备折旧时，应考虑设备原值、使用年限、设备残值和其他清理费用。

（4）折旧范围及方法

采油企业除执行国家相关折旧制度外，应严格执行本企业相关固定资产（设备）分类标准。如长庆油田公司设备折旧方法一般采用的平均年限法，指的是设备年折旧额等于原值减残值后除折旧年限。

3. 调剂利用

由于工艺变更、方案改变、生产方式改变等因素，造成购置的设备长期闲置停用，长期无动态资产设备应进行调剂使用。按着“消灭存量、控制增量”的工作要求，针对各单位自行采购的新设备、油田公司购置移拨的大型设备、工艺变更后的闲置设备及不完好的设备进行系统排查，做到存量、闲置设备的统一存放、集中管理，加大调剂使用和报废处置力度，进一步盘活闲置设备资产，发挥设备最大效能。

4. 设备租赁

（1）设备租赁的定义

设备租赁是指设备使用单位按照合同约定，按期向设备所有者（设备所有单位）支付租金而取得设备使用权的一种经济活动。

（2）设备租赁的方式

① 融资租赁：是指由双方明确租让的期限和付费义务，出租者按照要求提供规定的设备，然后以租金形式回收设备的全部资金，出租者对设备的整机性能、维修保养、老化风险等不承担责任；该种租赁方式是以融资和对设备的长期使用为前提的，租赁期相当于或超过设备的寿命期，具有不可撤销性、租期长等特点。融资租入的设备属承租方的固定资产，可以计提折旧计入企业成本，而租赁费一般不直接计入企业成本，由企业税后支付。但租赁费中的利息和手续费可在支付时计入企业成本，作为纳税所得额中准予扣除的项目。

② 经营租赁：是指出租人既为用户提供融资便利，又负责提供设备的维修保养，同时还承担设备闲置、过时风险的一种短期商品借贷形式。经营租赁的特点是不存在设备产权的转移。

（3）设备租赁的意义

① 设备租赁对承租者的益处

- 减少资金占用和减轻资金负债状况。
- 有利于适应季节性和暂时性的需要。
- 加快设备更新、避免技术落后的同时，降低投资风险。
- 可避免通货膨胀的冲击。

② 设备租赁对出租者的益处

- 促进资产的合理使用，提高设备利用率。
- 扩大设备销路，提高经济效益。
- 享受税赋和加速折旧的优惠，减少税金的支出。

（4）租赁的选择

采油企业对于租赁设备要进行充分论证，符合以下情况一般采用对外租赁形式：一是因生产需求短期使用，后期不再继续使用的设备；二是社会市场拥有量充足，很容易租赁到的设备，如小汽车等；三是部分租赁比购置合算时。对外租赁设备应在租赁合同里明确相关责任，如设备维护修理、安全责任等。

5. 设备再制造

再制造是一种对废旧产品实施高技术修复和改造的产业，它针对的是损坏或将报废的零部件，在性能失效分析、寿命评估等分析的基础上，进行再制造工程设计，采用一系列相关的先进制造技术，运用先进工艺、修复技术或增加新材料使再制造产品质量达到或超过新品。再制造的本质是修复，但它不是简单的维修。再制造的内核是采用制造业的模式搞维修，是一种高科技含量的修复术，而且是一种产业化的修复，因而再制造是维修发展的高级阶段，是对传统维修概念的一种提升和改写。

（1）发展再制造的意义

再制造不但能延长产品的使用寿命，提高产品技术性能和附加值，还可以为产品的设计、改造和维修提供信息，最终以最低的成本、最少的能源资源消耗完成产品的全寿命周期。国内外的实践表明，再制造产品的性能和质量均能达到甚至超过原品，而成本却只有新品的1/4甚至1/3，节能达到60%以上，节材70%以上。业内人士认为，最大限度地挖掘制造业产品的潜在价值，让能源资源接近“零浪费”，这就是发展再制造产业的最大意义所在。

（2）开展再制造修复的必要性

随着我国石油工业的高速发展，以及国家倡导的制造产业设备节能降耗方针的实施，特别是面对国际油价长期低迷的现状，石油开采面临的消耗品和成本效益的博弈越来越突出。作为油田主要的注采设备易损件消耗量极大。以长庆油田为例，但就往复注水泵每年柱塞、阀组等消耗费用超过5000万元，金额大、数量多。将这些报废的柱塞、阀组通过再制造修复工艺，重新利用起来，对延长注水泵易损件使用寿命，实现油田提质增效有着非常重要的意义。

（3）设备再制造常用技术

目前国内常用的再制造技术有激光修复技术、电刷镀修复技术和喷涂修复技术。

① 激光修复技术包括激光相变硬化（淬火）和退火、激光熔凝、激光熔覆和合金化、激光冲击硬化等。

② 电刷镀修复技术是利用电解方法使电解液中的金属离子在零件表面上还原成金属原子并沉积在零件表面上形成具有一定结合力和厚度镀层的一种方法。电刷镀溶液制备是电刷镀的关键技术之一。

③ 喷涂修复技术是用一种热源，如电弧、离子弧或燃气燃烧的火焰等将粉状或丝状的固体材料加热熔融或软化，并用热源自身的动力或外加高速气流雾化，使喷涂材料

的熔滴以一定的速度喷向经过预处理干净的工件表面。热喷涂主要有电弧喷涂、火焰喷涂、等离子喷涂和特殊喷涂等。

近几年来，长庆油田主要针对高附加值的设备配件、加热炉、机泵、电机等进行再制造修复方面做了许多尝试，总体来说，目前还处在起步阶段。如在柱塞修复工艺方面主要采取用一种高硬度、高耐蚀性的合金材料熔化在柱塞表面上，形成具有冶金结合的堆敷层，使柱塞表面具有较高的耐磨、耐蚀以及抗氧化等性能；组合阀组修复工艺主要是采用特殊材料，自动氩弧焊熔化在组合阀表面上，形成具有冶金结合的堆敷层，使组合阀表面具有较高的耐磨、耐蚀以及抗氧化等性能。无论是柱塞还是阀组修复均采用的是激光熔覆技术。

表 2-24 为往复泵再制造与传统维修的区别一览。

表 2-24 往复泵再制造与传统维修的区别

项目	往复泵传统维修	往复泵再制造
目的	主要以恢复使用功能为主，修理后的泵效率指标会有所下降	再制造修复的泵技术性能不低于新泵，柱塞、阀组寿命大大延长
进厂检测与筛选	只检测不筛选	检测且筛选出能进行再制造的废旧柱塞、阀组等
拆解方法	相对粗放、落后、不合理的拆解方法，对环境造成污染	采用无损、环保、无污染的拆解方法，最大限度地利用和回收零部件
设计要求	不重新设计，保持原泵设计方案	重新设计方案
采用新技术	不采用	采用
制造要求	在原泵的基础上降低要求	按全新泵要求
修理或改造方式	更换故障零部件、修复受损零部件	更换新的柱塞、阀组等或再制造的配件
检验要求	低于原泵新产品要求	按全新泵检验
泵使用寿命	缩短	与新制造泵相当
泵运营成本	高	低
国家产业政策	不符合国家节能减排的产业政策	符合国家节能减排的产业政策

例 2-6

往复泵柱塞再制造修复

2014 年长庆油田某联合站两台柱塞水泵年消耗柱塞及阀组费用高达 26.3 万元，注入介质为采出水。针对柱塞、阀组寿命短、消耗费用高的问题，该厂采取了对废旧柱塞、组合阀组再制造修复工艺，修复后的柱塞、组合阀组经现场实际应用，两台泵年累计节约配件消耗费用 9.8 万元，柱塞寿命提高了 40 天，阀组寿命提高了 15 天。两台泵柱塞、阀组修后实物对比见图 2-6。

图 2-6　柱塞、阀组修复前后实物图

知识拓展

柱塞修复工艺过程

(1) 失效柱塞表面处理

在修复前，将柱塞表面的锈蚀、氧化层、油污清除干净。

(2) 车削

车削工作表面耐磨层，将柱塞夹持在车床上，直径车削 0.5～1mm(图 2-7)，同时获得能容纳 1～2mm 的堆敷层。柱塞表面较浅的拉伤沟槽、点蚀凹坑基本车削干净。较深的磨损部位，先用砂轮将待熔敷部位表面打磨粗糙，以便增加熔敷层和柱塞表面的结合力，局部填平。车削时不允许使用润滑液、冷却液，加工后表面粗糙度要在 $Ra12.5\mu m$ 左右，带有棱角的部位倒成圆角 $R2 \sim 4mm$。柱塞表面经准备好的待熔敷表面一定要保持清洁，不得用手摸，当发现有油污、不洁之处，可用聚氯乙烯清洗。

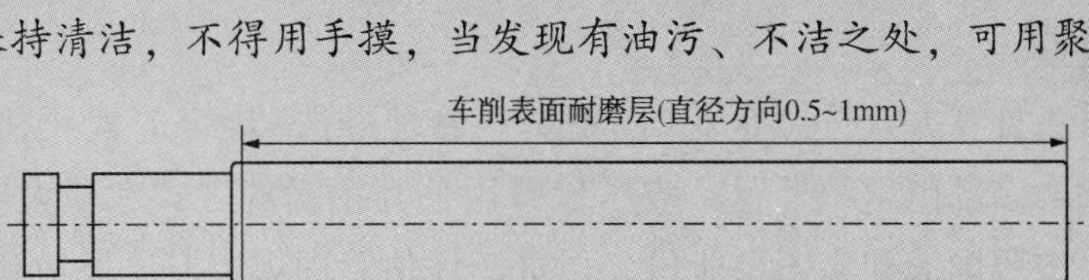

图 2-7　车削柱塞工作表面耐磨层

(3) 焊接

对两端非工作表面点蚀情况进行补焊，焊材选用 ER410 不锈钢焊丝。

(4) 车削非工作面

车削非工作表面补焊位置至所需尺寸。车削时不允许使用润滑液、冷却液，加工后表面粗糙度要在 $Ra12.5\mu m$ 左右。

(5) 合金材料的特殊工艺熔覆

工作表面修复见图 2-8。

图 2-8　工作表面修复(直径方向预留 2mm 精加工余量)

(6) 后处理

按需要，可进行车削及磨削加工，加工到客户的尺寸及精度要求。见图 2-9。

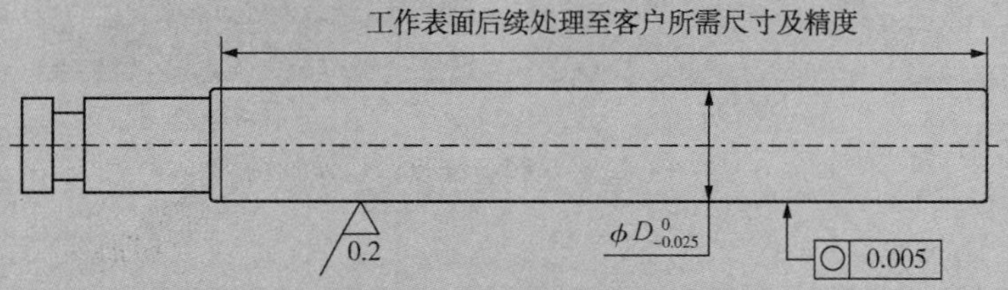

图 2-9　后处理

6. 处置报废

采油企业固定资产(设备)可以通过报废或转让、债务重组、非货币性资产交换、对外投资、对外捐赠等方式处置。拟处置的固定资产(设备)权属应当清晰。

(1) 设备处置

设备处置应选择在最佳时机进行处置，给企业带来最大效益。一是在用设备在运维费用、能耗等费用开始显著增加时，通过技改仍不能降低运行费用时，应及时进行处置；二是设备长期闲置，在企业内部仍无法调剂使用的，应尽快按照相关规定要求申请处置，做到资产轻量化。不及时处置不但增加企业的保管费用，时间一久，设备更加陈旧，处置费用越低。

采油企业设备处置方式按照企业"固定资产管理办法"规定的程序和权限，由设备所有责任单位联合多部门组织处置，应尽量采用公开拍卖的方式，最大限度回收残值。固定资产处置，按照国家和集团、股份公司资产评估管理规定需要评估和备案的，应当进行资产评估和备案。固定资产处置收入应及时收回并入账。

(2) 设备报废

符合下列条件之一，且永久性退出使用状态的设备应予报废：

a. 因自然灾害等不可抗力事件或事故造成全部灭失或毁损且不可修复的；

b. 国家有强制性淘汰规定的；

c. 达到规定效用年限，且破损严重、无修复利用价值的；

d. 经检验或鉴定确认，不符合健康、安全、环保规范，且无改造价值的；

e. 因政府规划或更新改造拆除且无使用价值的；

f. 因油田公司资产重组、业务调整而淘汰且无转让价值的；

g. 因技术落后或运营成本高，不适应生产需要的；

h. 长期闲置，且无调剂和转让价值的；

i. 其他原因需要报废的。

（3）折旧与报废

采油企业一大部分设备在实际使用当中，对已达到规定使用年限并提足折旧，但能够继续使用的设备，除按正常设备管理外，要特别加强安全检测。待该设备退出使用状态时，按规定办理相关报废手续。

设备折旧提取完不等于应该报废，达到折旧年限也不等于就应该报废。油田企业大部分安装设备实际使用寿命远远大于折旧年限，按照资产折旧年限，虽已达到折旧年限，设备状况仍然很好，可以继续安全使用，这类设备不应申请资产报废处置。如采油用的抽油机，虽然资产折旧年限为 10 年，但现场在用的基本都已达到 20 年以上，国外 100 年以上的抽油机仍在继续使用。但对于批准报废的设备不能继续使用，如机动车辆、特种车辆报废还需要进行销户处理。

第四节　设备技术创新主要途径方法

设备技术创新是设备精益管理的前提条件。工业发展到如今，人类在设备管理技术创新方面从未停止过。美国的 RCM、英国的设备综合工程学、日本的全员生产维修（TPM）、苏联的计划性维修到中国综合设备管理、点检制。都在不断吸收了一些优秀的理论和方法，创造出更先进的设备管理技术，以提高设备综合效率和全生命周期的经济性。通过技术创新，可不断提升设备装备水平，可取得良好的经济效益。采油企业应从以下几方面不断开展设备技术创新，有益于企业整体装备精益管理水平的提升。

一、推行设备“四化”建设

当前形势，国家有号召，油田须响应。油田企业须推行设备智能化、数字化、网络化、信息化“四化”建设。通过与新型现代化采油厂结合，建设行业领先的智能化采油厂。

1. 设备智能化

新建场站配套设备应向智能化发展。应围绕机器人、无人机巡检、智能设备检测、一体化集成装置等，开展适应性评价与新产品研发。实现功图计产技术、抽油机工况诊断技术、注水的稳流配水阀技术、视频智能闯入报警技术、远程控制技术、数据传输技术，进一步拓展应用领域。

例 2-7

智能化设备应用

长庆油田自主研发并规模应用数字化增压橇、数字化注水橇、数字化高/低压集气装置、联合站各类一体化集成装置等一系列一体化集成装置 63 类 1792 台，配套智能监控系统，实现远程一键式操作，建成了以佳县处理站、庆四联、岭二联为代表的大型橇装化站场。平均减少占地面积 60%，缩短设计施工周期 50%，降低投资 20%。

2. 设备数字化

采油企业设备数字化应实现数据自动采集、报表自动生成、工况自动诊断、远程集中监控、实现数据流与业务流相统一。应深化 ERP 应用，通过图像识别、设备扫码等技术，提升人力资源、大型设备动态量化管理水平；进一步助推生产管理方式的转变。如注采输等设备相关信息，通过设备自带二维码手机扫描即可查询全部信息。

例 2-8

设备运行数字化

如长庆某采油作业区，目前全区建成中心站 7 座，无人值守站点 41 座；实现了重点设备参数采集、变频连续输油、视频巡检、电动阀自动切换流程、泵远程启停、气液分液器自动排污、加热炉自动点火保护等自动化操作，站点运行可控。数字化在设备上得到了深度应用。见图 2-10。

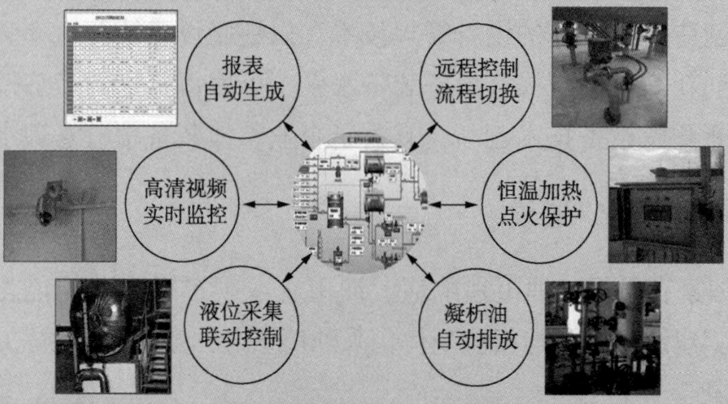

图 2-10　设备运行数字化

3. 设备网络化

油田采油企业生产离不开庞大的设备系统，所有生产最终均有设备完成。常规管理需要大量的人力、物力对其进行使用、管理与维护。设备物联网络化是指将企业的各类设备通过多种类型的传感器方式，收集设备工作状态数据，利用现代化网络架构，将设备连接成整体网络，通过智能化仪器对设备的运行维护进行辅助管理。

4. 设备信息化

采油企业应开发相应的设备管理信息平台。统一设备标识，建立数据标准，统筹预置数据采集端，推行外部协同，实现业务融合，将平台作为管理工具，实现设备各项统计、分析、日常业务向数据化、向平台化转变。平台应用应延伸到岗位，各级完成设备信息管理平台上线运行，提升设备管理大数据运用水平。

设备管理“四化”建设与应用替代了大量现场重复性、危险性工作，员工告别过去“晴天一身土、雨天一身泥”的工作情景。集中驻守、集体生活、正常轮休，生产生活条件持续改善。

二、状态监测技术

设备状态监测技术是不依赖于人的经验，而是着眼于技术手段。采油企业因设备数量多、类型杂，应选择相对原值较高的关键重点设备开展状态监测。状态监测要算经济总账，要对安装的在线监测设备投资回收期进行系统评价分析，不能盲目加装监测设备。采油企业应尝试在注水泵、加热炉等关键设备开展设备状态监测技术。

长庆油田近几年对往复式注水泵故障的统计分析表明，动力端故障约占39%，主要是曲轴拉伤或断裂、中间杆断裂、十字头抱死，曲轴轴瓦、十字头销套间隙超标等。液力端故障约占61%，主要是吸入阀和排出阀故障、泵头开裂等。对其进行状态的监测和故障诊断具有重要意义。长庆油田往复泵状态监测技术主要有振动监测、油液监测、电参曲线分析法等，下面分别进行介绍。

1. 往复泵振动监测技术

对机械设备来说，振动是普遍存在的。当机械内部发生异常时，一般都会随之出现振动的增大和工作性能的变化。据统计，有60%以上的机械故障都是通过振动反映出来的。

（1）振动监测定义：可通过对机器或结构在工作状态振动的状态监测，对机器或结构可进行故障诊断、环境控制、等级评定；测量机器或结构的受迫振动获得被测对象的动态性能，如固有频率、阻尼、响应、模态等信息，找出薄弱环节，通过改进设计提高其抗震能力，或通过隔振处理改善机械的工作环境和性能。

（2）技术难点：往复式注水泵产生振动的原因有很多，并且各缸(件)之间的撞击和噪声相互干扰，如果采用常规的频谱分析手段，频谱图上将呈现连续而密集的宽带谱线，随机信号、周期信号、冲击信号等混杂在一起，故障特征信号被背景噪声所淹没，难以提取和识别。

（3）振动监测方式：振动监测主要有离线和在线监测。离线诊断在故障诊断深入程度上要比在线诊断具体得多，因此难度也较大。

例 2-9

振动监测技术在往复注水泵的具体应用

2019 年 1 月，长庆油田在某联合站注水泵采用了上海某公司的无线状态检测设备 DH5977W。该站共计有 5 台 5DS28/20 注水泵，使用运行工况：排量 $26m^3/h$，排出压力 18.5MPa，输送介质为污水，该泵冲程为 175mm，冲次为 $264min^{-1}$。使用该设备之前，只能通过数字化传输数据监控注水泵运行的流量、压力，但对泵的机械运转状态完全不知，对于机械故障不能起到任何预防作用。员工对设备故障完全依靠经验预判，发现的概率极其低，即使偶然发现状况，也已经错过了最佳时机，2014 年该站泵故障维修发生费用单台平均 5.6 万元，自 2019 年使用无线状态监测设备以来，单台泵年平均年维修费用为 3.2 万元，下降了 2.4 万元。取得了良好效果。图 2-11 为 2015 年 4 月该站 1 台泵具体监测情况。

2019 年 4 月监测系统及时预报了一起设备故障，避免了更大的经济损失。当时发现 5#注水泵水平振动、包络数据超出范围，具体见图 2-11，同时从图 2-11 右侧可以发现振动、包络和温度趋势已经发生变化，尤其是包络值超过范围，说明轴承已经出现问题。随即检修电机，发现轴承磨损，在更换两盘电机轴承后设备平稳运行，如果没有提早发现故障则将导致电机烧毁，必须重新大修，增加维修费用。

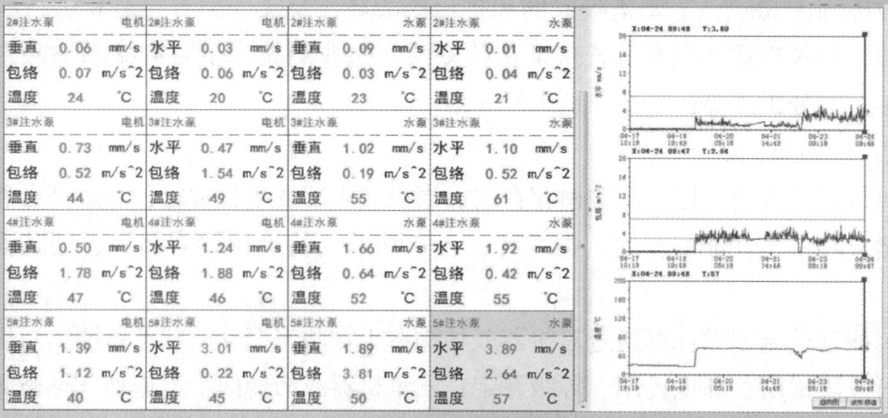

图 2-11　长庆某注水站往复注水泵状态实时监测图

具体的监测方式如图 2-12 所示。

之后还陆续提前预警过 2 次相应的故障，直接避免经济损失 2~3 万元。通过对泵多点的振动测试，可以振动包络(评价轴承运行状态)、温度准确判断旋转机械轴系的不平衡、不对中、部件结果松动等常见故障及轴承的失效程度，通过监测分析可做到该泵的预知性维修。

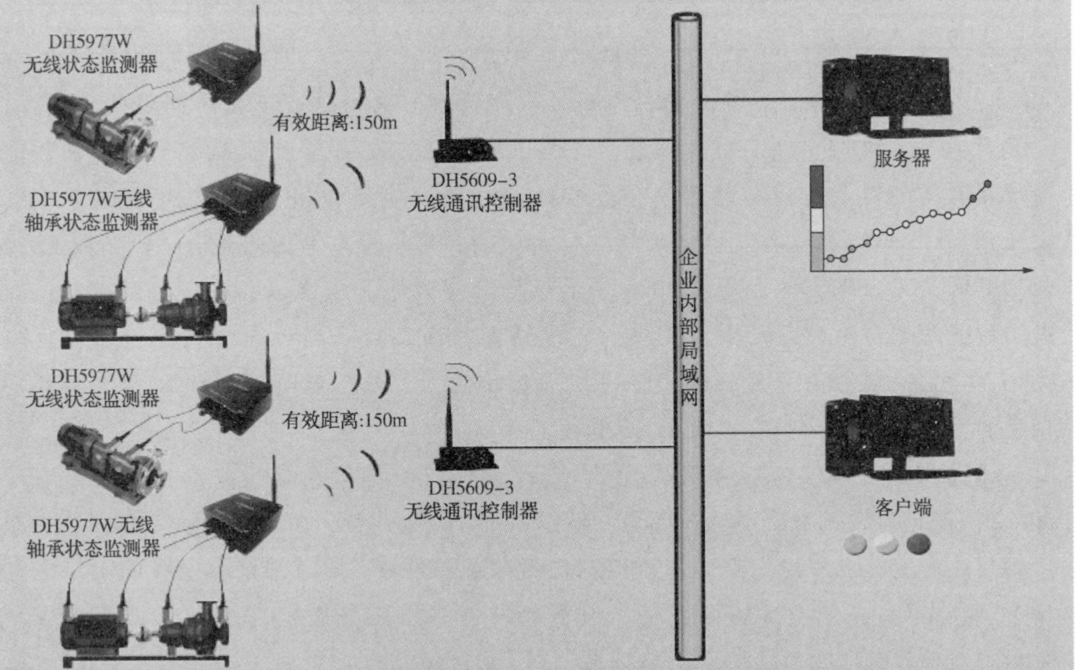

图 2-12　无线振动监测系统框图

2. 往复泵油液监测技术

油液监测是通过对润滑剂样品的检测分析，以判断润滑剂和设备所处状态的一种技术，主要包括对润滑油理化指标的测试技术、光谱分析技术、铁谱分析技术等。油液分析只需从设备中取出少量的润滑油，无需拆机，也不用安装传感器，操作易于掌握，方法比较简单和直观。

长庆油田目前泵站配备的检测仪器大多为 THY 系列油液质量快速分析仪，如图 2-12 所示，属于一般现场油液监测方法之一，该仪器采用对比分析新旧油品的介电常数判断油品质量。这种检测方法主要是通过油液的基础监测，判断油品的变化趋势，并确定油液质量变化的上限值，从而判断在用油品是否合格。

例 2-10

油液监测技术具体应用(一)

2018 年，长庆油田某采油厂使用 THY-21C 油液质量检测仪测试、SYD-265 黏度测定仪对大修后的往复泵曲轴箱在用 CD-15W/40 润滑油不同使用时间的油液，并按照国标法测试油品的 100℃运动黏度，测试结果见表 2-25。

表 2-25　长庆油田某注水站 1#注水泵油液监测情况

油品使用时间	新油	400h	500h	600h	700h	800h	900h
油品污染值	0	7.8	8.5	9.8	10.5	10.8	11.4
100℃运动黏度/(mm^2/s)	12.88	12.15	12.37	12.74	13.31	13.56	9.31

因该泵为大修泵，更换新曲轴总成，按往复注水泵修保规范需对润滑油在 500~600h 之间进行更换。油品污染报废参考值为 10~11，从表 2-25 的数据可以看出，随着使用时间的延长，油品的污染值也在逐渐增加。使用 400h 的油品污染值为 8.8，而使用 900h 的油液污染值增加到 11.4。由于油品的报废参考区间为 10~11，即 11 为此油品的使用上限，也就是说 900h 的油品已经超过了区间上限，不可继续使用，如若继续使用则会对设备产生不良影响。该设备的油品换油期为 600h，通过检测发现 800h 的油品污染值在报废区间内，可以继续使用，但是不能超过 900h，因此将换油期延长至 850h，安全一些也可以 800h 换油。

通过表 2-25 中黏度数据可以看出，油品的 100℃运动黏度值先降低然后逐渐增加，到 800h 到达一个最高值，之后 900h 的油品黏度最低。可见 800h 的油品是一个油品质量的突变点，这个也同油质检测仪的结果相对应，接近报废参考值的上限。虽然 13.56mm^2/s 是所有值的最大值，但是相对于新油的黏度 12.88mm^2/s，变化率是 5.28%。参考国标汽柴油机油的换油指标，100℃运动黏度变化率超过 20%，即为报废，必须换油。因此，900h 的油品黏度 9.31mm^2/s，相对于新油变化率为 27.72%，超过 20%，必须换油，不可继续使用。那么就可以将换油期更改为 800~900h 之间，取中间值即为 850h，也可按照 800h 换油。

该单位自从 2013 年使用油质检测仪进行润滑管理及状态监测以来，保证了生产设备的正常运行，不仅节约了润滑油，还改变了传统的换油方式，实现了“按质换油”。

例 2-11

油液监测技术具体应用(二)

2018 年 3~10 月长庆油田某采油作业区设备管理人员使用 THY-21C 油液质量检测仪、SYD-265 黏度仪对某注水站 2#往复注水泵曲轴箱 CD-15W/40 在用润滑油进行状态监测时，发现数据异常，测试结果见表 2-26。

表 2-26　长庆油田某注水站 2#注水泵油液监测情况

油品使用时间	新油	5 个月	6 个月	7 个月	8 个月	9 个月	10 个月
油品污染值	0	2.8	4.0	4.4	3.6	2.7	5.2
100℃运动黏度/(mm^2/s)	13.91	12.97	12.88	12.65	16.12	17.89	12.61

从数据可以发现，8个月的油液污染值突然降低，而且使用9个月的油液污染值也在降低，数据发生异常。

根据表2-26中的油品黏度数据，发现一开始黏度先逐渐降低，可能是使用过程中润滑油添加剂逐渐损耗导致，而8个月的黏度突然增大到16.12，相对于新油的变化率为15.89%，9个月油品的黏度为17.89，相对于新油的黏度变化率为28.61%，油品的黏度变化率超过了20%，属于要更换的油品。推测可能是设备油路中混入了其他的杂质，现场人员进行故障排查后进行检修。之后测试10个月的油样黏度为12.61，变化率在20%以内，这也证明了8个月和9个月这两个油品发生了异常，与污染值的检测数据相吻合。

可见，在油品污染状态检测中，合理使用油液质量检测仪(图2-13)可以提前预防和诊断设备故障，节约了设备维修费用，产生了良好的经济效益和社会效益，成为润滑管理工作开展的必备工具。

图2-13　THY-21C油液质量检测仪

3. 往复泵电参曲线分析法

往复泵电参曲线分析法就是通过测试往复泵功率曲线变化，监测往复泵各缸压力、曲轴扭矩、连杆(柱塞)受力等参数，设立警戒值来检测和定位阀门泄漏、柱塞拉伤、系统超压、应力或功率超载等故障。

往复泵的常见故障与缸内压力变化具有对应关系。缸内压力与功率存在等式关系，因此可以通过测试电机的功率曲线来得到缸内压力曲线，及时发现泵的故障。

例2-12

电参曲线法具体应用

长庆油田某联合站共有5台五柱塞注水泵，2017年11月20日启泵时，发现3号泵的出水管线异常振动。在关闭回流阀的过程中，当管压刚达到8MPa(设定为11MPa)时，出水管线就被强烈的振动而撕裂，被迫停泵。表2-27为该泵的测试数据。

表 2-27 长庆油田某联合站所测试的 3 台往复注水泵参数

泵编号	泵体机型	柱塞直径 D/mm	冲程 S/mm	拉杆长度 M/mm	连杆长度 L/mm	曲轴半径 R/mm	冲次 N/min^{-1}	理论排量 $Q/(\text{m}^3/\text{h})$	电机型号	电机功率 P/kW
2#	FF5125-34/20	60	125	250	340	62.5	320	33.9	Y2-355 M1-4	220
3#、4#	5DS-•22/30	53	125	250	340	62.5	275	22.8	Y315M2-6	160

采用某公司的 CSIPTS 型注水泵状态监测系统对该泵的电机电压、电流、功率、泵出口压力、液力端及动力端的振动等信号进行测试。以 3 号泵为例应用电参数曲线法分析该泵振动过大的原因。图 2-14 为该站 3 号泵电功率变化曲线，毛刺部分为瞬时功率，中心骨架部分为平滑处理后的功率曲线。

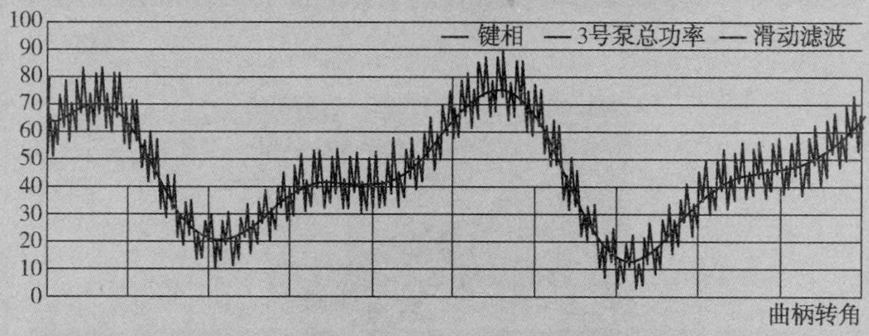

图 2-14 3#泵电功率变化曲线

该泵理论冲次为每 275min^{-1}，实测为 274.7min^{-1}(每秒 12800 点采样率，每周期 2848 点)，一个周期相当于 0.2225s。本计算中，功率向量取每个柱塞到达顶点处的总功率，速度取对应点的 5 个柱塞的速度，则总功率向量和速度矩阵分别取值为：

$$\overline{N_{\text{Sum}}}=\begin{pmatrix}63.44\\63.42\\17.33\\33.96\\46.57\end{pmatrix},\ [V]=k\begin{pmatrix}0&0&0&0.893&1.772\\0&0&0.893&1.772&0\\0&0.893&1.772&0&0\\0.893&1.772&0&0&0\\1.772&0&0&0&0.893\end{pmatrix}$$

当柱塞直径 53mm 时，柱塞截面积为 2206mm^2；k 为效率折算系数，在考虑效率的情况下，将计算出柱塞所受的力及缸内压力。

由上式计算得各缸等效压力向量：

$$\begin{pmatrix}p_1\\p_2\\p_3\\p_4\\p_5\end{pmatrix}=\begin{pmatrix}8.38\\5.36\\2.19\\16.8\\9.44\end{pmatrix}$$

图 2-15 是按上式中各缸等效压力值计算出的水功率，与实际测试的功率曲线有一定的相似度。说明从电参曲线分析可以得到各缸等效压力。由于测试误差、参数误差及数学模型的差异导致计算出的等效压力值不是十分精确，但还是符合实际情况。依此等效压力值与泵出口压力对比分析，可了解各缸的工作状态。

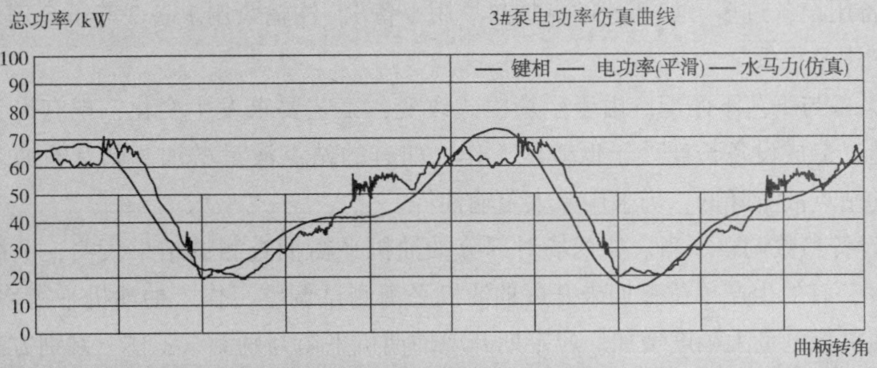

图 2-15　3#泵功率仿真曲线

该联合站 3 号泵，只有 1#缸和 5#缸的等效压力与泵出口压力比较接近，说明这两个缸的工作比较正常。2#缸和 3#缸的等效压力很低，说明这两个缸存在吸水不足或漏失问题。4#缸的等效压力很高，说明 4#缸的排水阀工作不正常，阻力很大。各缸工况的巨大差异是该泵产生剧烈振动的根本原因。

目前，状态监测已经成为企业设备管理的一个不可缺少的手段。在实际的工作中发现和了解许多设备隐患，提高设备运行可靠度，为设备长周期、健康运行奠定良好基础。长庆油田状态监测技术主要有上述三种方式，每种监测技术都有长处和不足，在实际应用中振动频谱分析、油液监测技术、电参曲线分析法应做到有机结合，使设备的状态监测结果更全面、更可靠，为设备的预知性维修、可靠性维修提供一定的理论依据，对提高设备管理水平起到积极促进作用。

三、技术管理与经济管理有机融合

目前采油企业普遍存在设备技术管理与经济管理未有机结合，设备部门只管设备的技术管理，对经济管理介入较少，应以设备全生命周期费用最经济和设备综合效率最高为目的。

1. 存在问题

在设备现场使用过程中，设备技术管理与经济管理仍未得到有效结合，具体表现在以下三个方面：

(1) 对设备运行费用不清楚。机械动力设备运行费用主要由能耗、材料费消耗、维保等费用构成。运行费用统计不清、能耗计量不清，单机未核算，这些费用不清楚，导致设备投资、选型无指导参考依据。

（2）设备是否运行在高效区不重视，认为只要设备运行着就是好的。如离心泵是否在高效区运行、注水泵注水单耗变化情况不掌握。现场检查只关注“低、老、坏”等重复性问题及“十字作业”是否到位，对设备是否经济运行关注很少。

（3）设备综合效率低。具体如下：

① 备用设备过多。如部分站点加热炉用 1 备 1，注输泵用 1 备 2 等不合理现象，造成设备利用率很低。

② 设备与工艺不匹配。由于生产模式改变，工艺要求发生变化，现有设备未及时进行改造，造成设备长期处于低效区工作。如有的站点液量增加，原有输油泵并泵输油；有的站点液量降低，仍采用原大泵输油等。

③ 设备参数调整不当。如现场对部分抽油机平衡抽查测试结果表明，平衡合格率不足 70%，有的生产单位长期未开展抽油机平衡测试调整工作。抽油机平衡率不达标，造成抽油机耗电量大幅度增加。应定期开展抽油机平衡判别测试工作。判别方法优选功率法。适时进行平衡调整，这项工作应作为制度严格执行。冲程、冲次等参数优化调整是一项不花钱的节能工程。

2. 解决方法

要做到技术管理与经济管理一体化，始终保持设备高效、低耗运行。

① 要关注设备运行效率，适时进行更新改造。要掌握设备额定参数与运行工况匹配情况，避免大马拉小车或超载运行。对于工艺不匹配设备，要及时进行调整或改造，如抽油机冲程、冲次、平衡、电机等。油井初期一般选用大参数运行，产量后期液量很低的油井，若通过变频冲次已选用最小，仍不能满足生产需求，运行能耗很高，这时应考虑更换极数更高电机，提高泵效及系统效率；要消除往复泵出口回流，通过变频或更换小柱塞、小皮带轮或者换泵；要消除离心泵出口节流。应采用调速、抽级、切削叶轮直径或换泵方式解决；加热炉一台大火运行，不采用 2 台小火运行方式。

② 实现设备智能化控制，自动保持设备高效运行。如注水泵自动调压、加热炉自动燃烧器等。

③ 及时处理设备故障，杜绝设备带病低效运行。一是定期开展能耗测试。设备部门要参与到设备运行能耗监测测试工作中，通过监测可以发现问题，掌握主要设备单耗，为精益设备管理提供一定参考依据。二是减小设备闲置，提高设备利用率。做到不备炉、不备用注水泵。在新产能建设中，锅炉、加热炉及注水泵可不备用，因锅炉、加热炉一般是通过夏季停炉检修来保证冬季安全使用，注水泵故障后及时修复使用，不会造成较严重后果。

④ 实施全面预算管理。全面预算管理是控制成本的有效措施。近年来，采油企业在设备修理费管理上逐步推行全面预算管理。管理中，通过认真调查与统计分析，科学地制定设备管理的全面预算计划，并将指标层层分解、层层控制，做到先算后干，算赢

再干。对预算外的项目和费用严格监控，层层把关，同时认真进行实绩分析，有效地将费用控制在预算范围内，从而降低设备运行成本。

四、创新创效

采油企业应积极响应国家“大众创业、万众创新”号召，充分发挥一线员工紧贴生产、立足岗位的优势，以员工创新工作室和技术攻关小组为主体，大力培养员工自主创新能力，充分挖掘内部潜力，把蕴含在广大员工中的智慧凝聚起来，把全员创造的活力激发出来，着眼解决制约生产和发展的“瓶颈”问题，把员工创新创效活动作为实现油田提质增效的有效手段，完善机制、培育队伍、搭建平台、选树典型、孵化成果，营造“全员谋发展、人人献良策”的浓厚氛围，创造出一批简洁实用、效果良好的技术成果，为采油厂可持续发展做好服务与支撑。

采油企业应围绕以下方面开展设备创新创效，调动每位员工的创造性及主观能动性，为企业开源节流、提质增效再做新贡献。

(1) 运行效率较低设备；

(2) 故障较多设备(如解决抽油机驴头振动问题、平衡梁平衡力矩过小问题、注水泵易损件寿命低等问题)；

(3) 存在安全环保隐患较多设备；

(4) 有助于提高工作效率，降低风险的工器具及设备(研发抽油机“三点一线”及曲柄剪刀差快速检测工具等)；

(5) 设备再制造及利旧；

(6) 新设备、新技术试验(空气能、柔性复合管+电潜泵、集输设备防除垢等)；

(7) 润滑油(剂)再生利用；

(8) 集输设备过流部分防除垢。

(9) 其他，如：

① 生产中影响成本较大的物资(如油管杆等)；

② 较大的可操作项目的挖潜措施(电费、运费控降、无人值守站点等)；

③ 油改气、煤改气(电)(加热炉燃烧器油改气，无气源生活区、供水站、注水站煤改电磁加热)；

④ 外包改自干(如考虑门岗外包人员采用在册员工等)；

⑤ “三废”减排治理(含油污泥减排、生活污水减排、措施废液)。

五、成果转化

员工创新创效成果经过技术评审(一般应由油田公司级组织)后，可进行成果转化。成果转化一是要建立健全相关管理制度，要有完善的考核政策，明确相关的奖励办法；

二是要有相关的资金支持，质量安全方面的认证；三是要处理好发明创造者的知识产权。如长庆油田近几年在“五小”成果转化方面做了很好的尝试，也取得了一定的效果。如，油田公司评审推广项目由机械制造总厂进行产品应用成果转化(表 2-28)。负责五小成果的对接、转化意见提出、转化方案设计，转化进度的编制。负责图纸、技术规格书、检验试验大纲设计及编制。

例 2-13

某油田“五小”成果转化应用

表 2-28　某机械制造总厂成果转化优选

序号	成果名称	成果推荐单位	销售价格	市场应用前景	2020 年推广应用量/套	资金支持/万元	备　注
1	采油井口伴生气回收装置研制与应用	某采油厂	5500 元/套	每个采油井口都要装一套，应用量巨大	200	10	2020 年推广应用 200 套，每套补贴 500 元
2	聚合物微球驱智能加药装置	某采油厂	20 万/套	预计每个采油厂有 5 台需求	2	35	全额补贴
3	“一拖三”堵水调剖装置	某采油厂	40 万/套	预计每个采油厂有 5 台需求	2	80	全额补贴
4	调剖装备一体化应用	某采油厂					
5	井组出油管线通球式单流阀	某采油厂	2500 元/套	预计每年 5000 台需求	500	10	2020 年推广应用 500 套，每套补贴 200 元
6	高效防刺漏抽油泵固定总成	某采油厂	66 元/套	每台泵需要 1 套	2000	13. 2	2020 年推广应用 2000 台本技术抽油泵，每台补贴 66 元
7	小计				2704	148. 2	

第三章　采油企业主要设备精益管理方式

精益设备管理是保证设备发挥应有效能、提高设备经济性的有效手段。设备管理的方法和理论本没有太大差异，但不同企业的设备管理水平之所以千差万别，就在于是否把各项管理举措做精、做细、做实。设备精益化管理是指控制设备的每个细节，使设备运行时每个环节都能相互配合，让生产水平效率尽可能地提高。

采油企业主要设备精益管理应按照“统筹兼顾、重点突破、试点推进”的工作思路，从基础导入、框架搭建、试点实践等方面，循序渐进推进设备精益管理工作，围绕“消除浪费、持续改善”的精益理念，深入推进设备精益管理，实现管理增值、管理创效，为全面推进精益设备管理积累经验，为今后的设备精细管理指明方向。

本章重点阐述采油企业主要设备类型、精益管理指标。笔者结合自己多年的设备管理经验，对采油企业主要设备按照类别提出精益管理方法，目的是指导企业通过精益设备管理发挥设备最大效能，使企业获得最大效益。

第一节　采油企业的主要设备类型

采油企业设备按照采油工艺系统一般归纳为以下五类系统：

一、举升系统

(1) 有杆：主要有抽油机、抽油杆、抽油泵等。

(2) 无杆：主要有复合管缆潜油电泵采油、水力活塞泵采油、水力射流泵采油等。

二、加热系统

(1) 锅炉：主要有压力锅炉、常压锅炉、负压锅炉。

(2) 加热炉：主要有常压、负压(或微正压)等。

(3) 换热器：油田常用换热器主要有管壳式换热器、浮头式换热器、螺旋板换热器、翅翘式换热器等。

三、输送系统

(1) 压缩机：常用的有螺杆压缩机、活塞压缩机。主要用于伴生器回收及轻烃生产。

(2) 泵：常用有离心泵、往复泵、螺杆泵、摆动转子泵、齿轮泵等。

(3) 流量计：主要有质量流量计、容积式流量计、速度式流量计等。

四、分离系统

主要有三相分离器、溢流沉降罐、气液分离器等。

五、注驱系统

油田注驱系统主要有注水系统、CO_2埋存驱油系统、聚合物驱系统、微生物驱系统等。

第二节　精益管理的指标

在企业，用于衡量设备管理好坏的指标很多。例如设备的完好率、设备的可用率、设备综合效率、设备完全有效生产率、设备故障率、平均故障间隔期、平均修理时间、设备备件库存周转率、备件资金率、维修费用率、检修质量一次合格率、返修率等等。不同的指标用于度量不同的管理方向。

一、操作指标

在采油企业，部分设备的操作指标需要关注。如抽油机平衡率、供采平衡率以及泵、炉、压缩机额定参数与工况的符合率等都是衡量设备是否运行在合理工况的判别指标，这些指标与设备能耗、效率、设备运行平稳性都有很大关联。

二、考核指标

1. 常规采用的指标

(1) 主要生产设备完好率

反映一个单位完好设备的比例。它适合考核基层单位的设备管理工作，不适宜作为整个企业或规模很大单位的设备管理考核指标，因为它与企业经营目标的联系不紧密。当以主要生产设备完好率作为考核指标时，容易产生虚假。

(2) 主要生产设备利用率

反映一个单位设备被利用的程度，是设备重要的管理指标，具有广泛的适用性。

(3) 设备维修费用率

是衡量设备维修费用是否合理的指标。用于单机，可推算设备是否还有使用价值。适用于作为基层设备管理考核指标，如作业区考核中心站或中心站考核班站。设备维修费用率应控制在合理区间内，既不过高，也不能过低。

(4) 设备新度系数

反映年末设备的新旧程度，是瞬时指标，不能反映一个企业全年设备的新旧程度。

目前中国石油企业规定的折旧年限与实际使用寿命不符。如规定抽油机的折旧年限均为 8 年，实际上抽油机使用寿命远远超过折旧年限，国外 100 年以上抽油机仍在使用。用设备的净值和原值比较得出的新度系数不能准确反映设备的新旧程度。

(5) 主要生产设备故障停机率

直观反映主要生产设备故障停机的情况。适用于考核以承揽工作为主的施工企业（乙方）。

(6) 设备泄漏率

是纯技术指标，适用于对单机或基层单位的考核，不宜作为整个企业或规模很大单位的设备管理考核，对采油厂来讲，适用于联合站、集油站、轻烃厂等管线密集、流程复杂的厂站。

上述设备管理指标还不能很好地对设备管理工作者业绩进行量化，还不能有效引起各单位对设备管理工作的重视，不利于设备精益管理水平的提高。

2. 完善考核指标

为了按不同要求考核、分析设备管理的经济效果，必须采取多种指标，进行综合评价。

(1) 增加新的考核指标

用平均役龄作为评价企业设备新旧程度的指标。

平均役龄=所有设备的役龄之和/设备总数

在衡量某类设备的额新旧程度时，平均役龄与规定的使用寿命之比可较为准确地反映出该类设备的新旧程度。在衡量整个企业设备新旧程度时，同行业的平均役龄具有可比性。

用全年设备维修费用率作为评价设备维修费用高低的指标。

全年设备维修费用率=全年设备总维修费/全年设备平均折旧

此评价方法是将常规的设备维修费用率的分母由全年设备平均原值改为全年设备平均折旧，便于比较设备新旧不同单位间的设备维修费用。设备维修费用率适合于分析一个单位或企业历年的设备维修费用变化情况，即纵向分析；全年设备维修费用率适用于分析各单位或企业同期的设备维修费用情况，即横向分析。

(2) 不同管理层次采用不同指标，做到统计指标与考核指标分开

油田公司级对厂级的统计指标为平均役龄、主要设备利用率、全年设备维修费用率和主要设备单耗，考核指标为主要设备利用率、全年设备维修费用率。

厂级对作业区的统计指标为平均役龄、主要生产设备利用率、全年设备维修费用率

和主要设备单耗，考核指标为主要生产设备利用率、主要设备单耗。

作业区对中心站（小队）统计指标为主要生产设备利用率、全年设备维修费用率和主要设备单耗，考核指标为设备维修费用率、主要设备单耗。

中心站（小队）对班站的统计指标和考核指标一致，为主要设备利用率、全年设备维修费用率、泄漏率和主要设备单耗。

（3）综合评价设备管理

仅以设备管理经济技术指标评价、考核设备管理工作是不够的、不全面的。应对设备管理的各方面进行综合评价，要做到量化考核，以分排序，排名公布，激励先进，鼓励其他。

三、安全环保节能指标

采油企业在用设备必须符合国家对节能减排相关法律法规要求。对于新购置的设备严格按照国家相关要求执行，在采购合同里要明确节能减排相关指标要求，到货后要严格进行到货验收。对于动设备相关节能减排指标需要进行第三方抽检验证；对于在用超限值设备要逐步进行改造为国家规定限制范围内的节能环保设备。如，GB 18613—2020《电动机能效限定值及能效等级》能效标准对不用功率、不同极数都进行了规定，如表 3-1 所示。锅炉/加热炉氮氧化物排放国家和地方都有相关文件要求，如表 3-2 为陕西省地方标准。

表 3-1　部分功率三相异步电动机各能效等级（GB 18613—2020）

额定功率/kW	效率/%											
	1 级				2 级				3 级			
	2 极	4 极	6 极	8 极	2 极	4 极	6 极	8 极	2 极	4 极	6 极	8 极
0.12	71.4	74.3	69.8	67.4	66.5	69.8	64.9	62.3	60.8	64.8	57.7	50.7
0.18	75.2	78.7	74.6	71.9	70.8	74.7	70.1	67.2	65.9	69.9	63.9	58.7
0.2	76.2	79.6	75.7	73.0	71.9	75.8	71.4	68.4	67.2	71..1	65.4	60.6
0.25	78.3	81.5	78.1	75.2	74.3	77.8	74.1	70.8	69.7	73.5	68.6	61.1
0.37	81.7	84.3	81.6	78.4	78.1	81.1	78.0	74.3	73.8	77.3	73.5	69.3
0.4	82.3	84.8	82.2	78.9	78.9	81.7	78.7	74.9	74.6	78.0	74.4	70.1
0.55	84.6	86.7	84.2	80.6	81.5	83.9	80.9	77.0	77.8	80.8	77.2	73.0
0.75	86.3	88.2	85.7	82.0	83.5	85.7	82.7	78.4	80.7	82.5	78.9	75.0
1.1	87.8	89.5	87.2	84.0	85.2	87.2	84.5	80.8	82.7	84.1	81.0	77.7
1.5	88.9	90.4	88.4	85.5	86.5	88.2	85.9	82.6	84.2	85.3	82.5	79.7
2.2	90.2	91.4	89.7	87.2	88.0	89.5	87.4	84.5	85.9	86.7	84.3	81.9
3	91.1	92.1	90.6	88.4	89.1	90.4	88.6	85.9	87.1	87.7	85.6	83.5
4	91.8	92.8	91.4	89.4	90.0	91.1	89.5	87.1	88.1	88.6	86.8	84.8

续表

额定功率/kW	效率/%											
	1 级				2 级				3 级			
	2 极	4 极	6 极	8 极	2 极	4 极	6 极	8 极	2 极	4 极	6 极	8 极
5.5	92.6	93.4	92.2	90.4	90.9	91.9	90.5	88.3	89.2	89.6	88.0	86.2
7.5	93.3	94.0	92.9	91.3	91.7	92.6	91.3	89.3	90.1	90.4	89.1	87.3
11	94.0	94.6	93.7	92.2	92.6	93.3	92.3	90.4	91.2	91.4	90.3	88.6
15	94.5	95.1	94.3	92.9	93.3	93.9	92.9	91.2	91.9	92.1	91.2	89.6
18.5	94.9	95.3	94.6	93.3	93.7	94.2	93.4	91.7	92.4	92.6	91.7	90.1
22	95.1	95.5	94.9	93.4	94.0	94.5	93.7	92.1	92.7	93.0	92.2	90.6
30	95.5	95.9	95.3	94.1	94.5	94.9	94.2	92.7	93.3	93.6	92.9	91.3

表 3-2　燃气锅炉大气污染物排放浓度限值(DB 61/1226—2018)　　mg/m^3

燃气种类	颗粒物	二氧化碳	氮氧化物(以 NO_2 计)	监控位置
天然气	10	20	80[a]　50[b]	烟囱排放口
其他燃气	10	50	150	

[a] 关中地区 2017 年 5 月 22 日前已建成投产或环境评价文件已通过审批的天然气锅炉自 2019 年 7 月 1 日起执行该限值；陕北、陕南地区在用天然气锅炉自 2020 年 4 月 1 日起执行该限值。

[b] 关中地区 2017 年 5 月 22 日起环境影响评价文件通过审批的天然气锅炉自本标准实施之日起执行该限值；陕北、陕南地区新建天然气锅炉自本标准实施之日起执行该限值。

第三节　抽油机精益管理与使用

抽油机是采油企业数量最多的设备，也是耗能大户，管好用好抽油机设备，对采油厂整体效益提升至关重要。下面以游梁式抽油机为例进行说明。

一、合理选型

对抽油机的总体要求是落实好“三个五”，即：

1. 选型五要素

即：“结构简单、可靠耐用、操作简便、维护容易、价格及能耗低”。

(1) 结构简单，故障少。因抽油机都是野外运行，环境温度恶劣，要做到无人值守，质量可靠。

(2) 安全可靠，隐患少。要具备失载、过载、安全防护等功能措施。

(3) 操作维修方便，运行费用低。调整冲程、冲次、平衡方便，简单易行，易损件寿命长。

(4) 造价及能耗低。要有较高的性价比，运行单耗低。

2. 选型五原则

即："载荷原则、扭矩原则、标准原则、寿命原则、节能原则"。

(1) 载荷原则：根据抽油泵杆管串参数，计算抽油机悬点载荷。

(2) 扭矩原则：根据扭矩计算公式，计算抽油机减速箱扭矩。

(3) 标准原则：按照国家行业标准确定抽油机基本型号。

(4) 寿命原则：满足供排协调的基础上，优选长冲程、低冲次型号抽油机。

(5) 节能原则：优选工况适应性好、节能型抽油机。

选型过程中要克服短期行为，重视长远发展，要正确处理好投资、质量、效益关系。

3. 选型五步骤

即："确定抽油机悬点额定载荷，确定抽油机减速器额定扭矩，确定冲程，确定冲次，确定电机功率"。

总之，抽油机选型应综合结合抽油机性能价格比、性能质量比、性能扭矩比、性能功率比，在相同悬点载荷情况下，这几个数据较大的，为好机型。

二、正确安装

抽油机安装质量好坏与否，直接影响到抽油机后期安全运行。特别是无基础抽油机必须严格执行安装技术规范。从地基处理、质量控制、检测验收严格把关。无基础抽油机地基承载能力应大于0.6MPa，压实系数应达到0.93~0.95。并做到"四平两垂直"。

1. 四平

即：平安、平行、平稳、平静。

(1) 平安：安装过程确保人身安全，杜绝安装过程中发生安全事故或事件。

(2) 平行：指抽油机底座与基础平行、支架与底座箱体平行、抽油机游梁与支架顶板平行等。平行是保证抽油机安装好后，有效避免机身左右倾斜和驴头跑偏造成悬点误差及油杆的左右偏磨。

(3) 平稳：抽油机安装好运行无晃动、无震动。

(4) 平静：抽油机安装好后运行时无异响、无噪声。可检验抽油机润滑是否良好、四连杆机构各连接部位力矩是否合适，运行是否正常，电机是否运行正常等。

2. 两垂直

指抽油机支架中心与底座中心垂直，驴头悬点与采油树中心垂直，保证两垂直可有效避免油杆偏磨现象。

另外还应做到大小皮带轮共面，井口盘根松紧度适宜。

三、合理使用

1. 要做到“六率”达标

（1）基础水平率：要求纵向小于 1mm/m(长度)，横向小于 0.3mm/m(长度)。

（2）井口对中率：驴头、悬绳器、盘根盒三点一线，对中率要求小于5mm/m(冲程)。

（3）运转平衡率：采用电流法判别，上冲程与下冲程电流值比为 85%~115%，采用功率法判别，平衡系数应不小于 0.5。

（4）配件紧固率：要求 100%，皮带盘根松紧适宜。

（5）润滑合格率：要求润滑油(脂)牌号正确，质量合格，油量合适。

（6）参数合理率：冲程、冲次、泵径要合理，要达到最佳匹配，泵效应不低于 50%。参数不合理会造成能源浪费。

2. 严禁超载使用

严禁超悬点载荷运行、超减速器扭矩使用。部分油井开采后期因不断加深泵挂，导致抽油机超负荷运行，要及时更换大型号机型。

3. 避免大马拉小车

负载率过轻的抽油机应更换小一规格抽油机。

4. 开展检查调整

每月应开展一次检查，验证抽油机冲程、冲次、泵径、平衡、电机挡位等参数，及时消除不合理运行状态。

四、经济运行

（1）加强抽油机的管理和保养，降点故障率，降低维修成本和采购成本。

（2）控制好抽油机的平衡效果，优化抽油机运行的受力，提高抽油机的使用寿命和延长抽油机的大修周期。

（3）定期检测系统效率，对效率过低的井及时调整参数或更换设备，提高系统效率，降低百米出液耗电量。

（4）选机型要合理，不要大马拉小车浪费钱，或选机型偏小造成烧电机和减速器损坏。

五、按时保养

每年春秋两季严格按照游梁式抽油机修保技术规程集中开展一次换季保养工作。根据课题研究结果，每三年利用真空滤油机对减速器润滑剂进行清洗过滤、检测合格继续使用，做到按质换油。新安装投运的抽油机运转 72h 必须对所有紧固件进行紧固，3 个月后对减速器润滑剂进行过滤。各轴承部位若采用 3 号锂基脂每年注脂一次即可。需明确上述工作的责任人、检查人。

在上述基础上，还应建立自动诊断软件，分析远传的电参、功图、井口参数，提出需要调整的井号和措施等。

第四节 往复泵精益管理与使用

往复泵应用领域较为广泛，以长庆油田为例，在用往复泵主要用于注水、注醇(气田而言)、输油、特车配置车载泵等。往复泵在整个采油生产过程中，发挥着举足轻重的作用。

一、用于注水的往复泵

1. 油田注水泵的分类

油田注水泵既有离心泵还有往复泵，注水介质有清水，也有采出水及聚合物。一般排量较小选用往复泵，大排量的选用离心泵，由于长庆油田油藏的特点，油田注水几乎全部采用往复泵注水，只有部分采用末端离心增压装置的。在大庆油田、胜利油田有采用往复泵注水的，也有离心泵注水的。在满足注水性能参数要求下，性价比也合适的情况，因往复泵效率高于离心泵，应优先选用往复泵注水，如图 3-1 所示。

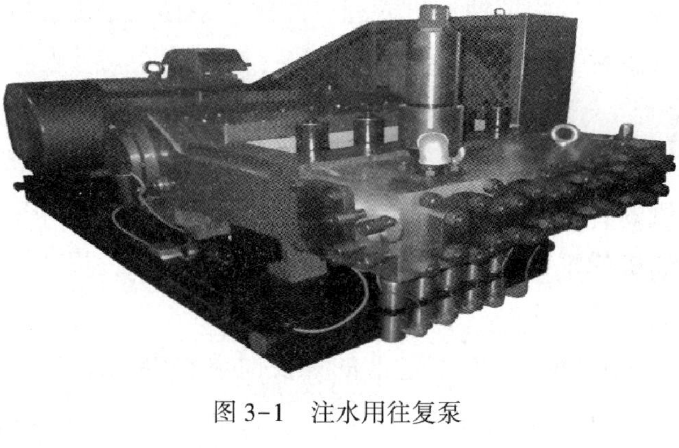

图 3-1 注水用往复泵

2. 往复注水泵的采购选型

往复注水泵的采购应根据输送介质、使用环境、基本运行参数、附件的选用等做好泵的选型工作，签订技术协议及合同，从计划下达、计划实施、到货验收、现场运行验收进行全过程跟踪。如长庆油田注水泵采油渠道主要有三种，即产能建设站点配套、油田公司设备购置、各二级单位(厂处级)油维改造，前两种渠道购置的泵都应纳入资产管理范畴。

3. 使用管理

(1) 启停操作要点

严格按照机动往复泵操作规程启停，没有配套变频控制柜的泵严禁带压启动，配备变频启的注水泵可带压启动，但要做到根据现场需要调整通用变频启的带压启动要求、配套电机应为带独立风扇的变频电机，长期带压启动的泵还应配套强制润滑系统；严禁无介质情况下启泵；严禁泵在运转过程中进行任何清洁及修理作业。

（2）附件的调整

在注水泵的使用过程中稳压器的调整是经常的事，囊式缓冲器的充气压力一般为泵出口压力 2/5~3/5，由于泵出口压力的变化或充气压力的不当，都会造成的注水泵出口管线振动，因根据泵实际工作压力调整气体缓冲器压力。

（3）消除振动

往复泵由于结构原因，现场实际应用过程中，振动现象时有发生，振动问题不及时解决处理，将会严重影响泵的正常运行，振动是多方面的，主要有以下几种原因。

① 泵基础振动。

往复泵基础除了承受泵的质量外，还承受在泵内未能平衡的惯性力和惯性力矩，其大小和方向都在周期地变化着。这些做周期变化的惯性力和惯性力矩统称为往复泵对基础的挠力载荷，是引起基础振动的原因。强烈的振动不仅使机组内部结合件松弛，加速运动件的磨损而且还会使相关设备仪表早期损坏，甚至于有时会使基础下沉，导致管路或其他连接件拉断。

消除措施：

a. 除了泵的设计者在设计时应尽可能通过泵的型式选择、曲柄错角配置等使惯性力和惯性力矩在泵内得到平衡外，对于未能平衡的惯性力和惯性力矩，则希望土建(泵基础)设计者能保证提供可靠的基础，防止共振的发生，尽可能减小振动的幅度。

b. 可将设备整体安装在专用、高效的减振座上，再将减振座与基础连接，这样，可以有效地使机械的噪声和振动得到衰减。在泵的进出口管路上装设空气室，吸收流体脉动，可有效地吸收系统产生的脉动。

c. 设计合理的基础，限制机组的固有振动频率，避免共振或使共振幅限制在允许范围内。

② 往复泵本身产生的噪声和振动。

a. 产品制造缺陷。旋转组件的动平衡未做，各缸连杆、十字头等的质量差太大；液力端悬伸过长等。

消除措施：严格执行产品加工及出厂检验检测标准，确保产品质量合格。

b. 进、排液阀工作时撞击产生的噪声和振动。进、排液阀是控制液体流动方向的主要部件，每组阀的阀片和阀座之间的敲击频率很高，阀座与阀片均为钢制，敲击声非常清脆，长时间阀会磨损泄漏产生回流，液流受阻，加之排出腔压力高，且液体流动不均匀，有脉动，这样就形成了较大的噪声和振动。

消除措施：一是尽量降低泵速，选用新型低噪声材料加工阀片和阀座。如：采用特种多孔吸声材料，或采用带有有机夹层的特种吸声钢材，或采用具有相当强度的非金属材料等，均可达到降噪的目的；二是适时调整或更换阀组；三是条件允许情况下，尽量选用多缸泵，脉冲会减少，振动和噪声相应也会减少，奇数缸脉冲小于偶数缸；四是选型时使阀组满足无撞击设计条件 $h_{max} \cdot n \leq (600\sim650)$，$h_{max}$ 单位为 mm，n 单位为 min^{-1}。

③ 柱塞惯性力和曲轴转矩的不平衡产生的噪声和振动。

由于曲柄连杆机构传递的特性，柱塞在液缸内的运动速度是不均匀的，其速度与加速度是分别按照正弦波和余弦波来变化的。因此，往复泵的柱塞在运动过程中就会产生较大的惯性力，从而造成噪声和振动。相比之下，转速的影响比压力的影响要大。

消除措施：提高泵机械部分加工、安装精度。一是提高零部件加工精度，使零部件之间的配合更加紧密，最大限度消除振源，减少振动产生的可能性；二是提高装配精度，如曲轴轴颈与连杆轴瓦配合间隙的合理选择、曲轴平衡块的平衡性能都要有更高的精度要求，并且装配完成后，要对运动部件进行平衡试验，以取得最小的噪声和振动；三是对于皮带传动的往复泵，大皮带轮一定要做动、静平衡实验，消除由于带轮不平衡造成泵振动和噪声；四是合理的选择结构方案(适当的型式、联数和曲柄间夹角)使得惯性力和惯性力矩在泵内部分或全部平衡。

④ 缓冲器失灵、配备标准及预定压力不适，造成排液管线振动。

对缓冲器而言，未按标准配备缓冲器(容积过小)。对于胶囊式缓冲器，胶囊损坏充入氮气过高或过低，均起不到蓄能、稳压、补偿、消除脉冲的作用；对于球型缓冲器而言，若球体直径选用不当，同样脉冲效果变差，会造成往复泵出口管线振动和噪声加剧。

消除措施：按规定标准配备相应容积的胶囊式缓冲器，氮气充装压力一般为泵出口压力的 40%~60%，过高或过低都会造成泵出口振动，在使用过程中，需适时进行调整缓冲器压力；选用合适直径的球型脉冲装置。

⑤ 泵体(液缸)内有空气，造成泵振动加剧。

往复泵在启动前未排净泵体内的气体，残留在泵体内的气体循环压缩膨胀，造成泵体内部液体受阻，产生振动。

消除措施：排净泵体内(液缸内)残余气体，杜绝气体进入液缸。

⑥ 供液管径过细、过滤器堵塞，造成吸入压力不足，导致泵体振动。

消除措施：更换为合适的供液管径，清理过滤器、改善吸入条件，保证进液充分。

⑦ 流动液体的脉动振动。

往复泵运转时，由于输送高压介质，加上柱塞的变速运动，造成往复泵吸入和排出的不连续性，使流量和液流压力表现出周期性变化，在管壁和液体的弹性作用下，这种压力脉动立即在管内传递，速度很快，管壁遭到液体的锤击，并且传播的越来越远，产生振动。

消除措施：一是增加管路消振器。出口管路上安装消振器，可有效地降低噪声通过液体向外传播的强度，消除流体振动。二是采用挠性接管。在泵的进出口与吸排管连接处安装挠性接管，在一定程度上可有效地降低系统管的振动。三是尽量减少弯管。避免液体流过管口、弯头、突然变化的截面等处，造成的压降引起了介质的汽化而产生空穴现象(也称“汽蚀现象”)，都会产生噪声并引起振动。

⑧ 管路系统的机械共振。

当往复泵作用于管道的激振力主频率和管系的固有频率大小相同时，会使结构产生共振，造成的机械共振比较大。并且在往复泵基频的整数倍时，也就是说发生谐振时，造成的振动噪声能量是非常大的，但是频率越高，声音的响度越低，同时，若吸排液阀行程稍有差异，就会在其基频或其高次谐波下产生振动噪声。

消除措施：改变管路系统的固有频率。对于由机械共振引起的振动和噪声，可在管道结构改变的情况下，使管道的固有频率远离激振力主频率，努力降低机械共振(谐振)的可能性。解决往复泵振动和噪声，不是一个简单的问题，它是个综合性问题，它涉及往复泵的设计、使用管理、加工制造、介质流动状况、检修人员的检修质量等，在这方面需投入更多的分析和研究。

(4) 经济运行

① 尽量不用喂液泵。

对于小排量的注水泵只要泵与罐有一定高度差(安装时应保证泵与罐有相对高度差)，进口管线合适，一般不需要喂液，这样可节能，否则虽然往复泵比离心泵节能，但再加喂液泵就不划算了；而大排量泵，一般排量超过100m^3/h应配置喂液泵，喂液泵扬程一般在50m以下，流量应为注水泵的1.1~1.25倍为宜。对于注水泵进口压力要求一般为0.02~0.1MPa，对于大排量的注水泵，来液进口压力不足时，可随时启动喂液泵。所以泵在安装时一定要与大罐保持一定的高度差，另外进口管线也要有足够的直径，以保证进液充足。注水泵液力端采用吸入歧管结构，增大泵头的流道和过流面积，改善泵吸入条件，保证进水水流平稳，避免产生振动。应合理设计配套往复式注水泵吸入口、排出口的工艺管线，如图3-2所示，吸入口管线4应采用与吸入汇管3匹配的管径，根据生产实际，吸入汇管一般是柱塞注水泵单缸吸入管线2口径的1.5~2.5倍。

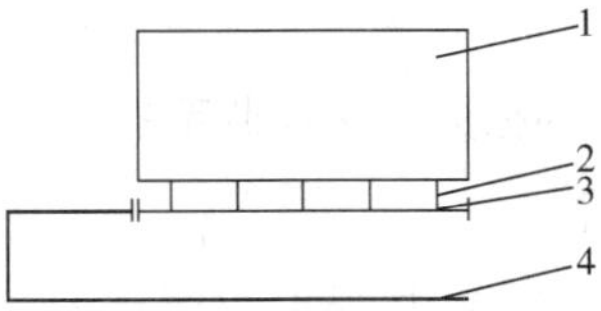

图3-2　往复式注水泵(五柱塞)供液管线与液力端示意图

1—液力端；2—单缸吸入管线；3—吸入汇管；4—供液管

② 保证泵机组效率。

要保证泵机组效率在89%左右，泵效率与负载关系最大，负载率接近100%时，效率最高。

③ 适时改造。

注水泵在使用过程中，由于运行参数及工艺变化，需要对注水泵适时进行技术改造。如流量、压力发生变化时，为满足工艺需求，使泵在高效区运行，可通过更换柱塞、小皮带轮等方法来改变泵的流量，改造时要注意泵功率的变化，若泵轴功率超过现配套电机功率，应更换大功率电机，防止电机烧毁。

二、用于输油的往复泵

往复泵输油技术在长庆油田得到了广泛应用，且用于输油的都是柱塞泵，有三柱塞的，也有五柱塞的，以三柱塞居多。其精益管理具体措施如下：

1. 不建泵房、露天安装

因输油对泵房有防爆要求，有许多设计规范要求，投资较大。采用露天安装，泵体采取保温，加装电伴热装置，可大大减少建设投资，露天安装的泵在长庆油田、新疆、吐哈等油田得到了广泛应用。实践证明露天安装方式是可行的(见图 3-3)。

图 3-3　露天往复输油泵

2. 尽量不用变频方式调节排量

往复泵变频调节排量不节能。应首选采用更换柱塞或皮带轮的方法调节排量。理由如下：

(1) 由变频调速相似定律得知，往复泵转速与能耗成一次方关系。即 $N_1/N_2=n_1/n_2$ (n_1、n_2 为变频前后转速，N_1、N_2 为变频前后能耗)。

(2) 变频器自身耗能功率为额定功率的 3%～5%，且普通电机不宜用变频器驱动。

(3) 克服输油对气体的敏感性。当被输送液体含有气体量不大时，离心泵可在叶片连续排出过程伴随油水将气体输走，而使用往复柱塞泵时，由于容积泵的特点，则有可能形成反复压缩膨胀(油气混输往复泵除外)，甚至产生冲击，影响正常工作。一般往复泵输油时不允许有气相介质，因此往复泵输油时应做好油气分离后再输送。

(4) 与注水泵相同，尽量不用喂液泵。

三、车载泵

车载泵一般都是三柱塞泵。油田用的水泥车、洗井车都是主车取力，排量由发动机转速来调节，压裂车一般另置发动机。车载洗井泵在使用过程应保证水箱有适当水位，避免空抽，定期在取力器加油口补充齿轮油，保证取力器的良好润滑。在寒冷地区冬季每次作业完一定要放空泵腔内积水。

四、其他用途泵

在油田，往复泵除了注水、输油外，还有用于注二氧化碳、注醇等。二氧化碳驱油工艺在大庆油田、吉林油田已开始推广，长庆油田目前也已进入实验阶段。CO_2 注入工艺流程(见图 3-4)：罐车拉运液态 CO_2经卸车泵送至液态 CO_2储罐，罐内 CO_2液体进入注入橇，在注入橇内经喂液泵(屏蔽泵)送至注入泵进行增压，并经分配调节计量进入单井注入管线回注地下。往复泵注二氧化碳，对工艺、流程要求较高，必须保证液态二氧化碳不能汽化，否则往复泵则无法注入；注醇泵用于注甲醇，长庆油田在气田应用，油田不用。

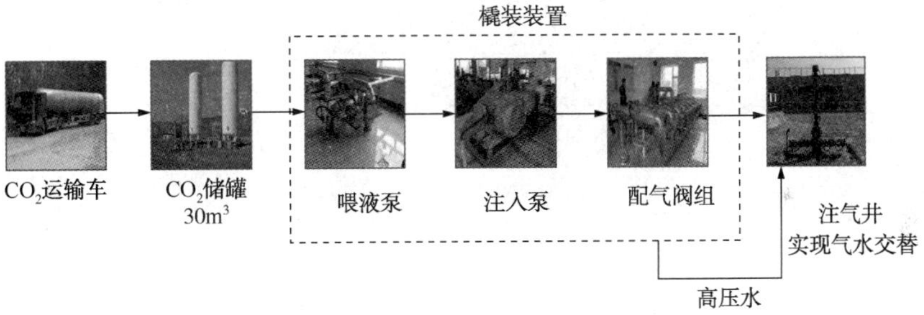

图 3-4　CO_2试注工艺流程示意图

往复泵精益管理除了上述措施外，还应做到如下几点：

(1) 正确安装：皮带共面，皮带、盘根松紧适度，机座水平牢固。

(2) 努力延长易损件寿命：盘根注油、陶瓷柱塞、保证水质。

(3) 及时修理：重点关注排液阀泄漏的危害，及时更换易损件，检查油质，配件再制造。

第五节　离心泵精益管理与使用

离心泵是靠叶轮搅动流体旋转的离心力产生压力，输送流体。具有转速高、体积小、质量小、流量大、结构简单、输液无脉动、性能平稳、容易操作和维修方便等特点。在采油单位、输油单位用量较大，主要用于输油、供水等。采油单位多为节段式离心泵，少量中开式。离心泵的精益管理应从选型、使用、操作、维保、提效、故障处理等方面强化管理，注重技术管理，做到工况合理、高效运行、单耗最小。

一、离心泵分类

1. 节段式离心泵

泵壳沿轴线分为多段，如图 3-5 所示。具有加工简单、价格低、维修方便、泵效低等特点。

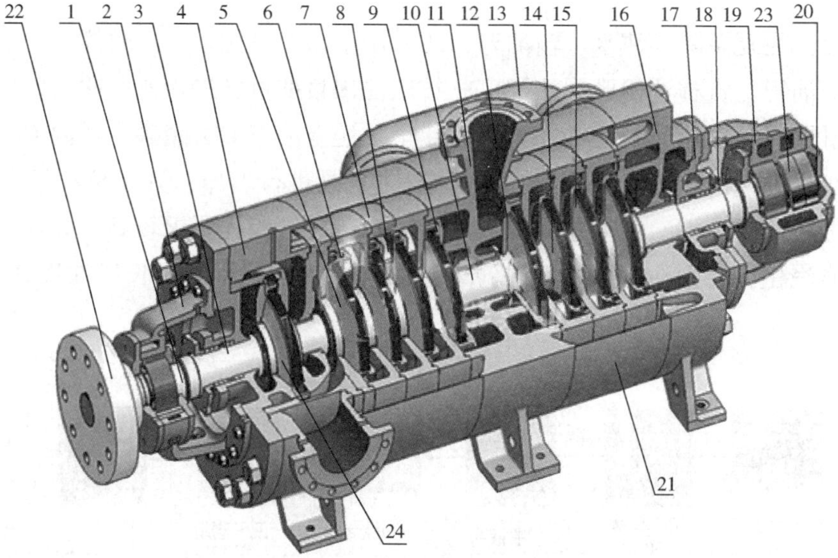

图 3-5　自平衡节段式多级离心泵

1—轴；2—前轴承体；3—填料环；4—进水段；5—正叶轮；6—正导叶；7—中段；8—密封环；9—末级正导叶；10—节流、减压装置；11—出水段；12—末级反导叶；13—过渡管；14—反叶轮；15—反导叶；16—次级进水段；17—尾盖；18—填料压盖；19—后轴承体；20—轴承端盖；21—泵罩；22—联轴器；23—轴承；24—首级叶轮

2. 中开式离心泵

叶轮对称分布，如图 3-6 所示。具有轴向力小、拆装不易、维修困难、泵效略高于节段式等特点。

二、合理选型

根据长庆油田应用的离心泵适用范围，对于下列情况，一般选用离心泵。

（1）2.4MPa≤压力＜4.0MPa、排量≤150m^3/h：选用节段式离心泵。

（2）150m^3/h≤排量≤200m^3/h：选用节段式离心泵

（3）排量≥200m^3/h：选用中开式离心泵。

（4）压力＜2.4MPa、45m^3/h≤排量≤150m^3/h：选用节段式离心泵。

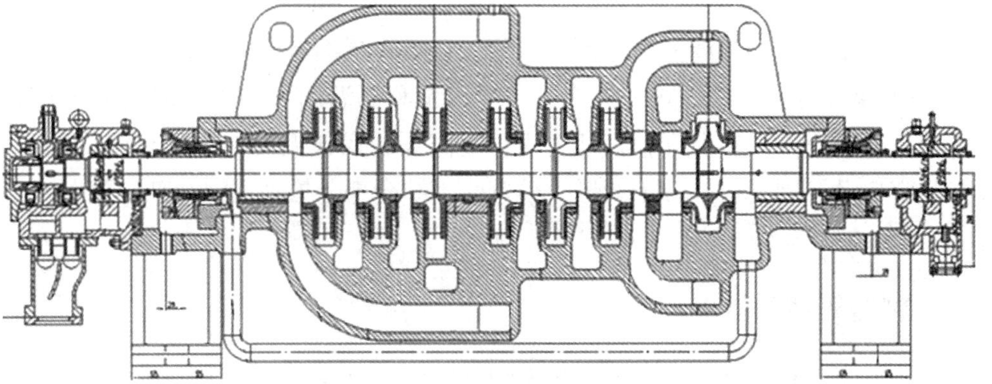

图 3-6 中开式离心泵结构图

(5) 输送毛油或含泥沙水采用迷宫平衡体自平衡结构形式，充分提高离心泵运行可靠性，最大限度延长离心泵维保周期。离心泵选用耐磨材质，如耐磨球铁、耐磨不锈钢、耐磨合金钢和其他新型耐磨材料。为充分降低设备制造成本，根据离心泵各零部件的工作特点，可将各种材质搭配使用。

(6)输送联合站的有腐蚀性分离污水，要根据腐蚀情况合理选用耐腐蚀兼耐磨材料，延长机组维保周期，充分提高机组效率。

(7)输送容易结垢结晶介质，在过流部位涂装可延缓结垢时间的抗结垢涂层和抗结垢密封。充分减少设备维修频次。

三、合理操作

离心泵在安装后，试运转前认真检查泵的出入口管线、阀门、法兰、压力表接头是否安装安全，符合要求，流程是否正确，地脚螺栓及其他连接部分有无松动。根据统计，泵的事故在装置生产运转初期发生的最多，安装质量直接影响泵的运转情况。

① 盘车。用手轻轻正向转动机泵 2~3 圈，并确认轴承和旋转部分都能顺利转动不受阻碍。

② 核对吸入条件。泵的吸入条件，是叶轮吸入口保持一定的压力，如果低于这个压力时将无法输液，因此要检查吸入高度和条件是否在规定的条件之内。

③ 调整填料或机械密封装置。向冷却水夹套和密封装置中的冷却封液系统分别通水、通液，确认流道畅通。

④ 加注润滑油、脂。向油箱和润滑部位注选定的合格润滑油、脂，达到适当的油面高度、脂量。

⑤ 灌泵。启动前，要使泵内灌满液体，绝对避免空转。这是因为离心泵动、静密封减漏间隙小，液体不易通过，因此只要空转几秒钟就会引起密封衬环烧损、咬死，导致事故。灌泵时要把气体介质全部放出，通常打开吸液阀和放空阀或泵壳的放气孔及管

路中的仪表接头，但是对带压吸入的泵或高位泵其灌注方法不同，高位泵必须增设喷射器，真空泵需增加底阀和灌液箱等预灌装置。自吸式泵不需要这些设备。

⑥ 高温泵和低温泵的预热及预冷。高温用泵和低温用泵均须在启动前进行完预热或预冷使之接近正常运转温度，其理由为：高温泵的操作温度与未预热温度相差很大，若不预热就启动，则会引起转子变形、轴弯曲、结合部分松动或密封部分强制摩擦而导致磨损。

四、精益管理与使用

（1）离心泵在任何情况下都不允许无液体空转，以免零件损坏。

（2）离心泵启动后，在出口阀未开的情况下，不允许长时间运行。

（3）在正常情况下，离心泵不允许用入口阀来调节流量，以免抽空，而应用出口阀来调节。采用变频调节排量时，出口阀门应全开。

（4）离心泵运行的最小流量不得低于额定流量的1/3。

（5）做到经济运行。为了使离心泵经济运行，运行参数应尽可能接近现场实际需求参数，保持10%以下的富余量，需变速运行的话，尽可能在额定转速的90%以上运行。具体如下：

① 注重离心泵的合理选型降低耗能。合理选择离心泵型号。如果离心泵选型不当，机泵配置不合理，就会浪费大量的能耗，使企业成本增加，直接影响企业的经济效益。

② 选择合理的离心泵工况点提高运行效率。离心泵的效率是影响离心泵站装置效率的重要因素，它与离心泵的设计、制造水平、离心泵的运行工况以及使用情况有关。而离心泵的工况点，也就是离心泵装置在某一瞬时的实际出水量、扬程、轴功率等参数直接反映了离心泵装置的工作能力，这是在泵站的设计和管理中应该首先考虑的问题。按照标准要求，离心泵运行效率不得低于该离心泵最高效率的90%，所以离心泵运行工况点只有在特性曲线的高效段内，才能高效运行。根据对运行状况不合理的离心泵进行了调整，使之在高效段内最佳工况点运行，从而提高了离心泵的运行效率。

③ 降低管路阻力提高管路系统效率。管路系统效率与管线、管径、管材、管路附件的类型和数量以及流量等有关。降低管路阻力，可以使输油(水)系统工作工况点右移，阻力损失减少，流量增加，系统效率提高。

④ 推广应用新技术实现降耗提效。如采用电机变频调速技术，降低能耗。

（6）工艺参数波动不大且满足输送要求的情况下，尽可能单机运行，如果工艺参数变化比较大，扬程一定，流量变化大的时候，可采用多台并联且大小搭配的恒压无人值守供液模式。尽量避免长期并泵运行，并泵总排量小于所并泵的额定排量之和，而能耗大幅度增加。

(7) 长期关注泵运行参数(流量、扬程)、机械参数(震动、噪声、温升)、电参数(电流、电压、功率因数)、化学参数(腐蚀、结垢)等系列参数的变化，做到一切数据心中有数。

(8) 监控泵参数的变化，掌握效率衰退周期和故障前变化规律，合理调整离心泵维修保养周期，做到离心泵长期高效可靠运行。尽可能减少离心泵零部件次生损坏，提高零部件使用寿命和更换频率。

(9) 适时改造。当离心泵额定参数与实际运行参数偏差较大时，应适时开展改造。如，扬程大于管路阻力时应进行抽级、叶轮切削；扬程小于管路阻力，排量降低，应增级或换泵；若泵效低于铭牌泵效5%以下时，应开展提效改造。长庆油田近今年对泵效偏低的离心泵开展了“三元流自平衡”提效改造技术。改造后平均泵效提高3.9%，输油单耗平均下降2.6kW·h/m^3。

例3-1

“三元流”提效改造技术介绍

长庆油田某采油厂多台节段式离心泵因初期产建选型、参数匹配不合理，导致“大马拉小车”、泵效低、能耗高等问题。针对存在的能耗高、故障率高的问题，引进长沙某泵业“三元流”自平衡系统节能技术，通过技术改造，达到了提高泵效、长期稳定运行、降低能耗、减少维护成本的目的。

1. 核心技术

(1) 水力模型应用“三元流动”技术

采用计算机软件设计，叶轮、导叶在二元流的基础上，将叶轮、导叶内部液体流动三元立体空间无限切割，确定叶片受力、液流最佳坐标点，建立真实完整的叶轮内部三元流动的数学水力模型(由于叶轮流道曲线形状是高速旋转的，流速沿流线和横截面都有变化，任何一点都是不相同的，即流速是三元空间圆柱坐标)，降低水力损失、机械损失、容积损失。叶轮三元流水力模型见图3-7。

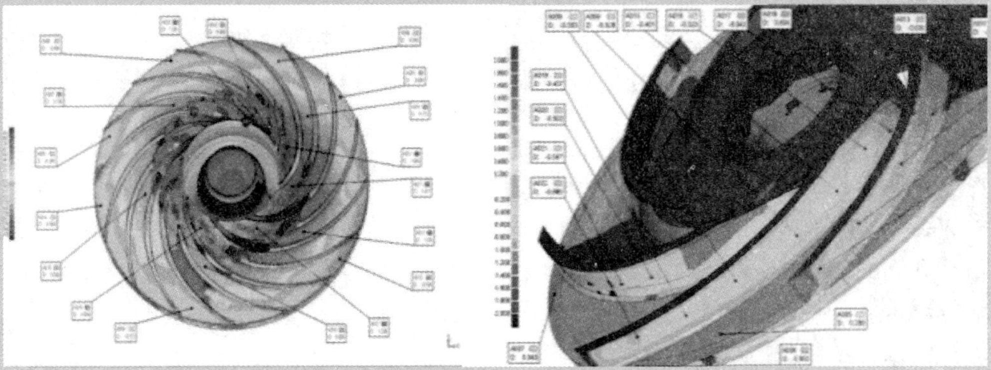

图3-7　叶轮三元流水力模型

（2）应用自平衡技术

如图3-8所示，离心泵自调平衡系统主要由平衡室、出水段、迷宫平衡体、压力调节环、平衡盘、压力调整室、平衡套、函体、泵轴等组成。应用自平衡技术，彻底解决了变频驱动和液中含气打破平衡而引起泵的振动、磨损和泵的轴向窜动，延长维护周期为平衡盘结构5倍以上。三元流技术均配套自平衡系统。

（3）应用抗结垢动力密封技术

抗结垢纳米涂层的应用，延缓流道部位结垢时间，应用抗结垢动力密封技术，给密封上了一道双保险，极大延长了密封维护时间。由于机封套表面结垢，导致机械密封由于平衡系统磨损加上结垢而引起的动环不能在轴套表面上滑动而引起机械密封失效情况。抗结垢的纳米涂层的应用，延缓流道部位结垢时间2倍以上。如图3-9所示。

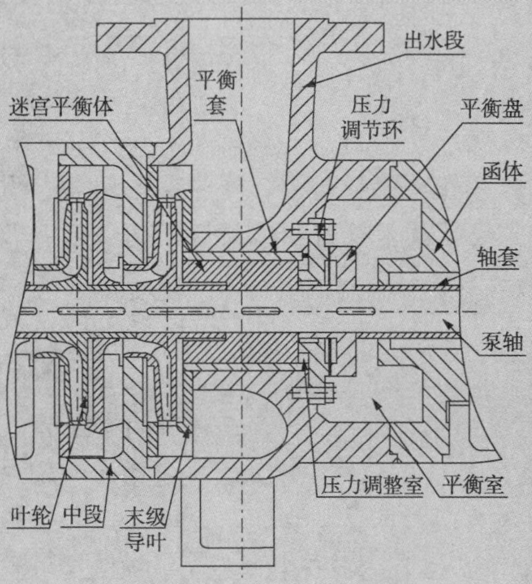

图3-8　自平衡系统

图3-9　抗结垢动力密封加反压密封系统

应用抗结垢动力密封加反压密封和抗结垢动力密封加润滑脂密封技术，彻底避免由于结垢和泥沙而引起机封失效造成泄漏，延长了密封维护时间4倍以上。

（4）高分子密封环

泵体、中段、导叶被磨损的部位加装耐磨高分子保护密封环，两种不同材质做相对运动，可以充分减小叶轮与中段密封环和导叶密封环之间的间隙，由原来的单边大于等于0.2mm的间隙减小到小于0.1mm的间隙，以充分减少容积损失，耐磨损的时间是普通材质密封环的3~5倍以上。如图3-10、图3-11所示。

（5）轴向间隙调整系统

针对常规多级离心泵轴向间隙无法调整，平衡构件磨损加剧的难题，设计出多级离心泵轴向间隙调整结构，如图 3-12、图 3-13 所示。采用调节螺栓和循环液对轴向间隙进行自动调节，避免变频驱动活输送介质含气率变化引起的振动、磨损和泵轴向窜动，延长机械密封维护周期，减少了容积损失。

图 3-10　高分子耐磨密封环

图 3-11　传统铸铁密封环

图 3-12　多级普通平衡盘、平衡环结构

图 3-13　轴向间隙调整系统结构

2. 现场应用效果

2016~2020 年，累计改造 12 台套，每年节约电量 284.48×10^{4}kW · h，节约资金 165 万元，维修周期均延长了 5 倍以上，如图 3-14 所示。

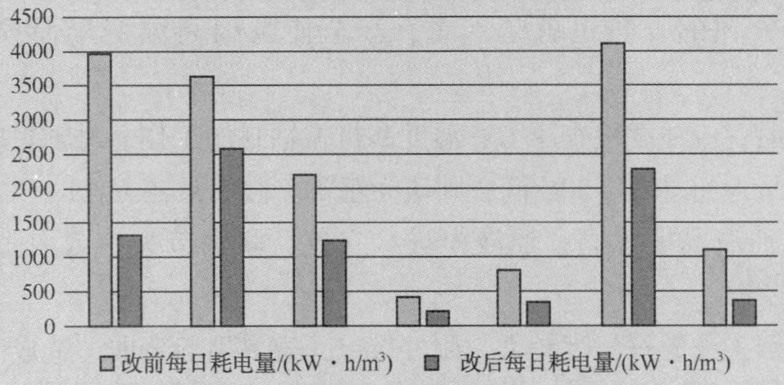

图 3-14　离心泵改造前后耗电对比

第六节　螺杆泵精益管理与使用

螺杆泵是容积泵的一类(见图 3-15)，主要工作部件由定子和转子组成，转子是金属螺杆，定子是弹性衬套。相互配合的转子和定子形成了多个互不相通的密封腔，其效率高于离心泵低于往复泵，具有一定的油气混输能力。长庆油田在用的主要为单螺杆泵，用于输油。曾经尝试双螺杆泵油气混输，但由于主动转子之间有间隙，过流部分易结垢，现场使用故障率较高，且价格比单螺杆泵高很多，未得到进一步推广使用。

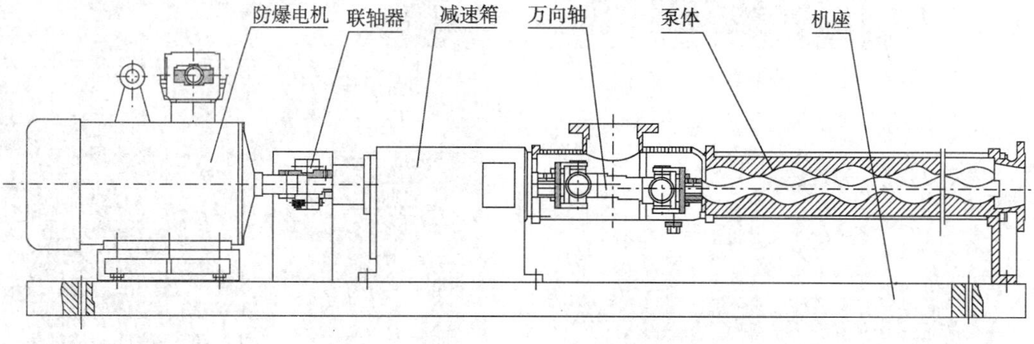

图 3-15　单螺杆泵

螺杆泵使用与精益管理除严格按照操作与修保规程外，还应注意以下几项：

(1) 螺杆泵应在吸排停止阀全开的情况下启动，以防过载或吸空。

(2) 螺杆泵虽然具有干吸能力，但是必须防止干转，以免擦伤工作表面。假如泵需要在油温很低或黏度很高的情况下启动，应在吸排阀和旁通阀全开的情况下启动，让泵启动时的负荷最低，直到原动机达到额定转速时，再将旁通阀逐渐关闭。当旁通阀开启时，液体是在有节流的情况下在泵中不断循环流动的，而循环的油量越多，循环的时间越长，液体的发热也就越严重，甚至使泵因高温变形而损坏，必须引起注意。

(3) 泵工作时，应注意检查压力、温度和机械轴封的工作。对轴封应该允许有微量的泄漏，如泄漏量不超过 20~30s/滴，则认为正常。假如泵在工作时产生噪声，这往往是因油温太低，油液黏度太高，油液中进入空气，联轴节失中或泵过度磨损等原因引起。

(4) 螺杆泵因工作螺杆长度较大，刚性较差，容易引起弯曲，造成工作失常。对轴系的连接必须做好对中；连接管路时应独立固定，尽可能减少对泵的牵连等。此外，备用螺杆，在保存时采用悬吊固定的方法，避免因放置不平而造成变形。

第七节　加热装置精益管理与使用

油田用的加热装置主要有锅炉和加热炉。两种装置主要区别是，加热炉是被加热介质进入炉内。按照炉膛燃烧压力分为正压燃烧和负压燃烧；按照锅筒压力分为负压、常压、正压；按照燃料分为原油、天然气(伴生气)、煤；按烟气回程分为二回程和三回程。承压锅炉国家纳入特种设备管理。下面对各类加热装置结构特点、选型要求、精益管理进行阐述。

一、结构特点

1. 锅炉

油田用锅炉主要为热水锅炉、蒸汽锅炉及有机热载体炉。

(1) 蒸汽锅炉虽然饱和蒸汽的比焓大于热水锅炉饱和水，但由于水量消耗极大，且对水质处理指标要求高，不节能，已逐步淘汰。

(2) 热水锅炉按锅筒承压情况，分为常压式、负压式、正压式。

(3) 常压锅炉存在一些不足。因锅筒与大气连通，需要频繁补水，系统渗氧现象严重；由于锅炉不带压，不能靠锅炉压力克服末端系统静水压，运行能耗高；压力波动大，水力工况不稳定，系统失水量和补水量都大，若采用软化水补水，成本会很高。一般在功率较小的工况下使用。

(4) 负压热水锅炉又称真空锅炉(见图 3-16)。其主要特点是：

① 运行安全，锅筒在负压下工作，多重联锁保护，不会发生爆炸；

② 节能效果好，真空下运行，沸点低，汽化相变焓换热，热效高，一般在 91%以上；

③ 防腐蚀不结垢，锅水密闭循环利用，结垢、腐蚀少；

④ 体积小易安装，模块化设计，高性能换热组件，易于运输安装；

⑤ 不纳入特种设备管理；

⑥ 出水温度一般低于 90℃。

(5) 正压热水锅炉属于压力容器，因为承压热水锅炉始终处于满水状态，所以不设水位计，但是必须装设压力表、安全阀和温度计。承压热水锅炉供热系统的循环水泵一般选用清水泵，它是抽系统工程的回水送往锅炉，既要克服系统循环阻力，又要维持锅炉有一定压力，保证高温时热水不汽化。承压热水锅炉既能供应低温水，又能供应高温热水。

(6) 有机热载体炉是导热油炉，是一种以热传导液为加热介质的新型特种锅炉(见图 3-17)。具有低压高温工作特性，与水相比，在同样压力下，可提供较高的高温热源。随着工业生产的发展和科学技术的进步，有机热载体炉得到了不断的发展和应用。有机热载体炉的工作压力比较低，炉内介质温度高，且大多数是易燃易爆物质，有些还有毒性，一旦在运行中发生泄漏，即会引发火灾、爆炸造成人员伤亡。因此有机热载体炉联锁保护装置必须完好，导热油需定期化验检测。

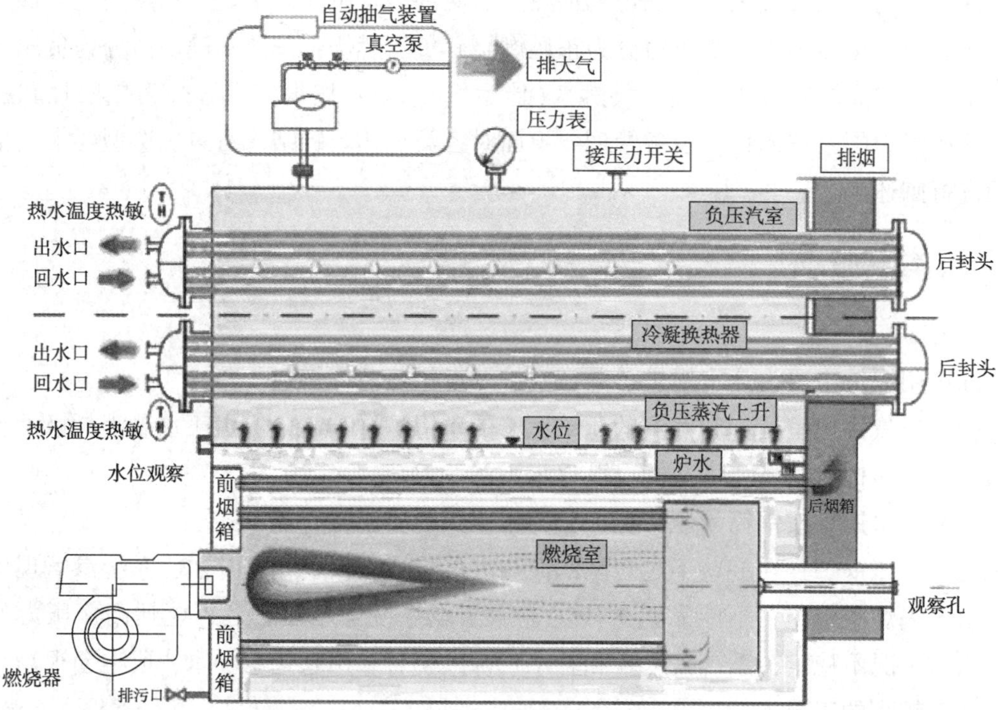

图 3-16　真空锅炉

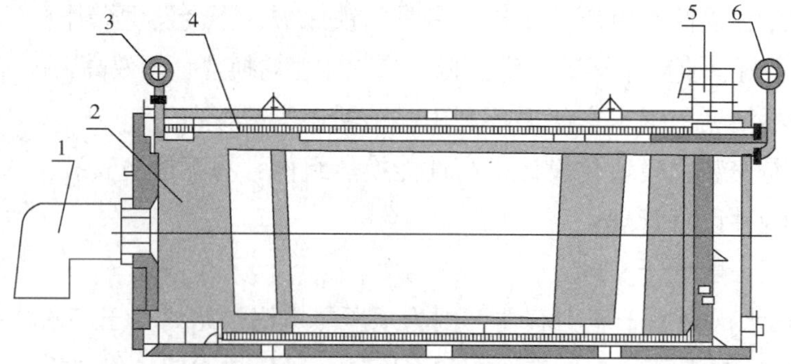

图 3-17　卧式并联导热油炉

1—燃烧器；2—内圈油盘管；3—出油口；4—外圈油盘管；5—出烟口；6—进油口

2. *加热炉*

加热炉是采油厂的关键设备，主要用于场站原油加温脱水、集输降黏、采暖等。加热炉是油田专用设备，不纳入《特种设备安全技术规范》管理范畴。常用的有管式加热炉、水套加热炉、火筒式直接加热炉、真空加热炉等。

（1）管式加热炉

管式加热炉是在炉内设置一定数量的炉管，原油直接进入炉内炉管，火焰直接加热原油炉管的一种炉型。如图 3-18 所示。该炉型具有升温快的特点，但具有一定的危险性，长庆在长输管道和轻烃厂有此种炉在用。

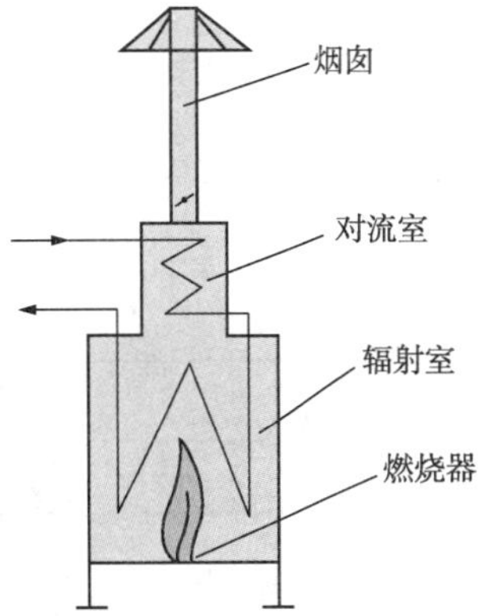

图 3-18　管式加热炉

（2）水套加热炉

水套加热炉属于火筒式简接加热炉，把水当作换热介质，火焰加热水套中的水，水套中的水加热盘管中的介质。如图 3-19 所示。长庆油田采油厂目前在用的均为常压水套炉，有立式也有卧式。该炉型需要经常补水，锅筒结垢、腐蚀严重。

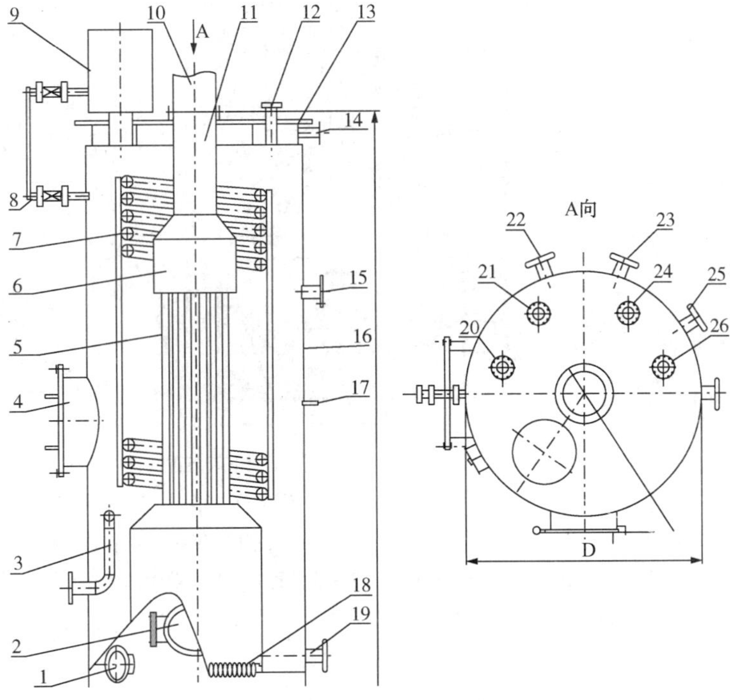

图 3-19　常压立式水套加热炉结构示意图

1—手孔；2—炉门；3—回水管；4—人孔；5—烟管；6—上炉胆；7—盘管；8—液位计；9—膨胀水箱；10—烟囱；11—冲天管；12—大气连通管；13—烟囱调烟门；14—溢流管；15—出水管；16—筒体；17—表盘式温度计；18—炉排；19—排污管；20—盘管Ⅰ进口；21—盘管Ⅰ出口；22—燃料气进口；23—燃料气出口；24—盘管Ⅱ进口；25—补水口；26—盘管Ⅱ出口

（3）分体相变炉

分体相变加热炉结构如图 3-20 所示，下部为蒸汽发生器，上部为换热器，换热器的壳程与蒸汽发生器的出口连通，换热器的管程与需加热的介质相通，蒸气换热冷凝后，利用自重直接流回锅筒。此装置具有耗水量小、效率高、运行安全等特点。

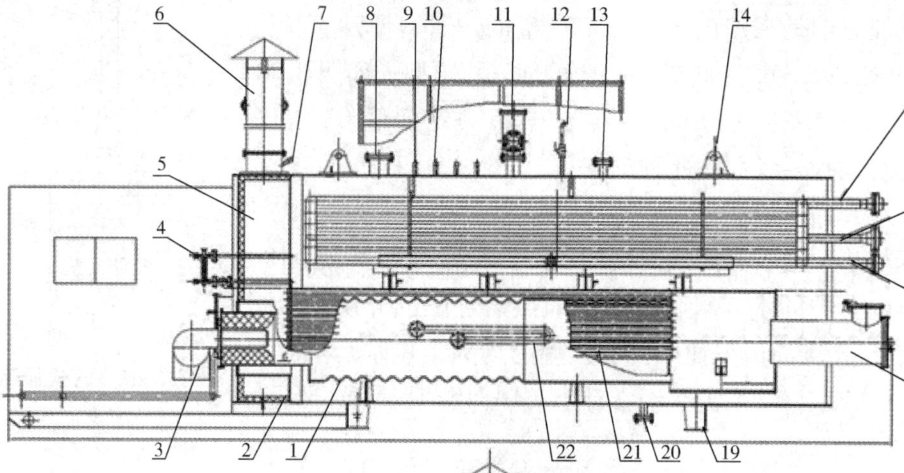

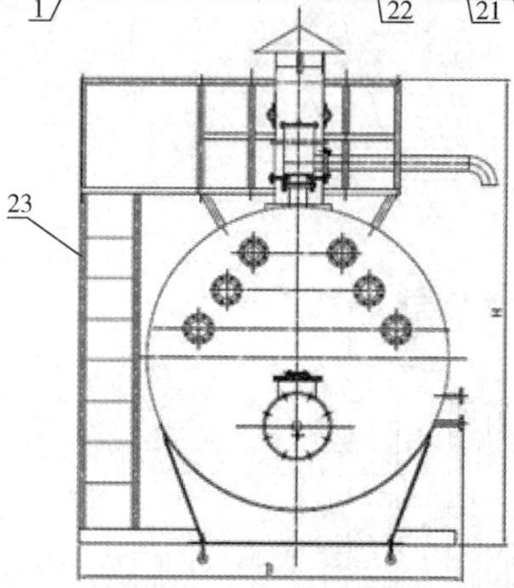

图 3-20　真空相变原油加热炉结构示意图(卧式湿背式两回程)

1—炉胆；2—筒体；3—燃烧器；4—液位计；5—烟箱；6—烟囱；7—烟气温度计；
8—防爆膜；9—真空压力表；10—温度计；11—真空阀；12—排空气口；13—补水口；
14—吊耳；15—水盘管；16—油盘管Ⅰ；17—油盘管Ⅱ；18—防爆门；19—鞍座；
20—排污口；21—烟管；22—燃料气加热盘管；23—梯子平台

二、选型

采暖锅炉选型，应选用效率较高的卧式、内燃、三回程、湿背式锅炉。应尽量选用燃气，烟气排放执行低氮排放标准。

联合站、集中处理站等大站应选用分体相变装置或有机热载体炉(热煤炉)。分体相变装置耗水量极少，效率高；热媒炉不用水，热媒出口温度可达到 200℃以上，换热效率高。且两种炉型不怕站内大罐破损。热媒炉相对分体相变装置购置费用高，热媒指标衰变、劣化更换费用较高。

转油站选用真空炉(400kW 以上)。这些站点液量相对联合站较少，对加热炉热负荷要求相对较低，真空炉是较好的选择。真空炉除了安装真空阀，还应设计爆破膜。转油站不建议安装卧式常压炉。

增压点选用立式常压水套炉，安装方便，占地少。此炉型使用过程中锅筒温度不易烧得太高，一般控制在80℃左右，尽量减少水的蒸发，且锅水pH值应保持在10~12之间，减少酸性腐蚀。

三、精益管理要求

锅炉、加热热炉应具有联锁保护装置，并开展定期检测，做到合理运行，定期检验，实行夏季检修，推行精益管理示范点建设。

1. 安全联锁保护装置齐全完好，并开展定期检测

安全联锁保护装置包括燃烧器的安全联锁保护和锅炉/加热炉的安全联锁保护，任何安全联锁保护装置发生动作，燃烧器都应安全停机并联锁保护。

GB/T 36699—2018《锅炉用液体和气体燃料燃烧器技术条件》与Q/SY 1836—2015《锅炉/加热炉燃油(气)燃烧器及安全联锁保护装置检测规范》均规定每年进行安全联锁保护装置检测。检测项目分为一般检查项目和关键检查项目。

（1）一般检查项目

见表3-3。

表3-3　一般检查项目

燃烧器安全保护装置检测	锅炉/加热炉安全保护装置检测
声光报警功能	声光报警功能
雾化介质故障信号保护	
燃油温度低保护(燃料为燃油)	
转杯速度低保护	

（2）关键检查项目

关键检查项目包括密封性检查、安全联锁保护检测。密封性检查项目见表3-4。安全联锁保护关键检测项目见表3-5和表3-6。

表3-4　密封性检查项目

燃气燃烧器检查项目	燃油燃烧器检查项目
密闭空间内的燃气管路连接部位	密闭空间内的燃油管路连接
管道组成件本体	管道组成件本体
阀门内部泄漏	阀门内部泄漏

表 3-5 燃烧器安全联锁保护检测项目

燃气燃烧器检查项目		燃油燃烧器检查项目	
点火保护		点火保护	
熄火保护	熄火保护	熄火保护	熄火保护
	后吹扫		后吹扫
前吹扫时间		前吹扫时间	
自动检漏功能		低风压保护	
燃气低压保护		燃油温度超限保护	
燃气高压保护		燃油压力低保护	
低风压保护		燃油回流压力高保护	
电源中断保护		电源中断保护	
火焰故障信号保护		火焰故障信号保护	
自然通风燃烧器炉膛负压联锁保护			
自然通风燃烧器风门验证			

表 3-6 锅炉/加热炉安全联锁保护检测项目

序号	锅炉/加热炉检测项目	序号	锅炉/加热炉检测项目
1	火筒式直接加热炉低液位报警	9	相变炉低液位报警、联锁、自动补液之一
2	火筒式间接加热炉低液位报警	10	介质低液位保护
3	介质超温保护	11	炉膛压力保护
4	介质超压保护	12	蒸汽锅炉循环泵进出口压差保护
5	管式加热炉低压差保护	13	蒸汽锅炉循环泵电机内部水超温保护
6	炉膛超温保护	14	热水锅炉循环水泵保护
7	排烟温度保护	15	有机热载体锅炉联锁保护装置
8	流量保护		

2. 做到合理经济运行

(1) 影响加热炉经济运行的因素

① 运行负荷的影响

由于受生产工艺要求的变化，加热炉运行负荷经常发生变化，加热炉运行负荷的波动，对加热炉经济运行会产生较大影响。加热炉负荷率在 70% 以上时，其运行效率较高，经济性好。然而由于受生产工艺和季节性变化，加热炉常处于低负荷运行，此时加热炉经济性较差。

② 被加热介质含水率影响

含水率越高，一定流量下，提高同等温度所消耗的燃料越多，须保证三相分离器脱水效果，降低加热介质(含水原油)中的含水率，保证加热炉经济高效运行。

③ 排烟温度影响

排烟温度的高低直接影响排烟损失率的大小，也是影响加热炉经济运行的因素，排烟温度每降低 12~15℃，加热炉热效率提高 1%，运行中尽量降低排烟温度。

④ 过量空气系数的影响

过量空气系数和排烟温度一样，直接影响排烟热损失，经验表明，过量空气系数每增加 0. 1，排烟损失要增加 0. 5%左右。

(2) 做到经济运行的方法

① 优化参数。防止过高出口温度，降低外输温度，智能间开。

② 实施经济运行对策。

a. 合理控制点炉数，根据负荷情况，合理控制点炉数量。可以一台大火运行，不两台小火运行，尽量做到满负荷运行。

b. 采用烟气余热回收。

c. 选择高效燃烧器。

d. 真空加热炉必须保证在真空状态下运行，要确保真空阀不泄漏，否则真空炉成为常压炉，热效降低。并严格控制水位，真空加热炉水位不能没过盘管，否则成为水套炉，将形不成真空。

e. 开展能耗统计分析，应根据负荷情况，统计燃料消耗量，统计单耗。

f. 严格控制水质及锅筒水 pH 值。在 25℃时，pH 值要保持在 10~12 之间。见表 3-7。

表 3-7 热水锅炉水质标准

项 目	锅内加药处理		锅外化学处理	
	给水	锅水	给水	锅水
悬浮物含量/(mg/L)	≤20	—	≤5	—
总硬度/(mmol/L)	≤4	—	≤0. 6	—
pH 值(25℃)	≥7	10~12	≥7	10~12
溶解氧含量/(mg/L)	—	—	≤0. 1	≤0. 1
含油量/(mg/L)	≤2	—	≤2	—

3. 实行夏季检修

锅炉、加热炉均实行夏季停炉检修制度(含辅机)。根据检验检测情况，合理编制检修计划，对于锅炉大修(本体维修)，检修方案需经过当地地市级质量技术监督部门审定后实施。

4. 定期检验

锅炉根据安全等级，确定定期检验周期。除定检外，每年应进行一次外部检验；加热炉虽然未纳入《特种设备安全技术规范》管理，但为确保加热炉安全运行，企业应根据加热炉运行工况、使用年限合理安排进行检验检测，可以全面掌握了解加热炉安全运行情况，同时针对检验存在问题为检修提供可靠依据。

5. 推行加热炉精益示范点建设

建立加热炉完整性管理平台，具有实现加热炉燃烧器控制及调节、加热炉效率优化、加热炉安全联锁保护、系统配电转换、加热炉及燃烧器状态监视和预警提示等多种功能，在加热炉的安全、节能、生产方面为用户提供加热炉管理指导性建议，同时可以提高操作人员的工作效率，节约生产成本。

例 3-2

某联合站加热炉完整性精益管理系统应用

（1）配置构成

集控装置为集成设备，选用型号为 TP-HIMS-V1.0(B04)的集控装置，包含以下内容：

① 数据采集与处理设备一套(型号：HIMS-B04-DAQ)；

② 集控装置上位机硬件(型号：HIMS-B04-HD)；

③ 一体化分析处理软件(型号：HIMS-B04-SW)；

④ 炉前火焰视频监控系统(型号：JK04)；

⑤ 附件：集控装置提供接口配套连接件、密封件及紧固件、安装件、通信协议及实现上述系统功能的软硬件接口附件。

（2）建设内容

① 基于对该联合站加热炉建设现状基础上，消除基本安全联锁防护系统缺失的隐患，完善加热炉负荷在线监控以及效率实时优化的能源管控基础功能系统，确保在加热介质特性稳定的条件下安全、经济地运行。

② 加热炉进行数字化、信息化改造建设，改造后全部数据进行集中监控，数据分类(含报警、显示、联锁、控制)汇总，控制室内安装 1 套内嵌有加热炉智能集控系统的集控硬件装置，通过动态数据监测与静态检验数据的电子化录入共同完成设备的基础数据收集，通过各种元器件数据检测以及部件寿命的监测保证了加热炉结构的完整与功能的齐全，如图 3-21 所示。通过各类数据的变化趋势以及数据对比，可分析预判出加热炉的风险，及时消除隐患。通过能耗统计与维修维护成本的数据监测与数据记录指导加热炉投资计划，对加热炉整体效能监控分析，通过智能知识库以及故障诊断模块可实现智能维修维护，快速消减隐患，确保加热炉的安全保护监控，确保站内加热设备生产、安全、能效、环保、成本投入等方面的精准管理与决策明晰，同时还可以避免相关错误导致决策失误的发生。

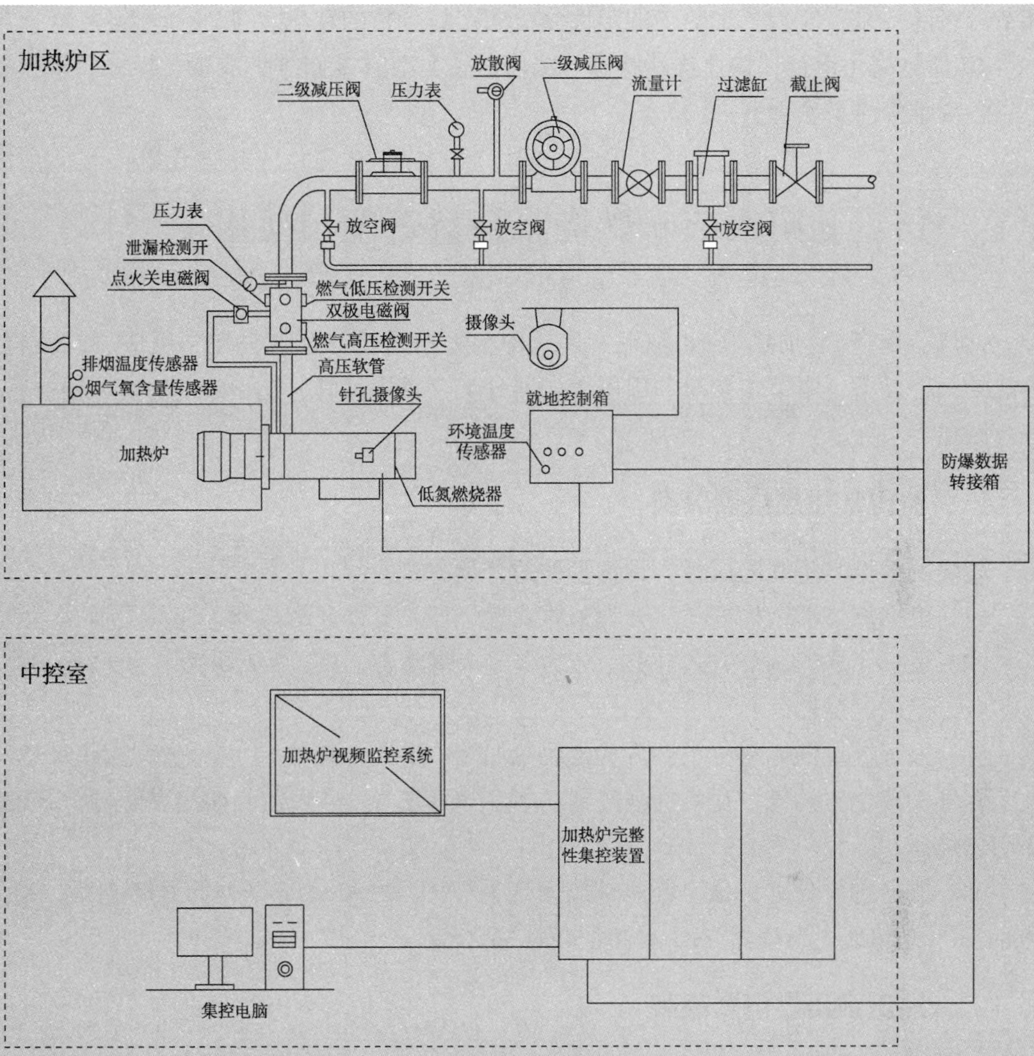

图 3-21　加热炉精益管理具体应用

（3）实施效果

① 改造后实现了对加热炉燃烧器的远程操控和视频可视化监控，满足基本安全标准与相关规范的要求。

② 实现对站内加热炉及燃烧器进行集中监控管理，进一步挖掘有关加热炉生产、安全与节能数据的价值。

③ 实现对各种数据的对比分析，为加热炉全生命周期的管理提供翔实资料。

④ 实现全方位管理数据的上传、远程访问和指导创新管理。

⑤ 实现加热炉运行过程中的全自动动态检测、监测与数据采集。

⑥ 提高加热炉燃烧器的整体安全稳定与节能降耗，保持加热炉生产过程中高效运行。

⑦ 实现更精准化管理，加热炉的管理进一步创新，达到管理过程中的总体分析向

环节分析的效果，实现了加热炉的定性分析向定量分析的转化。

⑧ 优化简化运行，快速诊断状态与维修设备，节省维修维护成本、指导经济投资，节省各类维修维护资金。

第八节　燃烧器精益管理与使用

燃烧器是锅炉(加热炉)的辅机，是一种将物质通过燃烧这一化学反应方式转化为热能的一种设备。本节主要对油田用燃烧器分类、常用品牌、选型、如何实现精益管理进行阐述。

一、油田常用燃烧器分类

燃烧器根据其不同的属性，具备多种的分类方式。

(1) 根据燃烧器结构分类，分为整体式燃烧器、分体式燃烧器、简易火嘴。

(2) 根据燃烧器调节方式分类，分为单段火燃烧器、两段火燃烧器、机械比调燃烧器、电子比调燃烧器。

(3) 根据燃烧器燃料分类，分为燃油燃烧器(重油、轻油)、燃气燃烧器[天然气、人工燃气、液化石油气、瓦斯气(煤层气)、沼气等五类]、重油气两用燃烧器、轻油气两用燃烧器。

(4) 根据排放分类，分为普通排放燃烧器($NO_x \leqslant 150mg/m^3$)、低氮燃烧器($NO_x \leqslant 80mg/m^3$)、超低氮燃烧器($NO_x \leqslant 30 \sim 50mg/m^3$)。

二、油田常用燃烧器品牌

1. 进口品牌燃烧器

德国扎克(现在油田几乎已不使用)、德国威索(有少量应用)、芬兰奥林(部分应用)、意大利百得(采油厂普遍应用)、意大利利雅路(采油厂普遍应用)。

2. 国产品牌燃烧器

简易火嘴：如甘肃某加热炉制造商，在采油厂小功率水套加热炉上普遍应用，2016年开始立式联锁改造后大部分已增加火焰检测、温度调节等安全及智能控制功能。

全自动燃烧器：如河北某燃烧器制造商生产的燃烧器，2018 年设备推行国产化后开始逐步在代替进口燃烧器。

三、燃烧器的选型

1. 选型依据

(1) 燃料种类、组分、压力、温度、含水率、含沙量、密度、黏度，燃料的供给情况等基础数据；

（2）装置的技术参数，锅炉、加热炉的功率；燃烧器现场的海拔高度、背压曲线图；

（3）燃料的压力、温度和流量；

（4）就地控制、远程控制、控制的参数、远传协议和接口等；

（5）燃烧室的直径与长度。

2. 选型原则

不同的燃料和工况，应选用不同类型和结构燃烧器。油气场站气量足够满足单燃气时可达到加热需求，宜选用燃气燃烧器。若伴生气产量不能满足加热需求的站点宜选用油气两用燃烧器。

四、燃烧器精益管理

1. 做好应用、维护管理

作为设备管理人员，在燃烧器选型前要做好对燃烧器应用工况的了解，确保选型的准确性和实用性；做好燃烧器使用前的使用培训工作，确保燃烧器由懂操作、会保养的专业操作人员使用；选择专业的维护、维修厂家，确保燃烧器无故障时有预判保养，有故障时及时有效维修保运行。

燃烧器选型相对简单，每个燃烧器品牌都有其选型手册，对照选择即可。

燃烧器应用培训，可聘请燃烧器厂家对燃烧器操作人员进行理论知识和现场操作、保养培训。选择专业维修厂家，可以对其从业年限、技术力量等进行考察选择。

2. 做好新标准对标管理（环保标准、燃烧器标准）

随着国家经济发展，对环保及安全越来越严格，相关标准规范也相继出台。加强燃烧器相关标准、规则、规范学习，并做好对标实施与管理工作。对标工作包含在用不达标燃烧器的对标更新（改造升级）及燃烧器的不降标运行管理。

（1）燃烧器相关环保标准

GB 13271—2014《锅炉大气污染物排放标准》和陕西省地方标准 DB 61/1226—2018《锅炉大气污染物排放标准》中对锅炉的烟气排放中需氧量、二氧化硫、氮氧化物进行了要求。可对燃烧器进行摸查，对超标排放燃烧器通过优化燃烧方式（更换低氮燃烧器或利旧燃烧器低氮改造）进行治理，将烟气污染物中的氮氧化物降低至标准以下。

（2）燃烧器相关安全规则、规范

TSG ZB001—2016《燃油（气）燃烧器安全技术规则》、TSG ZB002—2008《燃油（气）燃烧器型式试验规则》、Q/SY 1836—2015《锅炉/加热炉燃油（气）燃烧器及安全联锁保护装置检测规范》中对锅炉及燃烧器安全联锁进行要求，针对现用燃烧器存在问题：无燃烧型式报告、铭牌缺失、无第二安全切断阀、无快速切断阀、无调压装置、无过滤装置、无自动及手动放散阀、无高气压开关或未锁止、无低气压开关未锁止、无低风压开关、未锁止、无低液位报警、无超压报警等，可对燃烧器进行全面摸查后，针对问题完善改造。

改造完成后，需按月度或季度进行燃烧器排放、安全联锁自检，如出现不达标情况，及时进行对标维修调试。

第九节　压力容器精益管理与使用

压力容器作为油田生产过程中不可或缺的设备单元，承担着油气生产的重要角色。采油企业在用的压力容器主要有三相分离器、缓冲罐、气液分离器、球罐等。

TSG 21—2016《固定式压力容器安全技术监察规程》适用于同时具备以下三种条件的压力容器：

（1）工作压力(p_W)≥0.1MPa(不含液体静压力)。

（2）内直径(非圆形截面积指最大尺寸)≥0.15m 且容积 V≥0.025m^3。

（3）盛装介质为气体、液化气体或最高工作温度大于等于标准沸点的液体。

一、压力容器分类

1. 按压力分类

低压容器：0.1MPa≤p<1.6MPa

中压容器：1.6MPa≤p<10MPa

高压容器：10MPa≤p<100MPa

超高压容器：p≥100MPa

2. 按壳体承压方式分类

可分为内压容器和外压容器两大类。

3. 按设计温度分类

可分为低温容器(t≤-20℃)、常温容器(-20℃<t<450℃)和高温容器(t≥450℃)三大类。

4. 以安装方式分类

可分为固定式和移动式两大类。

5. 按生产工艺过程中的作用原理分类

可分为反应容器(反应器、分解塔等)、换热容器(冷凝器、热交换器等)、分离容器(缓冲罐、分离器、干燥塔等)和储存容器(如球罐)四大类。

6.《固定式压力容器安全技术监察规程》对压力容器的分类

分为Ⅰ类压力容器、Ⅱ类压力容器、Ⅲ类压力容器。

二、压力容器精益管理与使用

因压力容器具有爆炸危险，各级设备管理部门应高度重视压力容器管理。压力容器作为原油生产的关键设备，就必须在管理和使用过程中精益求精。大多数压力容器作为固定式设备，在安装初期就决定了其使用性能。如何提高其性能和效率、精益化管理规范作业流程以及如何提高设备协调作业性和能效，除常规管理外，采油企业设备管理部门、使用单位还应加强下面几方面管理。

1. 严格落实安全管理体系及其工作职责

(1) 贯彻执行《容规》有关的压力容器安全技术规范、规章，制定压力容器安全管理规章制度及操作规程。

(2) 检查压力容器的运行、维修和安全附件校验情况，参与压力容器的检验、修理、改造和报废等技术资料审查。

(3) 编制压力容器的年度检查、定期检验计划，并负责组织实施。

(4) 向主管部门和当地安全监察机构报送当年压力容器数量和变动情况的统计报表，压力容器定期检验计划的实施情况、存在的主要问题及处理情况等。

(5) 使用单位必须建立下列压力容器技术档案并交由设备管理部门统一保管。

① 使用登记证；

② 使用登记表；

③ 压力容器设计、制造、安装技术资料；

④ 压力容器年度检查报告、定期检验报告；

⑤ 检测记录、安全检查记录；

⑥ 压力容器修理和技术改造的方案、图样、材料证明证书、施工质量检验技术文件；

⑦ 安全附件校验、修理和更换记录；

⑧ 有关事故的记录资料和处理报告。

2. 做好检验、注册工作

检验：年度检查是定性，是在用压力容器的在线检查，是判定压力容器是否能够正常使用的依据，一般由使用单位专业人员进行。定期检验是定量，是压力容器停机检验，应由具有资格的检验机构进行。定检应固定压力容器的测厚点，以便对比变化趋势。使用单位应根据压力容器安全等级由检验机构独立做出结论。检验周期执行以下规定：

(1) 新压力容器投运后 3 年内进行首次定检；

(2) 安全等级为 1 级、2 级的，每 6 年一次；

(3) 安全等级为3级的，3~6年一次；

(4) 安全等级为4级的，监控使用，检验周期有检验机构确定，累计监控时间不得超过3年，在监控使用期间，使用单位应当采取有效的监控措施；

(5) 安全状况为5级的，应对缺陷进行处理，否则不得继续使用；

(6) 应用基于风险的检验技术的压力容器，根据压力容器风险水平延长或者缩短检验周期，但最长不得超过9年，以压力容器的剩余使用年限为依据，检验周期最长不超过压力容器剩余使用年限的一半，并且不得超过9年。

注册：及时办理压力容器使用登记证。压力容器使用前或投入使用30日之内，使用单位应按TSG 21—2016《固定式压力容器技术监察规程》的相关要求，到地市级市场监督管理局或授权部门逐台办理使用登记证。

采油企业压力容器检验率、注册率必须达到100%。

3. 做好运行及工艺参数的控制，重视附件管理

(1) 工艺参数控制

压力容器是所有工艺流程的心脏，具有很大的危害性。其主要失效形式有：韧性破裂、脆性劈裂、疲劳破裂、腐蚀劈裂和蠕变劈裂五种破裂。容器在长期运行过程中，由于压力、温度、介质腐蚀等复杂因素的综合作用，原有的缺陷可能进一步发展或形成新的缺陷，故运行时对工艺参数的安全控制是压力容器安全操作的主要内容，严禁超温、超压和物料泄漏是防止事故发生的根本措施。工艺参数的控制就是指温度的控制、投料的控制、充装量的控制和压力、温度波动的控制。操作人员应精心操作，严格遵守压力容器安全操作规程或工艺操作规程；容器运行期间的巡回检查制度，认真填写操作记录。

(2) 做好介质置换

对于暂停或者备用设备必须将内部介质进行清空或者置换。长期以来在使用压力容器过程中，由于生产的需要，部分设备暂停或者备用后，对于设备内存储的原油和油气混合物等物质，都保持了暂存压力容器设备内。原油混合液对压力容器的腐蚀效率会大大增加以及沉淀物堆积等造成后期无法重新运行，而且加大了安全风险(未铅封导致泄漏等)，因此，对于暂停或者备用压力容器设备介质置换或者清空尤为重要。

(3) 提高信息流畅度

压力容器在使用过程中，设备使用单位在日常巡检过程中发现的问题和运行指标问题，由设备专管人员及时向工艺、设备管理部门提报，现场落实并进行解决，根据现场工况，调整运行参数，并做详细记录，不定期到现场进行复核和反馈，协同数据一致性。

(4) 重视附件管理

压力容器的安全附件包括安全阀、爆破片、压力表、液面计、温度计等。安全阀则是容器的最后一道防线(第一道是强度设计、第二道是仪器仪表)，运行过程中必须确保完好，整定压力正确(最大压力不能超过设计压力)。

4. 加大规范学习

对于设备管理和生产单位来说，往往只考虑压力容器相关数据的备案和监管，对压力容器相关规范等不做具体的考评。然而压力容器规范确实对压力容器设计、制造、使用、维护等方面全面的诠释，是压力容器最基础的保障。采油企业应定期组织设备管理、使用等相关部门人员对压力容器的使用规范进行学习，提高安全管理、安全使用意识，防止在使用等方面对人员、器具或工艺管路等造成伤害。并对压力容器和相关附件等知识进行培训，提高其重要性，把安全生产放在首位。

5. 不定期检查指导

压力容器作为特种设备，生产制造过程都会受到第三方监理和地市以上锅检所监检。然而在实际的过程中监检单位只在相关节点到现场监检，并不能完全对压力容器进行全方位的监督，这就需要生产企业对生产过程自我把控。压力容器在油田的生产过程中又是必要而且重要的设备，设备管理部门和使用部门不定期到压力容器生产场站及时有效地监督和指导生产工作，摒弃“制造、采购、管理、生产”脱离的观念。

6. 实行资料信息挂牌制

对于生产重要的压力容器设备，针对单个设备进行挂牌，罗列相关具体参数、性能、指标、操作规范、应急处理方案以及相关记录，方便巡检、检查以及应急处置。虽然压力容器设备都有具体的备案和在册记录等，但是在实际的应用和检查过程中都会被忽视，时间过长，对于单台或单项设备的具体信息就不一定清晰，对于现场检查或诊断可能会造成偏差。

第十节　防爆电气设备精益管理与使用

油气生产属高危行业，存在大量爆炸危险性场所。如果管理不善，电火花极易引起可燃气体、粉尘等易燃易爆物质爆炸，将给国家财产和员工生命安全带来严重后果。由于防爆电气设备选型、安装、使用、维护及生产操作不当或防爆电气设备长期使用后安全性能下降甚至失效等原因，国内每年发生的大大小小爆炸事故约有百余起。

长期以来，采油企业防爆电气设备几乎处于“三缺”(缺位、缺人、缺管)和“三不”(制度不全、职责不清、技能不高)状态。同时，由于油田多年没有出过较大的防爆电气设备相关事故，导致部分单位管理人员思想认识不到位，安全意识淡薄，管理基础工作亟待加强。因此，除了保证防爆电气设备的制造质量外，还要特别注重设备的选型、安装、使用及维护等各环节，只有全面及时地对设备进行监管并且贯穿设备的整个寿命周期，才能切实有效地达到设备防爆的目的。下面以长庆油田为例，列举现场管理存在的典型性问题，提出防爆电气设备精益管理的思路和方法。

一、现场防爆电气设备典型性问题

1. 普通电气设备用于爆炸危险场所(图 3-22)

问题表现：

(1) 个别站场普通搅拌电机等用于爆炸危险场所；

(2) 个别站场普通仪表控制箱等用于爆炸危险场所。

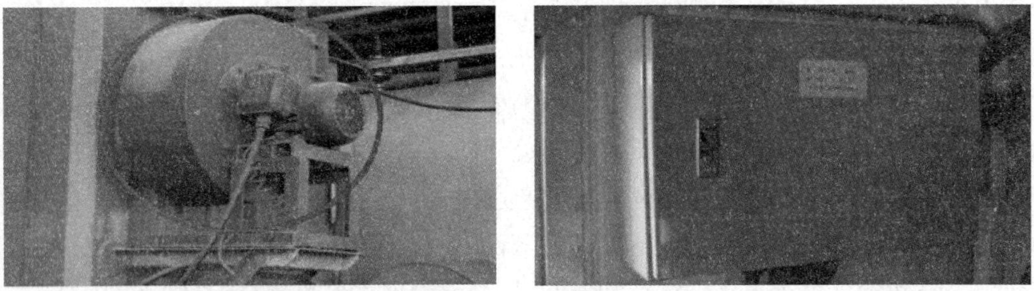

图 3-22　应用场所错误

2. 选型错误(图 3-23)

问题表现：

(1) 个别站场工厂用防爆电机选用矿用防爆电机(防爆标志为 Exd Ⅰ)。Ⅰ类防爆电气设备仅能用于煤矿瓦斯气体环境，如果用于其他气体环境易造成爆炸事故。

(2) 防爆电气设备防爆分级和温度组别选型有误。

图 3-23　设计选型错误

3. 现场维护不当(图 3-24)

问题表现：

(1) 维护人员在防爆电气设备擅自开孔，不仅开孔处不满足隔爆参数要求，而且还破坏了外壳的隔爆结构，直接造成防爆性能的失效。

图 3-24　维护不当(外壳私自打孔)

（2）穿透壳体的螺钉降低甚至破坏了设备的防护等级，导致周围介质的浸入，造成带电部件间的打火或短路，从而点燃周围环境可燃气体。

（3）灯具的温度组别直接由光源决定，擅自更换大功率的光源将会造成灯具的表面温度升高，不再满足该区域温度组别的要求，将发生热引燃，导致爆炸事故。

4. 隔爆面间隙超差（图 3-25）

问题表现：

由于部分防爆电气设备法兰变形，导致隔爆间隙超差，一旦箱体内出现闪燃，爆炸火焰将从超差的间隙窜出来，引爆周围的爆炸性气体。

图 3-25　隔爆面间隙超差

5. 隔爆面锈蚀（图 3-26）

问题表现：

受周边恶劣环境条件的影响电气设备隔爆面锈蚀严重，部分站场防爆电气设备隔爆面参数已不符合要求，导致设备防爆性能失效，造成安全隐患。

图 3-26　隔爆面锈蚀

6. 密封衬垫问题（图 3-27）

问题表现：

部分防爆电气设备密封衬垫的断裂或丢失直接破坏了设备的防护性能，导致周围介质的浸入，造成带电部件间的打火或短路，从而点燃可燃气体。

问题属性：现场维护不当。

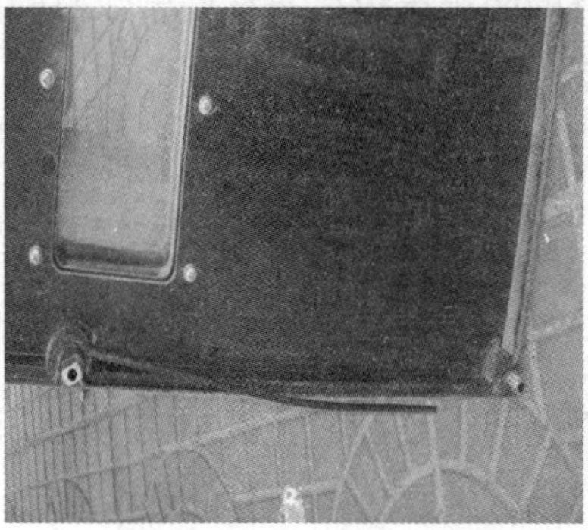

图 3-27　密封垫丢失

7. 引入口问题(图 3-28)

问题表现：

(1) 防爆配电箱备用引入口未封堵。

(2) 防爆配电箱引入装置内穿两根电缆。

(3) 防爆配电箱引入装置调料函内未填料。

(4) 设备引入口无引入装置，直接与防爆挠性连接管连接。

问题属性：施工安装不规范。

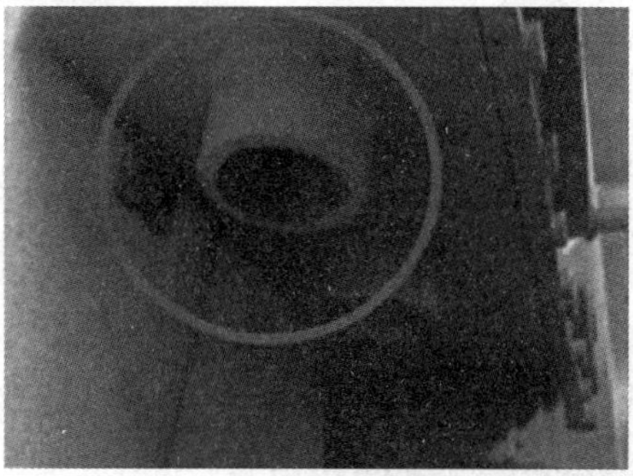

图 3-28　引入口未封堵，安装不规范

8. 紧固件问题(图 3-29)

问题表现：

(1) 防爆电气设备紧固件缺失。

(2) 防爆电气设备紧固件锈蚀。

(3) 防爆电气设备紧固件折断。

(4) 防爆电气设备紧固件未旋紧。

(5) 防爆电气设备紧固件规格型号不一致。

(6) 防爆电气设备紧固件无防松弹垫。

问题属性：现场维护不当。

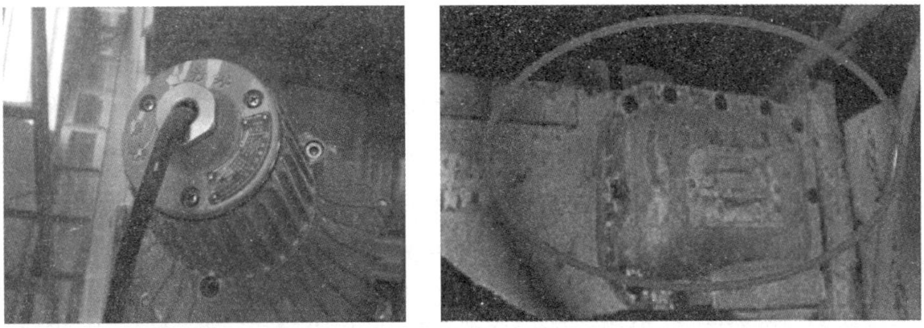

图 3-29　紧固件缺失

9. 接地问题(图 3-30)

问题表现：

(1) 防爆电气设备接地串接。

(2) 防爆电气接地与设备紧固件连接，未连接到接地体上。

(3) 防爆电气接地锈蚀严重。

(4) 防爆电气设备接地未连接。

问题属性：施工安装不规范或现场维护不当。

图 3-30　接地不规范

10. 防护和完整性问题(图 3-31)

(1) 防护问题表现：立式安装电机未安装防异物坠落挡板。

问题属性：设计缺项或施工安装不规范。

(2) 完整性问题表现：防爆电气设备外壳缺失；防爆电气设备自带保护盖丢失。

问题属性：现场维护不当。

图 3-31　防护与完整性缺失

二、精益管理举措

上述只是列举了油田部分场站防爆电气管理中存在的典型性问题，抓好防爆电气管理不仅仅是哪一个部门或单位的事，需要上下协同、齐抓共管、同频共振，进一步使采油企业防爆电气管理水平全面提升。如何杜绝类似问题发生，做到防爆电气的精益管理，笔者认为至少应从下面几个环节入手。

1. 落实好全生命周期管理职责

（1）从源头把好设计关

设计单位应明确油田各类场站爆炸危险区域、防爆电气设备使用范围、选型配置参数确认、电气布线要求、设计变更核实、概预算及技术规格书编制等设计职责，为油田把好设计关。

（2）从采购把好质量关

采购部门应履行防爆电气设备采购全过程管理与监督等职责。主要核查到货防爆电气产品外观、设备完整性、防爆合格证有效性、核对产品铭牌信息与防爆合格证书的一致性、现场防爆设备与技术规格书参数核实、防爆安装附件及配件检查等，为油田把好产品质量关。

（3）从施工安装把好建设关

产能建设和工程改造管理部门应履行新建或改扩建防爆电气设备的工程设计、采购选型、安装验收、投运前初始检查管理与监督等职责。主要核查防爆电气施工单位和安装人员有无相关资质、开展防爆电气投运前初始检查工作等，为油田把好建设关。

（4）从平稳运行把好生产关

生产运行管理部门应履行负责各类防爆配电箱、防爆控制按钮、防爆开关、防爆灯具、防爆电气连接部件等日常管理与监督职责，为油田把好生产平稳运行关。

（5）从设备管理把好维护关

设备管理部门应负责防爆电气设备管理与监督职责，同时，配合相关业务部门做好各类防爆电气专项管理。主要做好设备基础管理、日常监督检查等工作，为油田把好日常维护关。

（6）从数字化管理把好自动化建设关

数字化管理部门应负责数字化监控系统中防爆摄像器材、仪器、仪表以及传输设备等管理与监督职责，为油田把好自动化建设关。

（7）从消防安全管理把好安全关

消防安全管理部门应履行防爆电气设备防雷接地管理与监督职责，同时，配合完成日常防爆电气检修人员资质取证工作，为油田把好安全关。

(8) 从“四新”管理把好技术关

工艺技术管理部门应履行管理新技术、新设备、新工艺、新材料等试验及应用阶段防爆电气设备管理与监督职责，避免试验非防爆电气设备误入防爆区域。

(9) 从资产管理把好资产处置关

资产管理部门应履行防爆电气设备的转资和报废管理与监督职责，为油田把好资产处置关。

2. 落实好基础管理工作

(1) 强化现场人员培训，提升技能水平

各采油单位防爆电气使用单位应一年至少组织两次防爆电气管理、操作人员业务和实操培训，从防爆电气设备选型、安装、使用、维护、检修及现场管理等方面系统讲解，提升基层防爆电气维护人员技术水平。

(2) 健全管理制度，提升管理水平

防爆电气使用单位应根据上级部门防爆电气管理办法制定适合各单位相关管理制度，明确各类防爆电气设备管理部门，设立专兼职防爆电气设备管理岗位，制定完善岗位职责，建立“管理有职责、问题有措施、运行有保障、安全无事故”的防爆电气设备管理机制。

(3) 推进检查监督，提升日常维护水平

防爆电气使用单位，一年至少组织不小于两次防爆电气专项检查。通过连续检查监督将防爆电气设备出现的故障能够早期检测出来，并做好相应的检查记录，对发现的异常现象及时处理，督促培养各基层单位员工提升日常维护水平。

(4) 制定防爆电气定期检查规定，提升设备安全水平

防爆电气使用单位应根据国家规范、集团公司及油田公司有关规定，委托具有防爆电气专业资质的安全生产检测机构每三年开展一次防爆电气定期检查，通过专业机构设备“体检”，结合检查意见，制定合理整改建议，分级分类处理防爆电气存在各类隐患，提升设备安全运行水平。

(5) 把控防爆电气采购验收环节，提升产品质量水平

针对不符合国家标准、安全性能要求、能效指标以及国家明令淘汰的，不得选型、采购。新采购防爆电气设备供应商应提供防爆合格证、生产许可证副本或3C证书复印件、产品质量合格证明、安装及使用维护保养说明、检验报告等相关技术资料和文件，保证设备质量。

(6) 加强防爆电气施工验收管控，提升施工安装水平

防爆电气使用单位应强化防爆电气工程安装施工过程，严格执行国家相关要求，积极推行施工单位和安装人员资质管理，对于新建或改扩建工程要求委托具有防爆电气专业资质的安全生产检测机构进行投产前防爆电气初始检查，提升施工安装水平。

采油企业还应对防爆设备进行连续监督。连续监督是在专业安装及使用环境方面有经验的专业技术人员，对电气装置进行的经常保养、检查、管理和监控，以便保持装置的防爆性能处于良好状态。连续监督是在用防爆电气设备全寿命周期安全管理的重要环节之一，企业的专业人员应按要求进行连续监督，并做好相应的检查记录，对发现的异常现象(故障或变化)，及时采取相应措施或对其进行随后的修理。

当检查发现设备的防爆性能有轻微变化时，应及时进行维护保养工作。维护是将产品保持在或恢复到符合有关技术条件要求的状态，并实现其要求功能的综合性活动。维护活动应特别注意保持设备防爆型式的完整性，应确保可更换部件的型号和额定值正确无误，维护应按照有关安全文件的要求进行。凡对设备安全性能产生不利影响的零部件，未经有关部门的同意不应进行更换。

所有的检查和维护工作应有文字记录，并辅以照片，用以记载设备防爆性能的变化情况和对设备进行的所有操作，方便日后对设备出现的各种异常提供信息。

3. 防爆电气设备检修

当防爆电气设备因外界化学腐蚀、机械磨损、自然老化等原因导致防爆性能下降或失效时，应进行检修。检修应按照 GB/T 3836. 13—2021《爆炸性环境 第 13 部分：设备的修理、检修、修复和改造》的相关规定进行。

防爆电气设备故障后的检修，是防爆安全控制的重要环节，是防爆电气设备恢复防爆性能的唯一途径和手段。

防爆电气设备的检修和改造除要符合 GB/T 3836. 13 的规定外，还须符合相应防爆型式维修的具体规定。

检修后应进行检验，经过检修不能恢复原有等级的防爆性能，可降低防爆等级或降为非防爆电气设备使用。

对修理合格的电气设备，检验部门颁发修理合格证。修理合格证至少应包括被修设备的名称、型号、规格、防爆标志、修理厂名及其认可证编号、修理合格证编号、日期等。设备上应设置鉴别修理或大修以及修理单位的标志。

4. 防爆电气设备报废

防爆电气设备的失效和报废，是防爆安全控制中十分关键的环节，如果防爆性能已经失效却不报废而仍使用在危险场所，会存在巨大的安全隐患，可能引发重大事故。

当防爆电气设备结构、参数发生变化，与原防爆型式及设计不符且不能修复的，即判定失效，并立即停用予以更换。

对修理后，不能满足防爆性能的，应判定失效。

建立防爆电气设备失效报废制度，危险场所严禁使用已失效的防爆电气设备。建立健全防爆电气设备安全管理体系，实现对在用防爆电气设备安全管理的科学化、规范化、标准化，最大程度上保障防爆电气设备安全运行。

第四章　精益管理实践应用效果

本章主要介绍长庆油田某采油企业在设备精益管理方面的实践应用效果，通过对成功案例的分享，希望对广大读者在设备精益管理方面有一定的借鉴指导作用。

第一节　精益管理提升实践

一、以“六性、五化”管理为统领，做到设备管理精细化

六性：设备完整性、现场规范性、油水科学性、程序合规性、职责清晰性、模式适用性。

五化：精细管理日常化、设备技改增效化、现场操作提质化、挖潜工作长期化、技能培训标准化。

例 4-1

设备“六性、五化”管理

长庆油田某采油厂，通过设备“六性、五化”管理，进一步夯实设备管理基础，发挥设备应有效能，提升设备经济技术水平。各项业绩指标均超额完成油田公司考核指标，做到设备全生命周期精益管理、全生命周期降本增效、全生命周期创新提升，全力支撑了原油生产(见表 4-1)。

表 4-1　长庆某采油厂 2020 年度设备管理主要业绩指标完成情况

考核项目	考核指标	完成指标
主要设备综合完好率	96%	97.03%
主要设备综合利用率	82%	85.39%
特种设备注册率、检验率	100%	100%
设备维修费用率	2.5%~6%	2.55%
重特大设备事故发生率	5‰	0

二、精益管理示范点建设

长庆油田某采油厂按照油田公司设备精益管理实施指导意见的要求，选择以加热炉精益管理及闲置设备调剂利用精益管理为试点，以点带面，整体提升。

1. 精益管理、示范引领

坚持示范引领，问题导向。针对常规管理存在的短板，制定针对性实施方案，通过对标管理，找差距、补短板、促提升。

例 4-2

加热炉与闲置设备精益管理示范点建设

（1）加热炉示范点建设

① 选择某联合站为精益管理试点。修订《加热炉运行与维护管理细则》《加热炉状态监测管理细则》等 7 项管理制度，建立健全加热炉全生命周期管理基础资料，如图 4-1 所示。

加热炉精益管理实施方案

为落实油田公司“二次加快发展”战略部署和高质量发展要求，推进我厂加热炉全生命周期精益管理，结合《长庆油田分公司设备精益管理实施指导意见》的要求，特制定《第五采油厂加热炉精益管理方案》。

一、指导思想

贯彻落实集团公司装备精益管理和高质量发展要求，围绕油田公司“二次加快发展”战略部署和某采油厂建设新时代一流现代化采油强厂总要求，紧密结合设备QHSE体系建设，牢固树立“依法合规、共享服务和全生命周期综合成本最低”的理念，以设备全生命周期管理业务为主线，以“精益管理、提质增效、创新提升”三大攻坚战为抓手，不断夯实设备管理基础工作、创新设备管理理念、增强提质增效能力，塑造体系科学、运行高效、机制长效、具有长庆特色的设备精益管理模式，并不断优化完善，实现设备全生命周期效益最大化。

二、工作思路

紧紧围绕1个中心任务：为油田公司二次加快发展和采油五厂建设新时代一流现代化采油强厂提供精良的设备和精益的管理。树立一个理念：“设备全生命周期管理”理念。瞄准一个目标：“安全、完好、经济、高效”的管理目标。

妥善处理好2个关系：传统管理方式与新管理需求的关系；用好老设备与配置好新设备的关系。

持续打好3大攻坚战：精益管理、降本增效、创新提升。

全力推进6化工程：到2021年，力争实现设备操作标准化、利用集中化、本质安全化、维修专业化、运行经济化、效能最大化的六化目标，管理水平达到国内同行先进水平。

努力实现4项指标硬提升：2019~2021三年持续努力，主要设备完好率从95%达到97%以上；主要设备平均故障率下降10%以上；设备运行成本较2017年降低10%以上；特种设备注册率、检验率100%。

加热炉精益管理实施计划表

项目	精益管理实施内容	实施时间	责任人
基础管理	1. 制订《加热炉现场使用管理细则》	2020.2.1 ~ 2.28	相关人员
	2. 制订《加热炉状态监测管理细则》	2020.2.1 ~ 2.28	相关人员
	3. 制订《加热炉燃烧器安全联锁保护装置操作规程及管理规定》	2020.2.1 ~ 2.28	相关人员
	4. 制订《入冬前加热炉首次点炉制度》	2020.2.1 ~ 2.28	相关人员
	5. 修订《加热炉操作与保养规程》	2020.2.1 ~ 2.28	相关人员
	6. 建立健全主要设备状态调查表（加热炉），闲置停用设备台账（加热炉）	每月	相关人员
	7. 建立健全加热炉全生命周期管理基础资料（包括出厂资料、运行资料、维护资料、维修改造资料、变更资料、报废资料等）	全年	相关人员
现场管理	1. 严格落实设备“三定”管理制度及现场“6S”管理体系	全年	相关人员
	2. 建立健全各类加热炉标准操作卡	2020.2.1 ~ 3.31	相关人员
	3. 认真执行设备巡回检查制度，建立设备点检卡	2020.2.1 ~ 3.31	相关人员
	4. 定期进行维护保养，建立维护保养记录	每月	相关人员
	5. 严格落实目视化管理，保证作业过程标准规范	2020.2.1 ~ 4.30	相关人员
	6. 加热炉用水必须采取“三防措施”，即防垢、防腐、防冻，必须使用符合规定的软化水，并建立软化水使用制度	全年	相关人员
	7. 积极组织开展加热炉培训工作，编制加热炉培训计划	全年	相关人员
维修保养	1. 组织开展夏季加热设备检修工作	2020.6.1 ~ 9.30	相关人员
	2. 加热炉燃烧器保运队伍及站点员工负责燃烧器日常维护保养（保运）工作	全年	相关人员
	3. 严格按照《加热炉操作与保养规程》做好加热炉夏季停运后维护保养工作	2020.7.1 ~ 8.31	相关人员
状态监测系统建设	1. 拟在集输大队第五联试点建设加热炉状态监测系统	2020.5.1 ~ 7.31	相关人员
安全保护监控系统建设	1. 对所有在用立式燃气加热炉安装联锁保护装置，卧式燃气加热炉安装全自动燃烧器，并接入站点数字化系统，实现自动控制	2020.5.1 ~ 8.31	相关人员
	2. 拟在堡子湾作业区姬十九转试点建设加热炉安全保护监控系统	2020.5.1 ~ 7.31	相关人员
检验检测	1. 设备管理科根据各单位上报的加热炉及燃烧器年度检验计划，及时组织开展检验工作	2020.10.10 ~ 10.31	相关人员
报废管理	1. 对符合报废标准的闲置停用加热炉按相关规定实施报废	全年	相关人员

图 4-1 精益管理方案

② 强化现场管理，科学运维。严格落实现场“6S”管理，配发各类加热炉标准操作卡，落实目视化管理，培训工艺流程、标准作业程序和岗位职责，保证作业过程标准规范，如图 4-2 所示。科学运维，实行夏季停炉检修制度。从工作量现场对接核实、检修方案制定，到检修计划审核下达；从资金落实、检修进度跟踪、新工艺（新技术）应用，到质量控制、过程监督、总结验收，做到全过程闭环管理。见图 4-3。

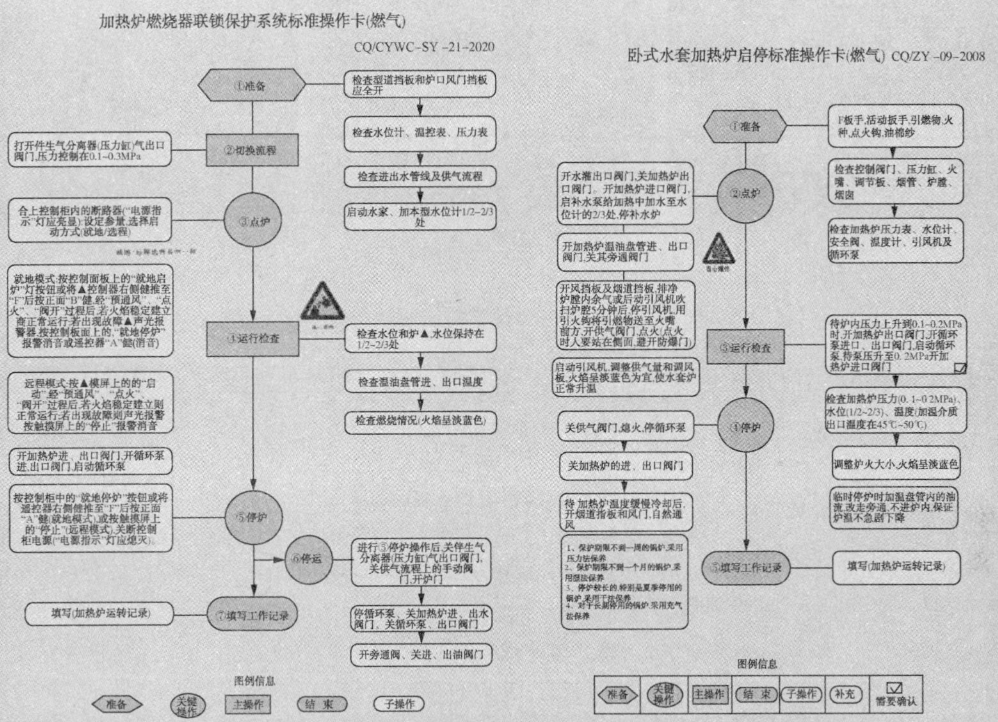

图 4-2　标准作业操作卡、指导卡

图 4-3　检修完好后的加热设备

③ 强化加热炉完整性管理。在上级设备部门大力支持下，安装一套加热炉完整性管理装置(含软件分析)，如图 4-4 所示。通过加热炉集控管理平台，实现了加热炉全面感知、智慧调控、智能诊断、能效分析、炉效分析(见表 4-2)，多维度体检功能。通过该平台的应用，大大减轻了岗位员工日常巡检工作量，从原来的“经验式管理”向“智能化管理”方向转变，实现了加热设备有效监控，精益化管理。

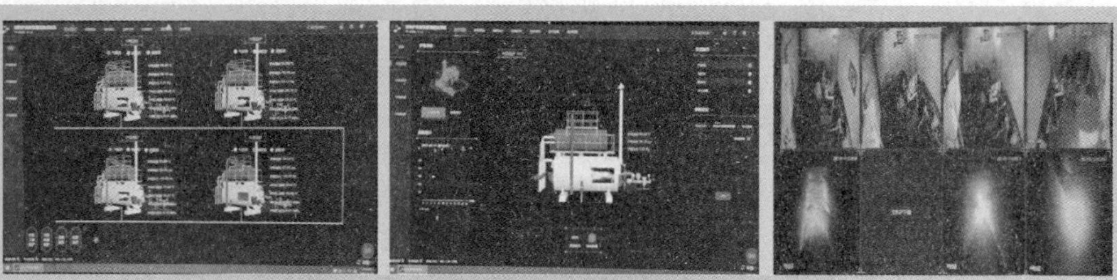

图 4-4　加热炉完整性管理软件

表 4-2　加热炉集控系统功能

序号	功能分类	功能	功能描述
1	（全面感知）	集中监控	监控岗员工通过集控装置的桌面电脑软件在中控室完成本站加热炉远程集中监测与控制。 （1）监测指加热炉上实时数据的远程监测，其包含加热炉上采集数据及燃烧器上采集数据集合，具体采集数据清单根据实际每台加热炉上安装传感器为准； （2）控制指对加热炉基本操作的远程控制功能，其包含启动、停止、提火、降火、复位、消音等基本操作按钮，具体按钮清单根据实际每台加热炉控制系统所提供控制功能为准
		实时报警	监控岗员工通过集控装置的桌面电脑软件在中控室收到加热炉控制系统所发出来的报警信息，其包含高温停炉、超压停炉、故障熄火、液位低报警等安全、生产、节能方面参数的实时报警信息，具体报警清单根据实际每台加热炉控制系统所提供报警功能为准
		加热炉设定	监控岗员工通过集控装置的桌面电脑软件在中控室完成本站加热炉设定工作，其包含控制温度设定、高温停炉值设定、低温重启值设定等设定内容，具体根据每台加热炉控制系统所提供设定功能为准
2	优化运行	温度智慧托管（智慧控制）	利用热工机理公式，通过介质变化跟踪、操作与实际反应的滞后时间跟踪，结合历史经验数据，进行温度提前预判，实现温度平稳控制目的，降低人工操作次数，减少对人工的依赖。再通过平稳控制做到控制目标波动范围进一步压缩，达到降低单耗，节能减排
3	智能诊断	故障诊断	通过植入诊断模型，对于温度、压力、流量、液位等参数的可靠性进行诊断识别，通过异常现象反映出参数的采集或加热炉设备上面存在的故障情况
		结垢分析	通过进出口压力差或理论进出口温度差与实际进出口温度差的差值情况来分析盘管是否结垢，进行提醒
4	统计分析	运行时长	加热炉运行时长统计，根据启炉、停炉时间统计日、月总运行时长
		历史数据	加热炉安全、生产、节能参数历史数据可视化查看
		能耗统计	加热炉能耗按时间统计及上级单位能耗指标查看，能耗超标预测预警
		炉效分析	加热炉炉效在线计算及炉效降低原因分析

（2）闲置设备调剂利用精益管理示范点建设

① 建立闲置设备库，盘活设备资产。在厂主要领导支持下，建立厂闲置设备调剂库，如图4-5所示，制定库房管理办法，配备2名管理人员，将闲置设备调剂库划分为新品区、调剂利旧区、再制造区、待报废区等共计4个区域，利用设备网页建立共享平台，在全厂范围内进行调剂使用，进一步盘活资产。

② 制定实施方案，完善管理制度。制定了《厂闲置设备调剂利用精益管理实施方案》，规范四项基础资料，对标管理，做到设备管理规范化、标准化。参照区域物流中心现场管理标准，查改闲置设备调剂库存在问题共计31项，进一步规范、完善库房管理制度。

③ 盘活存量资产，增强调剂活力。定期对全厂闲置、停用设备进行调查，在设备网页公布更新。基层单位根据生产需求，提出申请，设备管理科进行调拨、调剂，进一步提升闲置设备利用率。2020年，闲置废旧设备入库435台次、调剂172台次，盘活资产750余万元。

图4-5　闲置设备精益管理示范点建设

2. 以点带面，整体提升

以示范点建设为引领，以点带面，通过修订完善制度、强化重点设备管控、抓对标，以问题为导向，抓有效整改，开展调查研究等举措，全面推进设备精益化管理，年度设备管理考核荣获公司设备管理及再制造双先进单位，走在了公司前列。

三、ABC分级分类管理

设备ABC分级分类管理是推进采油企业设备精益化管理，夯实设备管理基础工作，明确设备管理的责任目标，强化重点、关键设备的受控力度，提高管理效率的主要举措之一。长庆油田某采油厂按照油田公司设备分类分级管理细则规定，推进设备分级负责、分级管理机制建设。对设备分级分类管理制定了详细的管理细则，明确了各级管理职责、各类动静设备管理类别等，通过ABC设备分级分类管理，提升了设备管理整体效能，实现设备精益化、差异化管理，设备精益管理水平得到了稳步提升。具体做法有以下四个方面。

1. 制定设备分类标准(表4-3)

根据设备的价值及对生产、安全、环保、质量及成本等方面影响的重要程度，按A、B、C分类。

A类设备是指本身价值昂贵，在生产中占有重要地位，对生产影响程度重大；设备损坏后维修困难且费用较高；一旦发生故障或非正常停机，对人员、系统、机组或其他重要设施的安全构成重大威胁或直接导致环境严重污染的设备。

B类设备是指数量较多的通用类设备，对生产影响较大；设备损坏后维修较困难，故障检修周期或备件采购(或制造)周期较长；一旦发生故障或非正常停机，对人员、系统、机组或其他设施的安全构成较严重影响或导致环境污染的设备。

C类设备是指小型的普通设备，发生故障或非正常停机对生产、安全及环保产生影响较小的设备。

表4-3 油田ABC设备分类

类别 项目	A类	B类	C类
油田专用车辆	350型(包括)及以上井下作业机、连续油管车、700型水泥(压裂车)、带压洗井车、带压作业机	350型以下井下作业机、通井机、试井车，清蜡车、空气压风车、捞油车、常压洗井车、消防车、700型以下水泥(压裂车)，8t及以上载重车、旅行车、客车、小轿车、越野车	上述A、B类之外的其他所有设备为C类
油气处理装置	第三类压力容器2800kW(包括)以上加热炉	第二类压力容器、400(包括)~2800kW加热炉、各类集成橇，变压器	上述A、B类之外的其他所有设备为C类
注采设备	315kW(包括)及以上的机泵组	抽油机，100~315kW(不含)以下的机泵组，10万元以上焊接与切割设备	上述A、B类之外的其他所有设备为C类
工程机械	25t以上起重设备	10(包括)~25t(含)起重设备，1.5(包括)~6t内燃叉车，工程机械	上述A、B类之外的其他所有设备为C类
动力设备	容量500kW(包括)及以上发电机组、2t(包括)以上蒸汽锅炉、6t以上的热水锅炉	2t以下蒸汽锅炉，6t以下热水锅炉，容量100(包括)~500kW发电机组，金属切割机床	上述A、B类之外的其他所有设备为C类
其他设备	单台/套设备原值在100万元(包括)及以上的上述各项以外的其他油田安装设备	单台/套设备原值在10万元(包括)~100万元及以上的上述各项以外的其他油田安装设备	上述A、B类之外的其他所有设备为C类

2. 制定管理职责

(1) 厂级设备部门职责

① 负责对本单位设备进行分类评定和上报。

② 全面掌握本单位B类以上设备的运行动态，定期对B类以上设备进行检查，组

织对 A 类设备开展经济技术评价工作，编制上报本单位 A 类设备大修年报。

③ 负责对 B 类设备的技术论证报告进行审查，组织交流和设备选型，审定 B 类设备的技术协议，并组织对到货设备和设备的安装投运进行验收。

④ 组织开展 B 类以上设备的故障管理和故障应急处置，掌握 B 类以上设备停机(停工)检维修的计划和进度，对检维修全过程进行监督管理。

⑤ 组织 B 类以上设备的技术改造工作，对 B 类设备的技术改造方案进行审定，组织对 B 类设备新技术的引进、应用和推广工作。

⑥ 组织对 B 类以上设备开展状态监测工作，及时上报 A 类设备的较大故障信息，定期组织开展设备故障管理活动，做好各类设备的完整性管理。

(2) 作业区(大队)设备管理部门职责

① 开展好本单位设备分类分级管理工作。

② 全面掌握本单位所有设备的运行动态，对各类设备进行日常巡(点)检和定期检查。

③ 组织开展各类设备的故障管理和故障应急处置，掌握 B 类以上设备停机(停工)检维修的计划和进度，对检维修全过程进行监督管理，对 C 类设备故障采取相应措施。

④ 负责对状态监测设备的数据采集填报，做好各类设备的完整性管理。

3. 明确 ABC 类设备管理项目及内容

A 类设备是重点关键设备，是各单位及设备部门的管理重点，B 类设备属固定资产原值比重较大的通用类设备，是油田种类杂、数量多、分布范围较广的主要设备，C 类为一般普通类设备。C 类设备建立设备技术档案，视情开展各项管理工作，设备维修可采取事后维修的方式，保证设备正常运行。分类管理及分级管理执行情况见表 4-4、表 4-5。

表 4-4 设备分类管理项目及内容

管理项目 \ 类别		A 类	B 类	C 类
日常管理	日常巡查点检	√	×	×
	定期点检	按特别标准	按一般标准	×
	日常保养	对号及合格率 100%	对号及合格率 90%	对号及合格率 90%
	设备检查	各级加密检查	日常检查	日常检查
	故障率	小于 0.5%	小于 1.0%	小于 2.5%
设备资料	技术档案	完善	完善	按需
	原始资料	归档留存	归档留存	按需
	设备运转记录	数字化自动录入	正常录入	按需
四定要求		定人、定岗、定机定责全部要求	定人、定机、定责	定机、定责
培训要求		专业培训后上岗	专门培训后上岗	岗位培训后上岗
状态检测		必须开展并定期分析	视情开展	×

续表

管理项目＼类别		A类	B类	C类
润滑管理	润滑图表	必须建立润滑图册	×	×
	计划换油	100%	100%	90%
	油品对路	100%	100%	100%
	润滑监测	加密开展润滑监测	视情开展润滑监测	不开展
	集中润滑	必须应用集中润滑	视情应用集中润滑	不开展
维修模式	维修模式	预防性维修	计划和预防性维修相结合	事后维修
	大修	√	√	×
	二级保养	√	√	×
	精调	重点实施	部分实施	×
	改善维修	重点实施	实施	×
检修、检测、备品计划		优先计划，保证率100%	正常计划	视情计划
设备标识牌(责任牌)		标识明显，并进行目视化管理	标识明显	标识明显

表4-5　设备分级管理项目及内容

管理项目＼类别		A类	B类	C类
管理责任主体		公司设备部门、二、三级单位、设备操作岗	二、三级单位、设备操作岗	三级单位、设备操作岗
前期管理	技术论证	由二级单位编制，公司设备部门进行审查	由二级单位组织可行性技术经济论证	由使用单位提出计划
	设备选型	公司设备部门，二、三级单位参与	二级单位组织，三级单位参与	三级单位确定
	设备购置	公司设备部门、二、三级单位参与	二、三级单位参与	三级单位参与
	设备验收	公司设备部门，二、三级单位组织验收	二、三级单位组织验收	三级单位
设备动态分析		二级单位每半年一次设备完整性分析，并上报公司设备部门，公司设备部门组织进行检查和考核	二级单位组织进行检查和考核，定期形成报告	二级单位视情进行检查和考核
设备检维修动态		二级单位全面掌握设备维修动态信息	三级单位全面掌握设备维修动态信息	三级单位掌握设备维修动态信息
设备检查(巡查)		公司设备部门每年一次 二级单位每年两次 三级单位每季一次	二级单位每年一次 三级单位每季一次	三级单位视情检查

续表

类别 管理项目	A类	B类	C类
设备(机械)事故	公司设备部门负责组织对事故进行调查和处理	设备处或二级单位处负责组织对事故进行调查和处理	二级单位处负责组织对事故进行调查和处理
报废审批	公司设备部门组织相关部门、单位鉴定	二级单位组织鉴定	使用单位提出申请
设备报表	公司设备部门每月一次	二级单位每季一次	三级单位视情上报

4. 设备分类管理实施

该采油厂结合本单位特点开展设备分类分级管理工作。通过设备分类分级管理，提高了对重点、关键设备的管理力度，进一步夯实基础管理工作，使有限的人力、财力、物力充分发挥作用，提高重点关键设备的管控能力和管理水平，保障生产安全正常运行，实现了最大经济效益。

四、设备目视化管理

在油田现场设备管理中，目视化管理方法的应用比较普遍，其能够通过视觉性工具进行管理，从而实现高质高效的管理目的。

1. 目视化管理概述

所谓目视化管理，主要是通过形象直观、色彩适宜等各种各样的视觉性感知信息，来为现场生产的活动提供相应的操作规范或者提示信息，从而达到生产质量和生产效率的提升，它是通过视觉方式来达到管理的方法。对生产人员、生产工器具、生产设备以及作业现场等，通过简单明了和易于识别特点的目视化方式进行管理，能够为作业现场规范和安全管理提供良好的帮助，同时在目视化的管理中也要遵循相应的色彩化、透明化和界限化等原则。色彩化主要是借助标示和标识的色彩来进行管理，管理人员能够通过相应的色彩很明显地了解到相关信息；透明化主要是使要管理部分的地方进行显露，从而便于进行自主的管理和控制；界限化主要是对标示管理的界限进行标明，对正常和异常定量的界限进行表示，从而便于相关信息的快速获取。

2. 现场设备管理现状

采油企业现场设备管理中，普遍存在一高两低的情况，也就是维护的费用高、人员的技术水平有限以及设备标准化的程度低。由于科技的进步，越来越多的新设备和新产品逐渐得到开发和引进，同时新技术和新工艺也越来越先进，相关人员并不能有效掌握新设备的结构、性能等，对新设备的了解不够，在实际的应用中就会出现一些非正常和非规范性的操作，导致设备出现故障问题。另外油田设备的现场处于一种半放任的管理状态，在机械设备的管理中还存在管理方法的不科学，在设备的使用中并没有做好规划和调整，进而导致能耗的浪费，且在设备的管理中也存在粗放管理情况，维护和保养也存在一定的形式化，导致设备性能存在安全隐患，对实际的生产使用产生很大的影响。

3. 目视化管理在油田现场设备管理中的作用

对于目视化的管理方法来说，最大的特点就是对管理对象通过一目了然和简单明了的方式进行管理信息的呈现，此管理方式一般常用的形式为符号、表格、图形等，起到指示、告知、警示和引导等作用，还能够对生产现场各种信息进行展示，如人员操作的情况和设备运行的情况等，同时还能够呈现设备的问题信息，可促进设备统一化管理，实现设备的全面管理效果，提高设备管理的质量和效率。在油田现场直观、透明、公正地实现设备的现场管理，便于工作人员的统一认识和相互协调，从而营造出良好的设备管理氛围。

4. 目视化管理在油田现场设备管理中的应用

(1) 规章制度展示

在现场设备的管理中，为了更好地实现规范化管理以及提醒管理人员的工作态度，可在墙面展示安全生产的目标和工作标准等规章制度。

(2) 安全性提示牌的设置

在现场设备使用中，一些设备具有危险性，故需要在设备区域设置相应安全性提示牌，对设备区域工作人员起到提醒作用，使其具有良好的安全风险规避观念。

(3) 管理看板的设置

在现场设备管理中，设置管理看板，能够对设备现时情况进行展现，使工作人员能够有效掌握设备情况，管理看板也可以包括诸多方面的模块，如工作的提醒栏、安全学习栏、安全器具栏、设备缺陷栏以及工作监督栏等。工作的提醒栏主要是把最近比较重要的内容在工作栏中体现，如设备在下周需要维护等；安全学习栏主要是张贴一些近期安全要求以及事故通报等文件，促进工作人员的交流和学习，并对自身工作进行反思，来提高自身的安全操作水平；安全器具栏主要是对每种设备器具数量、实验、周期和使用的情况等信息进行展示，并对其内容实时进行更新；设备缺陷栏主要是对设备的缺陷通过管理看板来展现，把设备缺陷通过危急、严重和一般等程度来分色标示，还要对缺陷的内容进行标明，另外在缺陷的现场可以放置相应标志进行标示，促进工作人员对设备的整体状况进行掌握；工作监督栏主要是对工作人员进行磁条卡的制作，并分色进行标识，并对每人所负责的内容对位进行粘贴，从而实现对工作人员的监督。

(4) 安全性提示卡的张贴

在现场设备的管理中，还需要对设备危险部位等进行安全性提示卡的张贴，在有触电危险的位置，如把手或者开关等部位，可进行相应安全性提示卡的张贴，同时对设备操作前的相应注意事项也可以实施直观的提示，促进设备的标准性操作。在不经常进行操作的设备上也要进行安全提示卡的粘贴，防止由于操作的生疏而导致操作错误情况的出现。

在机械加工设备的关键部位要进行巡视要点提示卡粘贴，并对其状态检查要求等进行提示，从而保证其具有良好的性能。

（5）器具颜色管理

在进行现场设备管理中，对于设备工器具可以通过颜色管理呈现其状态，如砂轮机和电焊机等，都可以将相应的颜色状态标签通过挂签进行管理，标明设备使用情况以及状态，通过相应的颜色注明设备合格、待修和故障等情况，帮助工作人员有效掌握设备器具的状态。

（6）工作提示板

在设备现场管理中，可以制作相应的工作提示板，如将一日的工作流程内容板，在管理准备工作台上进行摆放，同时还可以制作常用的通讯录板，再可以便捷地进行通讯联系，实时掌握设备检查的情况。

（7）警示线设置

在油田现场设备的管理中，由于生产环境存在很大的复杂性，为了保证设备和人员的安全性，就需要其在一定的区域内进行警示线的设置，这也是油田生产中比较常见的管理方式。在油田存在安全风险的位置不能安置设备，需要借助警示线或者指示线等方式进行提示，同时在设备的转移和运转中还要进行围栏或者隔离带的设置，规定设备和人员行走的路线，有效避免设备和人员安全事故的发生，还可以通过地面区域颜色的不同来注明安全位置，避免设备出现误放和误停的情况。

综上所述，目视化管理是一种直观化和透明化的管理方式，是油田现场设备管理中普遍使用的一种管理方法，为了更好地发挥目视化管理的效果，需要生产单位根据实际的情况做好目视化方式的设置，并不断对目视化方式进行完善和改进。

五、设备管理信息平台建设

设备管理平台是智能化油田的重要组成部分，是采油企业设备管理数据中心。采油厂应建立设备管理信息平台，通过平台的实施和应用，构建设备全生命周期业务及技术的新型管理和服务体系，实现设备精益管理水平全面提升。2020 年长庆油田结合油田管理特点，开发出一套管理信息系统。

1. 平台建设背景

近两年，国家、集团公司对两化融合、工业互联网建设加大了战略部署；油公司模式改革、油气田智能化建设对信息化发展提出了新的要求。设备系统顺应形势借助现代化管理工具，持续深入打好“精益管理、提质增效、创新提升”三大攻坚战，为公司创造更大的设备管理效益。

2. 主要建设目标

将先进的信息化技术与业务深度融合，优化管理流程、突出专业技术，提高综合收益，达到“自动化、可视化、智能化、一体化”。

3. 主要实现功能

按照“四统一”标准(统一认证、统一标准、统一技术、统一路径，如图 4-6 所示)。开发了设备状态监测等 30 余个功能模块，对上预设集团业务功能，为下一步平台向上游进行功能延伸提供技术支撑；对内设备管理全员参与，为公司所有设备进行“横向到边，纵向到底”的全生命周期“四化”管理。

图 4-6 平台实现功能

4. 应用效果

设备是企业的硬实力，一流的企业必须具有一流的设备管理水平，要针对设备全生命周期管理的各个环节找差距，定措施，抓落实。长庆油田通过设备管理信息平台开发建设与应用，让大数据资源转变为高价值数据“资产”，对存量设备实施了电子标签赋码，通过唯一标识，汇聚设备全生命周期信息，对设备运行状态、具体位置、工作效率做到了心中有数，使之可视、可管、可控；对压缩机、注水泵等重大关键设备开展状态监测，及时掌握设备运行状态，提前预判，制定最优维修方案，提高设备可靠性；通过运行监控、维修分析、能效对比等数据挖掘，充分发挥设备资源统一管理、共享共用能力。

例 4-3

设备 QHSE 管理-问题隐患-重复性问题专项管理具体应用，如图 4-7、图 4-8 所示。

借助设备管理信息平台，录入公司、设备管理科及各基层单位日常、专项检查问题清单，梳理设备相关重复性问题，督促基层管理、操作人员进行整改，达到削减重复性问题，提升设备管理水平的目的。

图 4-7　问题录入

图 4-8　问题验证

六、一体化服务

搭建装备“制造+服务”一体化管理模式，可以消减安全运行、合规管理风险，节约生产运维成本，充分发挥制造单位优势，培育健康的装备制造和技术服务市场，适应新时代高质量发展要求，在采油企业做到专业化管理服务，实现主要关键设备制造+服务，做到设备全生命运行费用最低。创建一流设备运维管理新模式。

1. 一体化服务需要解决的关键问题

(1) 企业转型趋势与设备资源现状矛盾加剧。设备多、分布广、运维工作量大与人员少是长期的矛盾，且随着油田智能化建设的持续深入，专业化市场服务需求大，迫切需要建立一种更为适应油气生产实际的管理模式，优化配套招标、采购及监管业务流程。

(2) 合作承包商数量多，增加了管理风险。受企业沿革及业务调整影响，长庆油田现有设备相关业务承包商包括生产商、维修商、技术服务商等数量多、服务能力和水平参差不齐，由于服务质量和设备品质的界定难度大、责任落实困难，形成了管理风险。

(3) 降本增效压力大，需创新管理模式。设备是油田生产的关键节点和运行载体，是各类降本增效工作的落脚点，常规措施和方法已近瓶颈，需创新管理途径，突破现有问题的制约。

2. 一体化服务尝试

(1) 理顺流程，解决瓶颈。因设备采购、安装、维修保运为多部门管理，如采购在物资管理部，供货厂商可能不具备安装资质，设备安装为另外部门管理，维修保运承包商可能不具备供货及安装资质。三者合二为一，是下一步一体化服务的瓶颈难点。

(2) 结合实际，试点运行。建议在抽油机、压缩机、机泵等项目试点运行，若可行，逐步推广。

(3) 体系建立，规范运作。对一体化服务商，要从管理制度制定、服务流程的确定、故障保修流程及服务实施流程建立健全，规范运行程序。

(4) 评价分析，优选模式。目前部分单位部分设备均为自主维修，如长庆某采油厂，目前“三泵”、抽油机结构件(减速器除外)均为自主维修，无承包商。哪种方式运行费用最低，有待分析评价，优选适合油田企业设备运维新模式，做到设备全生命周期效益最大化。

第二节　技术创新实践

本节主要介绍长庆油田近年来设备管理技术创新、新设备新技术应用具体实践，通过技术创新这一主线解决了诸多设备技术瓶颈问题，为生产提供了强有力的保障。

一、设备数字化、智能化推广应用

长庆油田数字化、信息化建设始终聚焦油田主营业务，以信息化支撑油田提质增效、转型发展，促进了油气田管控能力、管理效率“双提升”。

1. 设备智能运行

以长庆油田某采油作业区为例，全区建成中心站 7 座，无人值守站点 41 座。如图 4-9 所示。实现了重点设备参数采集、变频连续输油、视频巡检、电动阀自动切换流程、泵远程启停、气液分液器自动排污、加热炉自动点火保护等自动化操作，站点运行可控。

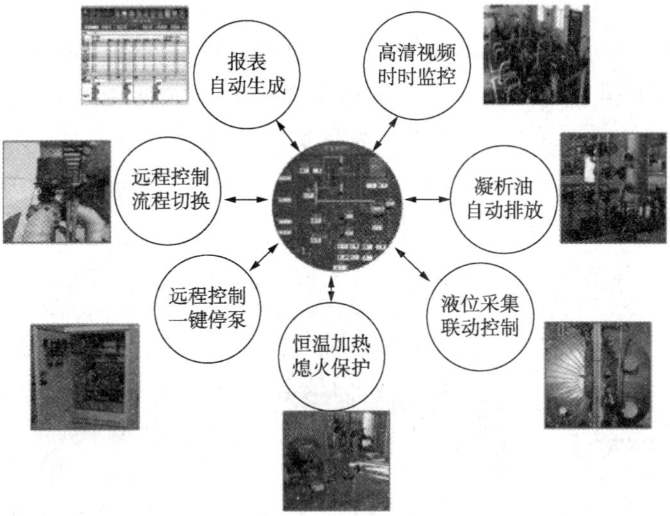

图 4-9　设备智能运行

2. 地面设备设施自我诊断，自主管理

采油厂地面工程建设围绕设备设施自我诊断、自主管理，将操作流程与人工管理经验程序化并嵌入控制器，使地面设施与装置就地采集、就地分析、就地控制，如图 4-10 所示。逐步实现装置智能、场站智能、区域智能，初步达到地面智能化运行。

图 4-10　地面设备设施自我诊断、自主管理

3. 实现自动报警

以生产单元薄弱点为着力点，完善站点视频监控，高风险现场集中巡查，提高管线泄漏技防措施，加大综合治理防治能力；系统报警及信息分级推送、视频联动锁定，大大降低了生产现场安全风险，油区安全环保，综合治理环境持续好转。

二、CCUS 先导性技术应用

CCUS 是 Carbon Capture Utilization and Storage 的缩写，即碳捕集、利用与封存。通俗地讲，就是一方面可以驱油，另一方面将二氧化碳进行地下封存。长庆油田积极响应国家“碳达峰、碳中和”总体安排部署。选择某区块进行 CCUS 先导性试验。2017 年 7 月先导试注工程建成投运，2018 年 11 月建成“9 注 37 采”试验规模，2020 年 12 月建成国家级 CCUS 示范工程，2021 年 6 月完成了综合试验站投运，形成了集 CO_2 捕集、驱油与封存(CCUS)为一体的项目循环模式，工艺流程如图 4-11 所示。

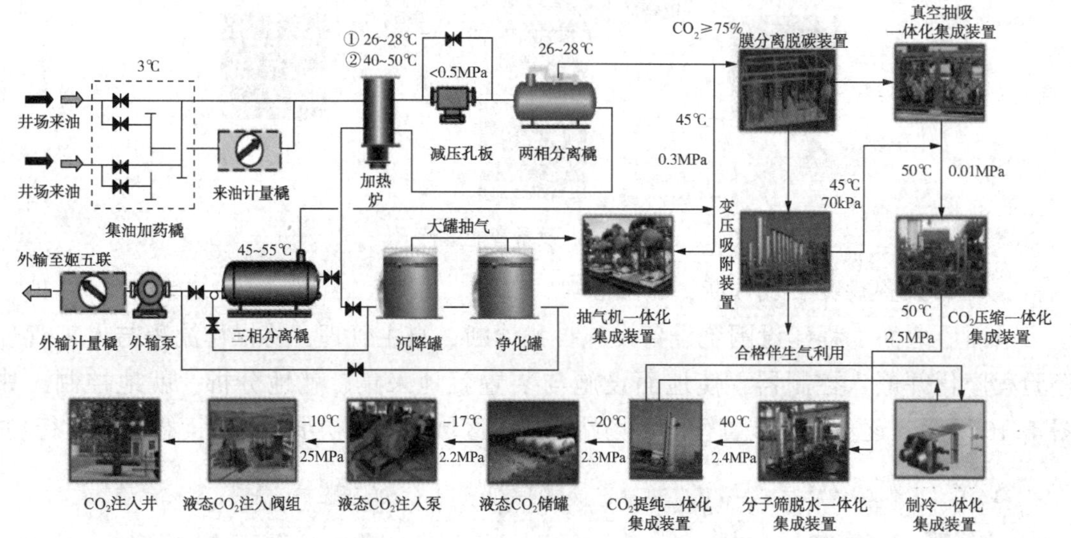

图 4-11　CCUS 工艺流程图

在姬塬油田某区块油藏开展 CO_2驱，年注入能力 5×10^4t，累计注入液态 CO_2 13.6×10^4t，累计增油 1.5×10^4t。主要采用的设备工艺技术原理如下：

（1）三相、两相分离器和抽气机一体化集成装置大罐抽出的气进入膜分离脱碳装置。

（2）膜分离脱碳装置主要利用薄膜材料在压力推动下对各种气体的渗透率不同来实现分离的方法，含 CO_2伴生气中的 CO_2可通过膜分离出较纯的 CO_2，未通过膜的气体则为含有极少的 CO_2伴生气(可作为燃料气)。

（3）变压吸附装置是利用吸附剂本身的孔结构、极性、化学键能等物理化学性质，实现对 CO_2 的吸附；通过真空泵减压的方式，解吸变压吸附装置的吸附物质。

（4）压缩一体化装置将捕集的 CO_2经过一段增压系统气液分离器处理后进入压缩机

增压，增压后经高效油气分离器除油、冷却设备降温后，与来自分子筛脱水一体化装置的再生气，一同进入二段增压系统的气液分离器处理，经过二段增压系统增压后(2.4MPa)供给重烃分离器(重烃分离器需要制冷，故集成在提纯一体化装置制中)。

(5) 分子筛脱水装置将重烃分离器分离出的CO_2经吸附塔脱出水分，干气再次进入提纯一体化装置；再生气取自脱水后干气，经加热自下而上进入分子筛再生塔，将分子筛吸附的水分解析出来，与再生气一起进入空冷器冷却后进入气液分离器，分离出的再生气进入压缩一体化装置二段增压系统。

(6) 提纯一体化装置是将压缩一体化装置压缩后的富CO_2进入冷箱预冷，然后进入重烃分离器脱去重烃，脱去重烃的气体进入分子筛脱水装置脱出水分，脱除水分的CO_2干气再次进入提纯一体化装置冷箱液化，液化CO_2进入提纯塔提纯，提纯后的CO_2再次液化后输至储罐。

开展CO_2驱(CCUS)试验对提高采收率具有重要意义，也是践行绿色低碳发展和“碳达峰、碳中和”重大战略需要。

三、新设备新技术应用

1. 无外接动力伴生气回收装置

在石油天然气行业，采油井伴生气回收利用是国家、地方、企业近几年最关心的问题之一，各油气田企业也都在寻求探索最佳的井组伴生气回收再利用工艺技术，进一步提高伴生气的利用率。长庆油田某采油厂联合高校成功研发了一种井组无外接伴生气回收装置(以下简称“装置”)，并成功应用，真正做到了井组伴生气的有效回收。

(1) 现有伴生气回收装置局限性分析

长庆油田目前使用的井组伴生气回收装置主要有定压阀、井组大型压缩机、自然状态管线铺设输送等，种类较多，各有优缺点(见表4-6)，虽然在伴生气回收方面发挥了一定的作用，但也存在一定的局限性。

表 4-6　各种伴生气回收装置优缺点对比表

序号	回收装置名称	优点	局限性
1	定压放气阀	结构简单，操作方便；易配套安装	故障率高；冬季运行不稳定，回压过高时无法放气，易气锁井
2	动力分输	输送排量大；输送压力高	投资成本高；后期维护成本高
3	井组大型压缩机	输送排量大；输送压力高	投资成本高；后期维护成本高；适合高气井
4	偏心井口套管气回收装置	不需要保温处理；可防止油管孔道内的液体向油套管环形空间返吐	需大规模改装井口，施工难度较大
5	油气混输	一条管线同时输送油气，简化流程，可改变建站模式	对设备的可靠性要求高，投资成本相对较高
6	自然状态管线铺设输送	输送压力低；无故障	投资成本较大；外围环境复杂，施工难度较大

（2）装置结构及原理

该装置巧妙地利用抽油机的动力，带动装置的往复运行，实现伴生气的回收、输送。

① 装置组成。该装置主要由压缩缸体、上下支撑单元、上下固定单元、杆端轴承、管路系统、润滑系统、安全防护系统等部件组成，如图 4-12 所示。

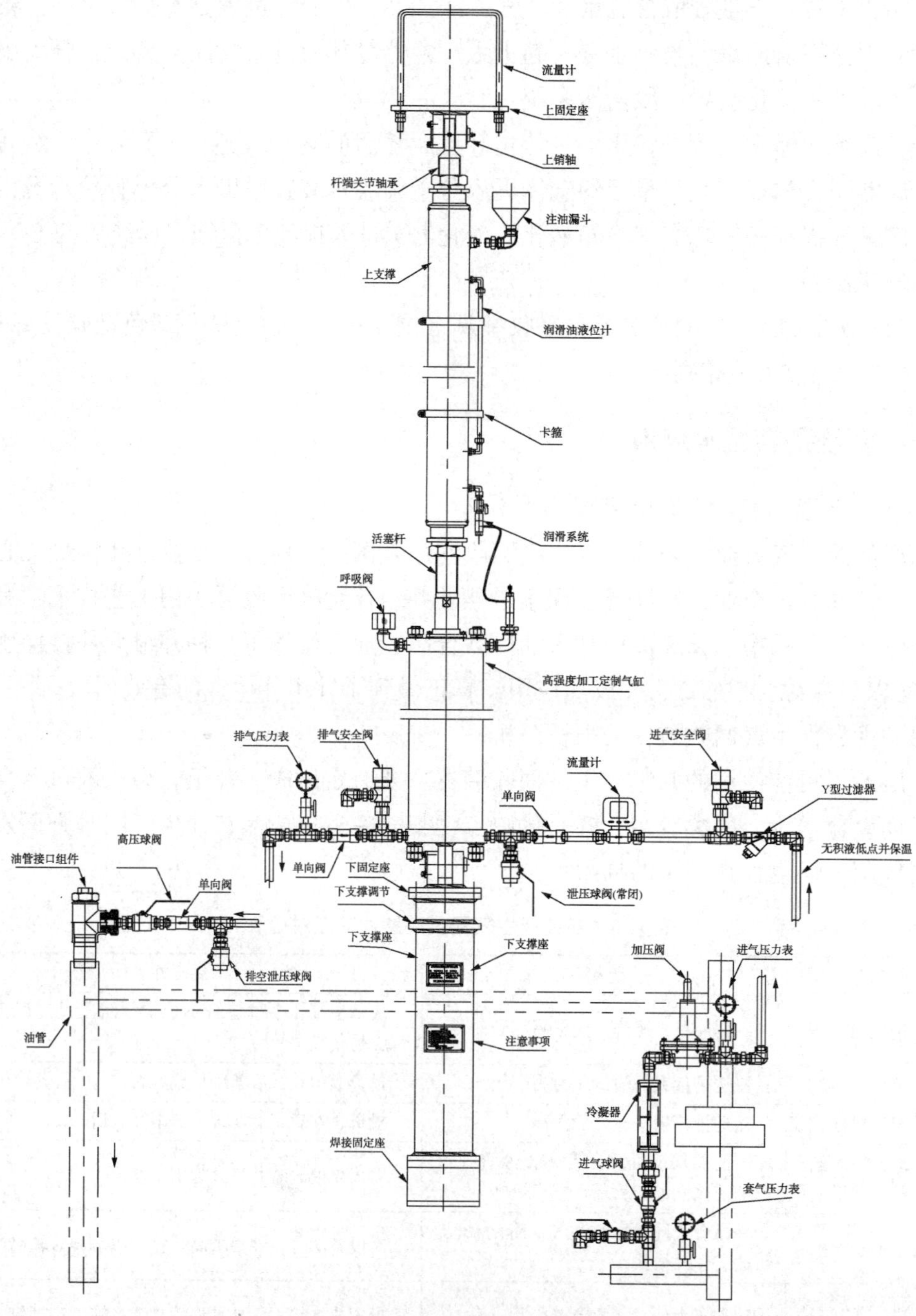

图 4-12　装置组成结构图

② 工作原理。利用抽油机游梁上下往复摆动，带动单井伴生气压缩缸往复运动，将套管内的伴生气，通过吸入、压缩，增压输送至单井集油管线，抽油机上下冲程循环工作，实现油井伴生气的收集，如图 4-13 所示。

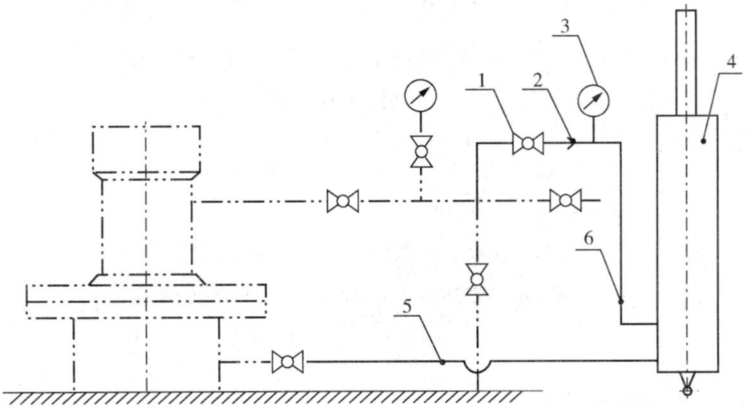

图 4-13　工作原理示意图

1—单向阀；2—过滤器；3—压力表；4—压缩机缸体；5—进气管线；6—排气管线

（3）可靠性分析

① 抽油机动力分析。常规抽油机载荷属交变载荷，在抽油有效载荷和平衡块平衡力矩的共同作用下，曲柄的扭矩曲线变得较为平缓，但因抽油机四连杆机构固有特性的影响，曲柄扭矩峰值差很大，甚至出现负扭矩。

如图 4-14 所示，当抽油机曲柄转动到 270°~360°之间时，装置还能起到减小负扭矩的作用，因此抽油机在加装了压缩机后，只需适当调平衡块的位置，既不会影响抽油机的正常工作也不需要增大电机功率。

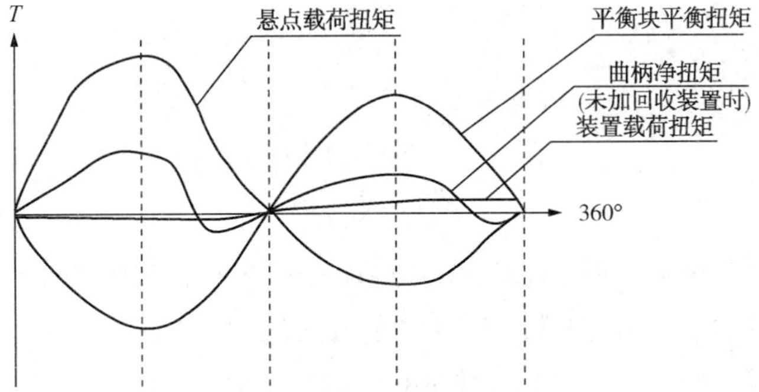

图 4-14　抽油机交变载荷图

② 安全分析。装置在设计过程中充分考虑到装置运行的安全性和平稳性，在装置进口流程上设计了进气减压阀，使装置进气压力一直处于稳定状态；在进出流程上各设计了安全阀，保证装置不超压运行；在套管出口安装了迷宫小巧型冷凝器，防止凝析油进入装置流程；在进气端安装过滤器，有效过滤伴生气中的杂质，防止损坏仪器仪表。

（4）流程连接技术

装置安装前根据单井或井组伴生气量的情况，可实现一对一或一拖多回收的模式。一对一模式就是一口井安装一套无外接动力伴生气回收装置，如图 4-15 所示，一拖多模式就是在井组一口井上安装一套该装置，其他井的伴生气通过管线串联到装置的进气口，如图 4-16 所示。连接工艺主要包含单向阀、安全阀、减压阀、球阀、过滤器、冷凝器、流量计、高压管路、转换接头等部件组成。

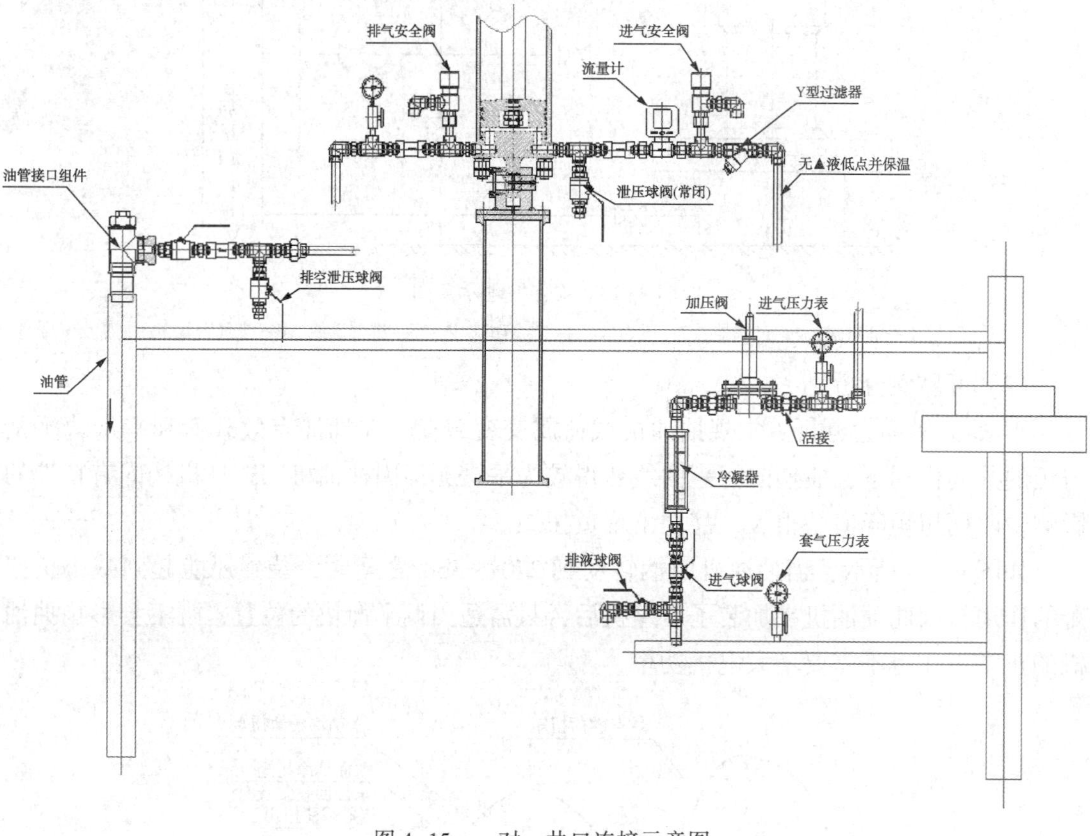

图 4-15　一对一井口连接示意图

（5）现场应用

从 2019 年 5 月份开始，连续投用无外接动力伴生气回收装置 85 套，如图 4-17 所示，一拖一运行 10 套，一托多模式 75 套，配套安装的抽油机为 9 型弯梁变矩抽油机。经过 12 个月的试验，拆解气缸内壁无损伤、划痕、偏磨等问题，如图 4-18 所示，进一步验证了该装置结构设计的合理性。

① 取得的效果

装置无故障运行 26 月余，伴生气回收效果较好，并在降回压、消除井组硫化氢浓度隐患、延长单井集油管线热洗及除垢的周期、消除环境污染及经济效果等方面都有较好的效果。

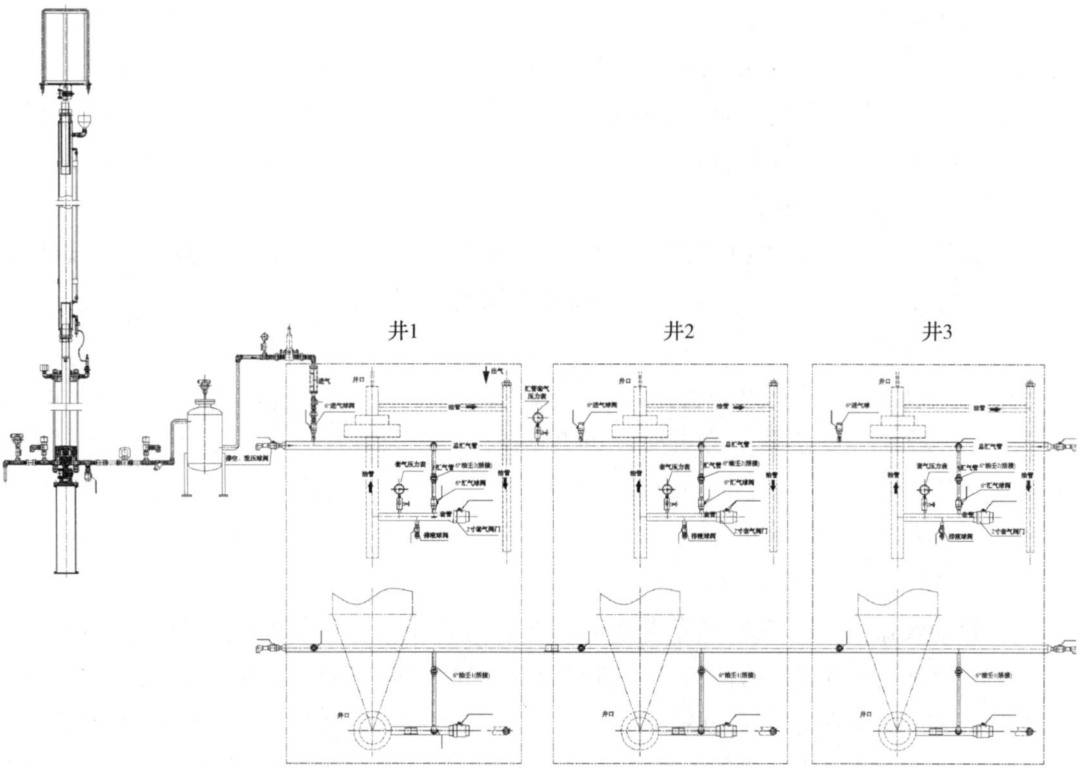

图 4-16　一拖多模式连接示意图

图 4-17　现场应用实物图

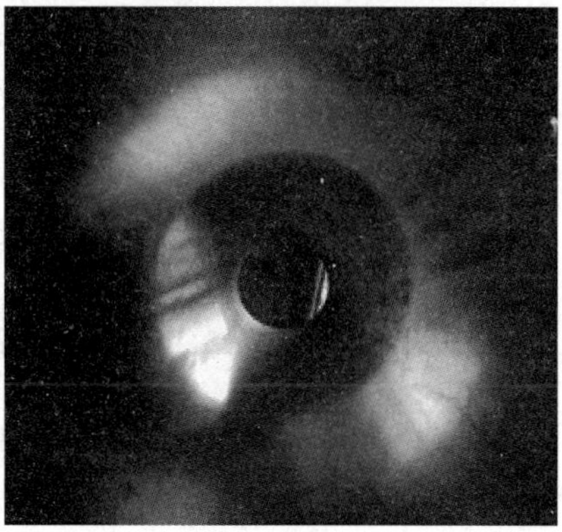

图 4-18　气缸内壁拆解实物图

a. 降回压效果明显。根据 22 个井组冬季最高回压数据来看，平均回压降低了 0.18MPa，其中最高的塬 59-90 井组 2018 年回压达到 2.4MPa，使用无外接动力伴生气回收装置后，同期回压降到了 1.8MPa，可见效果非常显著。同时根据实际处理气量来看，达到装置负荷的 60%~70%之间，降回压效果较好。同时伴生气进入集油管线，有效地推动了含水原油的流速，因而管线结蜡、结垢的速率明显降缓，其中塬 62-85 管线每年需热洗两次，然而该装置投用后，仅热洗管线一次，热洗管线周期延长了 180 天。

b. 消除隐患保护环境。安装 85 台该装置后，消除了 15 个无效排放燃烧的火炬，根据测算 15 个排放火炬燃烧气量约为 2500m^3，将产生 4750kg 二氧化碳，同时还产生一氧化碳、粉尘等有害物质，对环境造成严重污染。该装置是密闭收集、压缩、输送伴生气，致使井组硫化氢浓度明显降低，沙 25-21 井组日平均硫化氢浓度从 42 降低到 0，有效消除了人员中毒的风险。

c. 有效解决加热炉煤改气问题。装置投用后，解决沿途的 4 座站点 8 台加热炉燃料改为伴生气，加热效率明显提高，外输原油温度得到了有效保障。

② 经济效益

a. 直接效益。伴生气在下游集中回收利用，每天单井按照处理 140m^3 伴生气计算，1m^3 伴生气按照 0.8 元计算，单井每年可直接产生经济效益大约 4 万元(年收益=每天单井处理伴生气量 m^3×0.8 元/m^3×365)，如按照全厂 5000 口油井全部安装该装置，每年大约产生直接效益 20000 万元(年收益=每天单井处理伴生气量 m^3×0.8 元/m^3×改造油井数量×365)，可见经济效益非常可观。

b. 间接效益。一是延缓了管线热洗及除垢的周期，每年节约措施费用约 500 万元(按照全厂 500 条井组管线计算，每条管线热洗及除垢费用按照 1 万元计算)；二是 8 台加热炉煤改气每年节约燃料费约 20 万元；三是燃烧伴生气环境污染政府的罚款及环境治理费用；四是潜在的硫化氢中毒隐患处置费用；五是提高了机械效率，节约了大量电费。装置成功的研制及应用，高效解决了采油井伴生气回收问题，同时在降回压、消除隐患、环境治理、提质增效等方面都有较好的效益，特别是伴生气回收加工的副产品，会产生高额的经济回报，是一种绿色环保节能型装置。

2. 复合管缆无杆采油技术

(1) 传统采油工艺存在的不足(表 4-7)。

表 4-7　传统采油工艺存在的不足

项目	存在问题
抽油机采油工艺	金属油管和抽油杆易腐蚀；金属油管易结垢、结蜡；大斜度井中管杆偏磨严重，易断杆；井下数据(温度、动液面)缺乏实时监控功能；地面设备占地面积大，动作部件安全隐患高。金属油管续接，作业效率低；运行参数调整困难
传统电潜泵采油工艺	金属油管易腐蚀、结垢、结蜡；大斜度井中电缆磕碰损坏故障率高；金属油管外绑电缆续接

(2) 复合敷缆连续管无杆采油技术

① 技术特点

a. 非金属材料构成，耐腐蚀、抗结垢、抗结蜡；

b. 电缆内置于管壁，如图 4-19 所示，能有效防止磕碰内置信号电缆，可实时监测井下数据(温度、动液面、井下机组动态)；

c. 可内置加热电缆，有效防止原油结蜡，保温节能，与金属油管比较井口温度提高 6℃；

d. 管柱连续，中间无接头，如图 4-20 所示，作业效率高，能实现智能化采油，有助于建设无人值守井场；

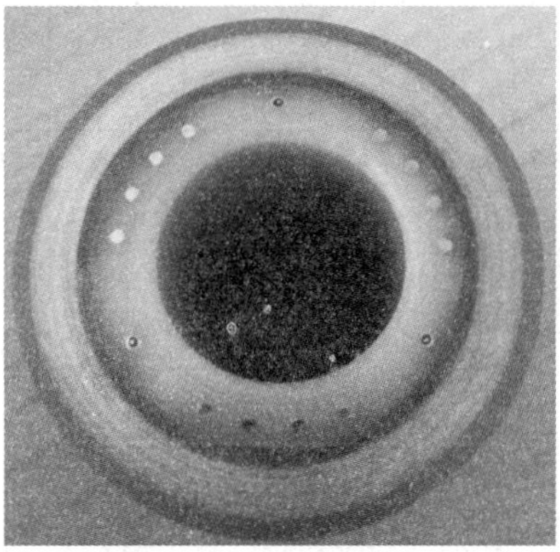

图 4-19　电缆内置管壁

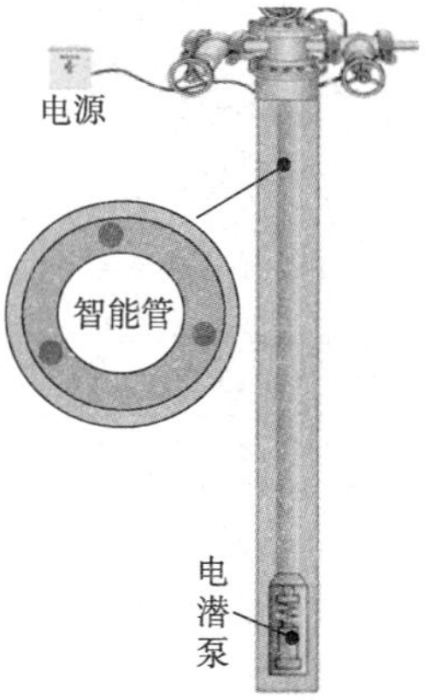

图 4-20　连续管柱

e. 应用便利，单根连续长度可达 3000m，作业速度 10m/min，抗结垢、抗结蜡、耐腐蚀、耐磨。

② 成本优势

表 4-8、表 4-9 为成本对比表。

表 4-8　常规井综合成本对比表(10 年生命周期)　　万元

采油方式	一次成本	10 年维修成本	10 年维护成本	10 年总成本	10 年节约成本
智能管采油系统	69.5	39.5	17.1	126.1	67.7
抽油机系统	39.8	68.4	85.6	193.8	

表 4-9　非常规井综合成本对比表(10 年生命周期)　　万元

采油方式	一次成本	10 年维护成本	10 年维护成本	10 年总成本	10 年节约成本
智能管采油系统	69.5	39.5	17.1	126.1	109.9
抽油机系统	39.8	110.6	85.6	236.0	

(3) 应用案例

① 现场应用

2018 年 10 月开始，在长庆某采油厂开展了电潜直驱螺杆泵+智能管无杆采油技术试验 4 口，平均泵深 1900m，生产情况见表 4-10。

② 节能效果

与试验前机采系统对比，单井输入功率降至 3.0kW 左右，单井平均泵效由 35.5%

提高到 69.7%，提高了 34.2%；单井平均日耗电由 109kW·h 下降至 51kW·h，单井日节电 58kW·h，节电率 53.2%，如图 4-21 所示。

表 4-10　无杆采油应用前后生产情况

序号	井号	机采生产情况								
		投产日期	泵径/mm	泵挂/m	冲程/m	冲次/$r \cdot min^{-1}$	日产液/m^3	日产油/t	含水/%	液面/m
1	地 86-85	2007-12-11	32	1836	3.0	3.5	3.21	0.53	78.1	1836
2	地 85-84	2017-11-9	32	1823	2.9	5.1	6.80	0.00	100.0	1780
3	地 86-84	2017-11-10	32	1827	2.4	2.6	3.13	2.42	9.0	1827
4	地 87-84	2017-11-10	32	1888	3.0	3.5	3.82	2.99	9.6	1883
合计			32	1844	2.8	3.7	16.96	5.94	58.8	1832

序号	井号	无杆采油生产情况							备注
		试验时间	泵挂/m	转速(r/min)	日产液/m^3	日产油/t	含水/%	液面/m	
1	地 86-85	2018-10-25	1900	302	4.08	1.96	43.6	1120	2019.11.19 换泵完井，对应注水井注微球调驱
2	地 85-84	2019-4-30	1900	303	5.62	0.00	100.0	井口	
3	地 86-84	2019-5-26	1900	303	3.86	2.76	15.9	1050	
4	地 87-84	2019-6-8	1900	299	3.80	2.95	8.7	1290	
合计			1900	302	17.36	7.67	48.0	1153	

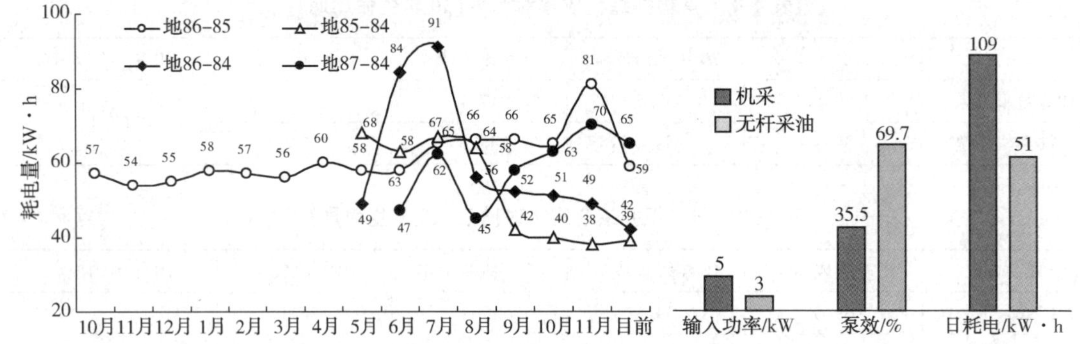

图 4-21　无杆采油应用前后效果对比

目前应用现状是，复合管缆价格过高，寿命还有待进一步验证，可靠性仍存在一定问题。改进方向：作为智能复合敷缆连续管采油系统的核心，ICCP 管和潜油电泵是技术优化的重点。ICCP 管优化的方向在于降本增效，而潜油电泵的优化方向则是开发适应性强、检泵周期长、价格更低的产品。

3. 往复注水泵直驱电机

随着油田进入高含水开发期，注水量大幅度增加，注水耗电亦大幅度上升，注水系统成为油田能耗大户。据统计，注水耗电一般占油田总用电量的33%~50%，因此注水节电工作的意义十分重大。

常规注水泵一般为皮带传动，皮带传动存在丢转，造成效率损失。为了提高电机整体传动效率，2018年长庆某采油厂与某机械公司联合研发一种永磁直驱电机及控制系统，替代目前常规Y系列电机+皮带的传动结构，解决注水泵系统效率低、耗电量大、噪声高等问题，同时减少更换皮带带来的额外工作量和安全隐患。

（1）系统组成及技术原理

采用高效扁平永磁电动机通过特殊柔性连接装置直接驱动注水泵，柔性连接装置一端安装在注水泵曲轴上，另一端与电机轴套连接，轴套置于电机内部空心轴中，柔性连接装置的传动效率接近于1，替代了常规Y系列电动机+皮带传动，减少传动链，传动效率大大提升，同时降低了系统运行噪声，减少了电机安装占地面积，消除了更换皮带造成的额外工作量和安全风险。

① 皮带传动系统组成

由常规Y系列电动机+皮带传动结构组成，控制系统为工频或变频调速方式，如图4-22所示。

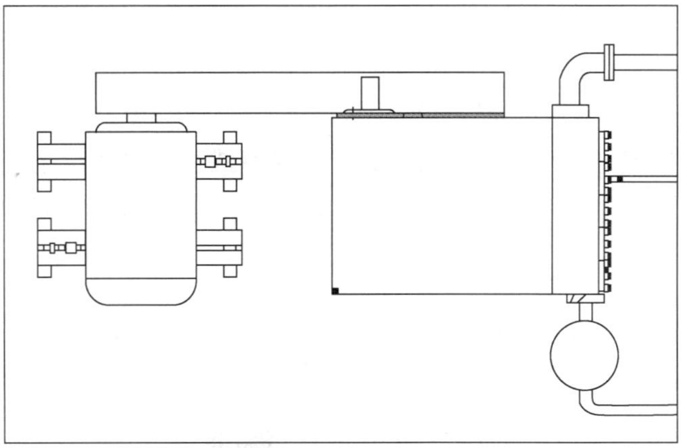

图4-22 皮带传动系统组成

② 直驱电机系统组成

直驱电机系统主要由永磁直驱电机、轴套、柔性连接装置、智能控制系统等部分组成，采用高效扁平永磁电动机直驱替代常规Y系列电动机+皮带传动，如图4-23所示。

（2）直驱电机主要技术特点

① 节电效果好。采用永磁同步电动机，电机效率和功率因数大大提高，对比普通异步电机综合节电率可达8%~10%以上。

② 超高的传动效率。采用特殊柔性连接装置，取消皮带传动，减少传动链，传动效率大大提升，如图4-24所示。

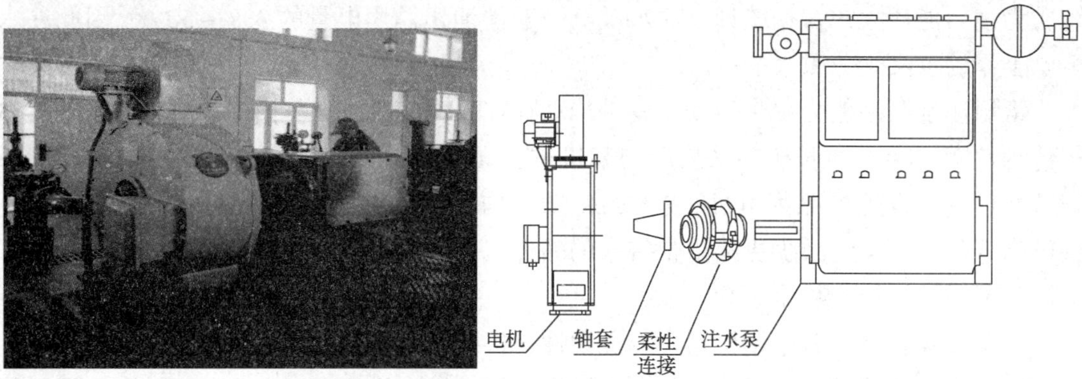

图 4-23　直驱电机系统组成

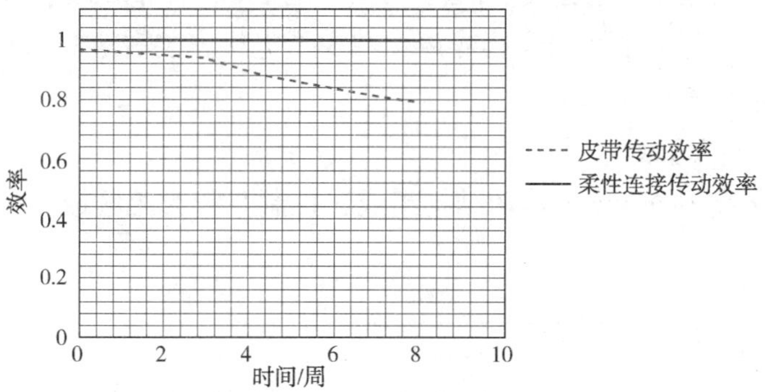

图 4-24　皮带传动与柔性传动效率对比

③占地面积小，利于成橇。对比常规电机体积减小近 25%，质量降低近 15%，同时，占地面积减小 50%以上，为注水泵整体成橇提供便利，如图 4-25 所示。

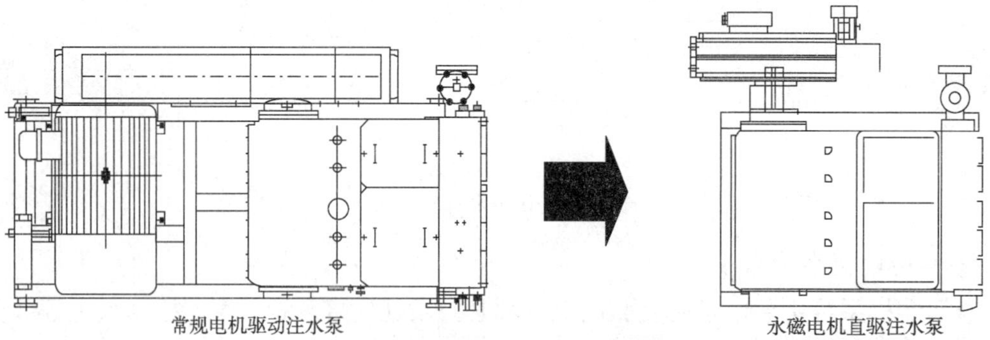

图 4-25　直驱电机占地面积减小约 50%

④ 环保性能强，安全性高。降低了工人的劳动强度，杜绝了因更换皮带造成的安全隐患，低噪声污染[噪声降低 6.5～10dB(A)以上]；具有吸入压力低、排出压力高、曲轴油箱超温保护及电机缺相、过流、过载、三相不平衡、过热保护等功能。

⑤ 电机抗去磁能力结构设计。针对性进行电磁负荷、绕组、定子冲片、转子磁路设计，通过电脑仿真分析技术，使电动机设计更精确，通过分析电机空载稳态运行状态

下磁力线与磁密分布，可知其漏磁较低，永磁体工作在线性区，电机的磁路没有达到饱和状态，不会因磁路饱和导致电机升温进而导致永磁体退磁或电动机烧毁等故障，如图 4-26 所示。

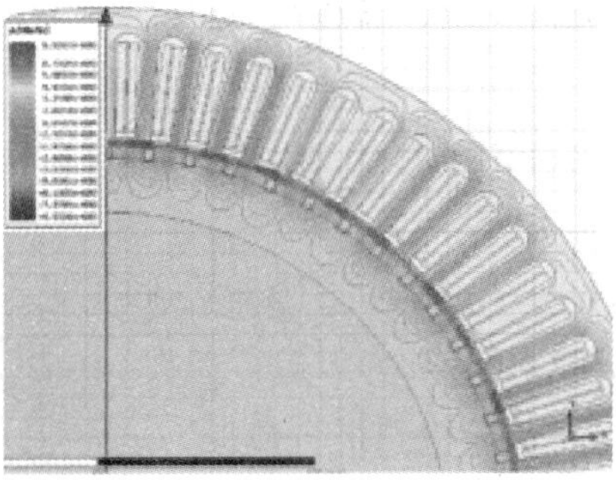

电机磁力线仿真图

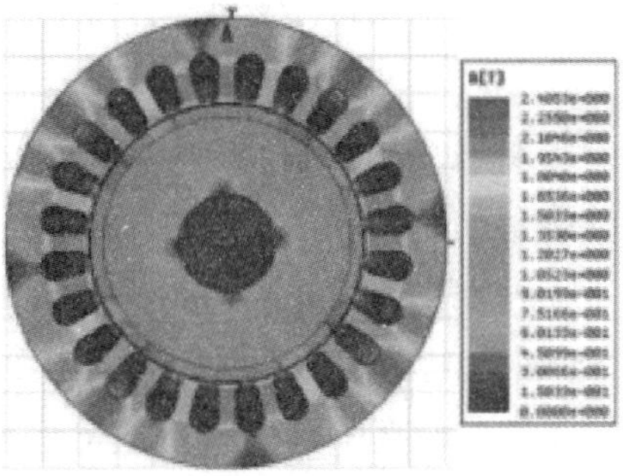

电机磁密云图

图 4-26　电机抗去磁结构设计

（3）现场应用

选择某转油站 3#注水泵，将皮带+普通带传动改造为永磁柔性直驱电机，如图 4-27 所示。截至 2021 年 7 月累计无故障运行 7200 余小时。

图 4-27　改造前后实物图

委托第三方对改造前后注水单耗进行了节能测试。测试数据表明：直驱电动机节能改造前输送 $1m^3$液体消耗的有功功率耗电量 6.40kW · h/m^3；改造后输送 $1m^3$液体消耗的有功功率耗电量 5.63kW · h/m^3，有功功率节能率 12.04%，年节电量 11.67×10^4kW · h，折算标准煤 38.98tce/a。见表 4-11。

表 4-11　节能监测数据对比

站点	机组编号	测试状态	进口压力/MPa	出口压力/MPa	泵流量/(m^3/h)	有功功率/kW	功率因数	注水泵单位注水量电耗/(kW · h/m^3)	有功功率节能率/%	年节电量/(×10^4kW · h)	折算标准煤/(tce/a)
姬六转	3#	改造前	0.02	18.00	17.13	109.68	0.74	6.40	12.04	11.67	38.98
		改造后	0.40	17.00	17.28	97.30	0.99	5.63			

① 经济效益分析

耗材：

采用注水泵永磁直驱电机及智能控制系统后，注水泵省去大皮带轮、皮带、电机小皮带轮等部件，其中皮带是易损耗材，平均年更换 2 条，费用约为 0.2 万元/年。

电费：

原变频电动机年用电费用：185kW×0.85×24h×350 天×0.62 元/kW·h=818958 元

直驱永磁拖动系统年用电费用：

185kW×0.85×24h×350 天×0.62 元/kW·h×(100−12)%=720683 元。

注：185kW 为电动机功率；0.85 为电动机负载率；350 为年运行天数；0.62 元/kW·h 为电费；12%为永磁直驱电机较普通电机节电率(节能检测报告数据)。

投入产出比：

单台泵年节约电费：818958−720683=9.8275 万元

每年节省费用：10.0275 万元(节约电费 9.8275 万元+皮带消耗 0.2 万元)

预计一次投入费用 26 万元，2 年零 7 个月可收回成本。

② 社会效益分析

节能降耗：综合节电率达到 8%~10%以上，单台泵每年可节省电量(8~12)×10^4kW·h，节省电费约 6~10 万元，降低了油田的采油成本，对助力油田低成本、可持续发展，具有重要的意义。

安全环保：运行噪声降低 6.5~10dB(A)，改善了工作环境，同时大大降低了职业病发生的概率；杜绝了皮带在高温时散发有害气体的隐患，同时减少了废旧皮带的二次污染。

注水泵永磁直驱电机及控制系统，首次将盘式永磁电动机在注水泵上应用，结合防退磁技术、柔性连接装置、直驱结构设计技术，适用于油田各类柱塞式注水泵的使用，解决了皮带传动系统效率低、故障率高、噪声大等问题，具有节电效果明显、噪声低、维护简单等特点，符合国家节能环保政策，在不断完善改进基础上，能够作为油田柱塞式注水泵驱动装置的升级换代产品。

4. 往复式油气混输技术

为了解决油田油气混输难题，进一步优化采油工艺，节省投资，降低井口压力，提高原油产量，达到消灭火炬，回收伴生气，保护环境目的。长庆某采油厂联合宁波某公司，突破现有产品结构型式的束缚，成功研发出三缸双作用油气混输泵装置专利新产品。

(1) 油气混输当今难题

① 油气比变化大且不稳定，输送介质温差与黏度变化大；

② 油气介质含杂质多易堵塞，进口与排出压力变化大且不稳定(压差变化)；

③ 井下压力、流量不稳定，输油工艺流程难以适应油气混输要求；

④ 现有管线老化及安全隐患（对段塞流二次应选定输送工艺），油气属两相介质，其混输装置要求同时具有泵与压缩机功能，技术含量高、难度大，见图 4-28。

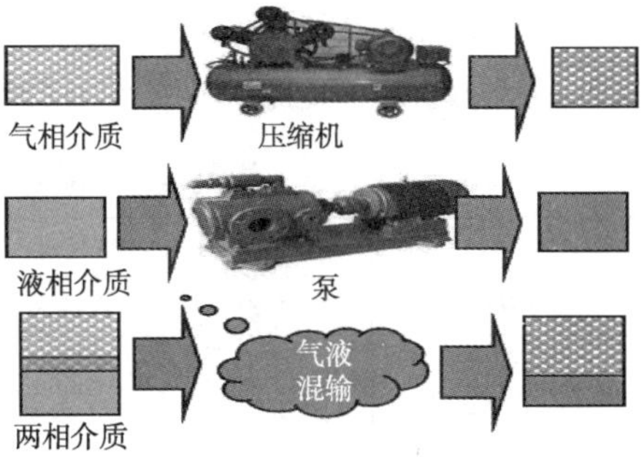

图 4-28　混输装置具备泵与压缩机功能

（2）往复油气混输装置关键技术

① 突破传统转子式和离心式混输泵结构型式束缚，首次提出了三缸双作用往复混输装置创新方案，如图 4-29 所示。主要优势：同时具备泵与压缩机功能；排出压力高（6.0MPa），压缩比大（6~10），适用高含气与高压缩比工况，效率高（70%~85%）。

② 突破往复泵与压缩机单向阀输送介质结构型式束缚，首次提出多流道立式单向气液组合阀，如图 4-30 所示。主要优势：具有往复泵液阀与压缩机气阀功能，且适用油气介质工况；多流道设计、过流好、阻力小；特殊材料、特殊工艺；高精度、气密封性能好；输气功能强（纯气工况下，可连续运行 15min 以上）、可靠性高。

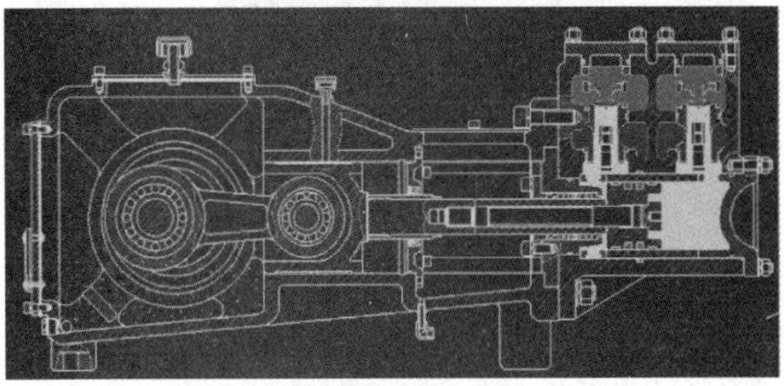
图 4-29　往复双作用油气混输装置

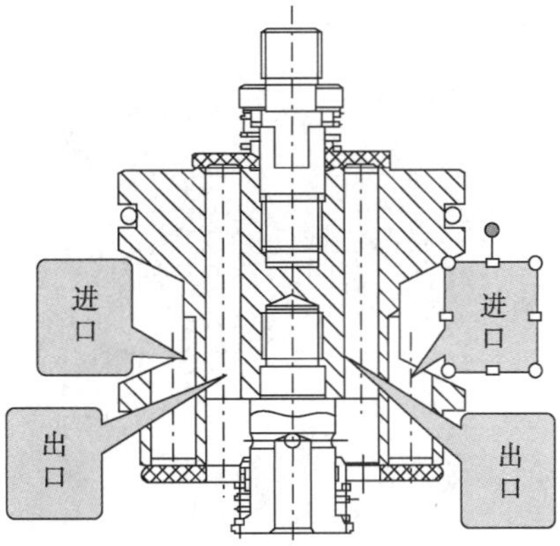

图 4-30　多流道立式单向气液组

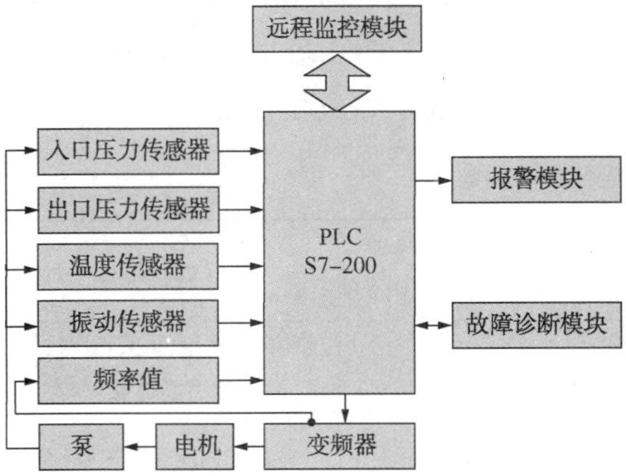

图 4-31　PLC 控制系统

③ 进出口自动控制，实现总机关或井组来液直接进泵混输。装置实现进出口压力、润滑油温度等参数进行实时监控，并对油气混输成套装置进行实时故障分析与诊断。采用基于 PLC 控制系统的模块化设计系统，如图 4-31 所示。智能监控模块主要由数据采集模块、控制模块、报警模块组成。数据采集模块主要完成泵进出口压力、润滑油温度的采集。控制模块中，兼顾工

控、安全性和经济性要求，对泵出口压力、轴承温度等参数进行开环控制。

④ 适用高油气比、高压缩比。详见表 4-12。

表 4-12　往复混输装置与国内外混输泵特性对比汇总表

类型	效率/%	含气量/%	压缩比	密封寿命/h	内压缩功能	抗气阻特性
单螺杆泵	≤60	≤50	≤4	2000~4000	无	差
双螺杆泵	≤70	≤90	≤4	≤4000	无	差
液环泵	≤40	≤80	≤2	1500~3500	无	差
离心泵	≤50	≤40	≤3	8000~16000	无	差
螺旋轴流泵	≤70	≤10	≤3	1500~3500	无	差
旋涡泵	≤40	≤10	≤2	2000~4000	无	差
往复油气混输装置	≤70~85	≤100	≤6~10	≥4000	有	好

（3）现场应用

2020 年 10 月 16 日分别在某增压点及井组安装使用。增压点从总机关直接外输，甩掉缓冲罐、加热炉、气液分离器，采用进口压力自动调节，达到密闭冷输；井组原油、套管气同时进入混输泵外输，达到降低井口回压，回收套管气目的。现场应用实例如图 4-32 所示。

图 4-32　混输装置现场应用实例

以上重点验证了往复式油气混输泵装置在高含气、高压力、高压缩比工况下运行的适应性及可靠性。两台混输装置目前分别无故障运行 7800、6700 余小时，见表 4-13。试验成功后彻底改变建站模式，越过增压点，密闭冷输至脱水站或联合站。

表 4-13　混输装置现场运行参数

站点	运行参数					试验目的
	进口压力/MPa		液量/(m^3/d)	气量/(Nm^3/d)	出口压力/MPa	
姬 13 增	油压	0.2~0.35	150	800	2.8~4.2	密闭冷输，真正实现混输，定型混输泵
	气压	0.12~0.2				
地 58-69 井组	油压	0.2	16	220	0.58	井口降回压、套气回收
	气压	0.2				

（4）预期效果

① 直接经济效益

伴生气在下游集中回收利用，每天单台装置按照处理 2000m^3 伴生气计算，1m^3 伴生气按照 0.8 元计算，每年可直接产生经济效益大约 58.4 万元（年收益=每天单井处理伴生气量 m^3×0.8 元/m^3×365），可见经济效益非常可观。

② 间接经济效益

安装往复式油气混输泵装置有效地解决油气混输难题，降低井口回压、增产增收，回收伴生气、消灭火炬，保护环境，且故障率低，后期维护运行成本低，大大降低了人力、物力、财力的投入。

③ 综合效益

a. 装置在柱塞往复过程中双做功，充分利用了柱塞前后的运动容积变化，增加了总排量，提高了输送效率；

b. 给单井管线消除气阻，起到降低井口回压的效果；

c. 避免伴生气燃烧产生的有毒有害物质，减少大气污染；

d. 进一步消除高硫气体聚集的问题；

e. 伴生气在下游集中收集，有效解决了下游燃油、燃煤加热炉的技改用气问题。

往复油气混输装置项是解决油气混输最有效的方法之一，能够真正实现油气密闭集输，可改变建站模式，大幅度降低产建投资，是革命性的飞跃，具有较好的推广应用价值。

5. 移动式热洗装置

移动式热洗装置是根据长庆油田热力清蜡工艺需要（热洗介质温度要求 100~120℃）和实际生产条件，针对油田各种加热装置的优缺点，特别是水套加热炉和热媒加热炉在油田生产中的应用成果和经验，创新设计。目的在于提供一种便捷、高效、可移动式油井自循环热洗清蜡加热橇，改善井下杆、管、泵的工作环境，实现油田单井清蜡作业、减小油层污染、延长油井检泵周期，达到高产、稳产并节约生产运行成本。装置如图 4-33 所示。

图 4-33 移动式热洗装置实物图

（1）常规洗井设备存在的不足

常规洗井设备有清蜡车和锅炉车等，设备属车载盘管锅炉，须注册、年检，人员持证上岗；洗井存在设备重、体积大、工作量大、运行费用高、热洗质量难以保证等问题。

（2）移动热洗装置技术原理

移动热洗清蜡装置是以井口套管气为燃料，利用注水井水源或水箱水或井组自产液（毛油）进入加热炉盘管、经加热达到清蜡温度（95～105℃）后靠抽油机动力将其注入目标井套管进行井筒热洗，油管内油气水温度不断升高，将管、杆上的积蜡逐步熔化，从而达到清蜡的目的；同时装置也可以开展井场油管扫线清蜡工作。炉体为卧式内燃两回程对称结构，如图4-34所示。

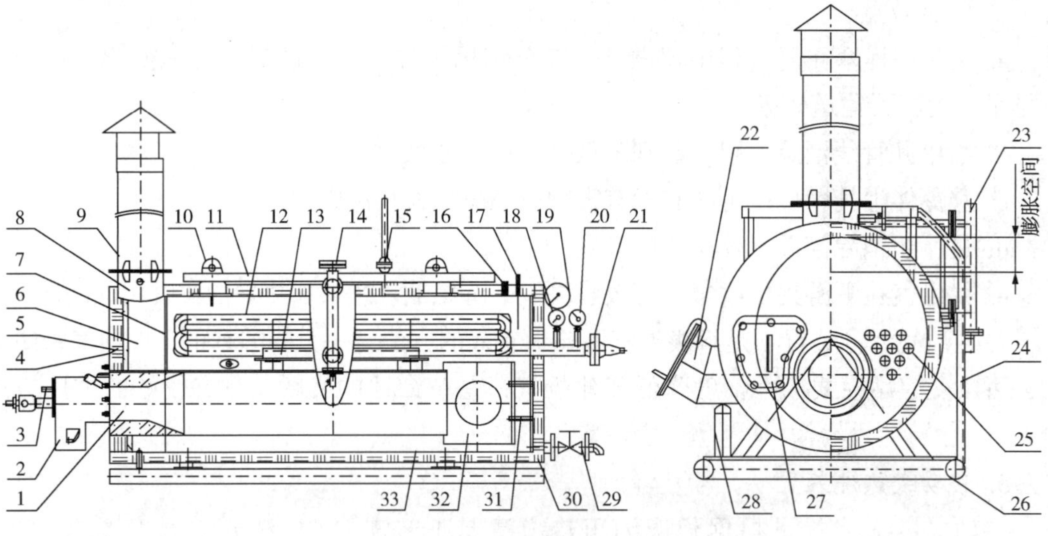

图4-34　移动热洗装置结构图

1—火筒；2—燃烧器；3—氮气熄火口；4—前面板；5—保温层；6—前烟箱；7—前管板；8—烟囱接管；9—可拆式烟囱；10—吊耳；11—平台；12—换热盘管；13—盘管托架；14—热媒注入口；15—阻火器；16—氮封进口；17—油尺；18—温度表；19—压力表；20—流量计；21—进口法兰；22—防爆门装置；23—液位计；24—直梯；25—螺纹烟管；26—橇座；27—清灰门；28—氮气瓶；29—排污口；30—后管板；31—拉筋；32—回燃室；33—筒体

（3）关键技术

移动热洗装置额定热功率120～280kW，换热介质为水或导热油，具有热洗稳定、实用性强（清蜡、扫线两用）、效果持久、小巧灵活、移动方便、节能环保（配备低氮燃烧器）、安全可靠等特点，装置关键技术见表4-14。

（4）效果评价

① 热洗油井载荷下降明显，费用低，实现增产。通过对100多口油井自循环热洗的统计及实时功图的监测，表明热洗后抽油机的运行电流普遍降低，最大载荷下降约6%，整个洗井过程达到了预期效果，同时个别生产10多年的老井还实现了增产。如图4-35所示。

表 4-14　移动热洗橇关键技术

关键技术	技术说明
采用翅片大炉胆、回燃室加螺纹烟管中心对称布置结构	炉内上部密排高压换热盘管，运行时高温烟气经炉胆、回燃室辐射传热后，流经两侧螺纹烟管再次对流换热，最后经前烟箱顶部烟囱排入大气。其经典结构在实现高效换热的同时，还能够控制设备体积重量，方便装卸、连接和运行
实现常压运行高效换热功能	借导热油液相常压工作温度可在 160℃的特点，实现常压运行高效换热功能，避开特种设备使用的高要求性，常压运行下管理和使用更加便捷、安全性更高
清蜡装置人性化设计	根据设备移动使用特点，清蜡装置还包含有防撞橇装设计、烟囱锁扣设计、软管卡扣设计、油尺定量设计、燃料外循环安全伴热等人性化设计亮点；综合利用井场水电气等资源降本增效设计等亮点
自动化控制、大幅度减轻作业人员的劳动强度，设备运行稳定性、安全性更高	① 炉体安装温度变送器和液位变送器，在盘管入口安装安全泄放阀、压力变送器、流量计，在盘管出口安装温度变送器等。 ② 控制系统采用西门子 200smartPLC+smart 700 IEV3 触摸屏系统；预留 RS485 接口，并且支持 MODBUS-RTU 协议，支持数据远传；系统控制可自动也可手动操作。 ③ 加热炉控制方式以及控制功能和报警联锁： a. 炉温控制方式，低温启动，高温停止，并可任意设定目标温度值和启炉温差。炉温高报警停炉。 b. 炉体液位控制：低报警停炉。 c. 盘管进口压力控制：压力高报警停炉，盘管超压自动泄放。 d. 盘管出口温度控制：温度超高报警停炉。 e. 盘管进口流量控制：流量超低报警。 f. 设备配置有启炉、停炉标准操作卡及安全风险告知卡

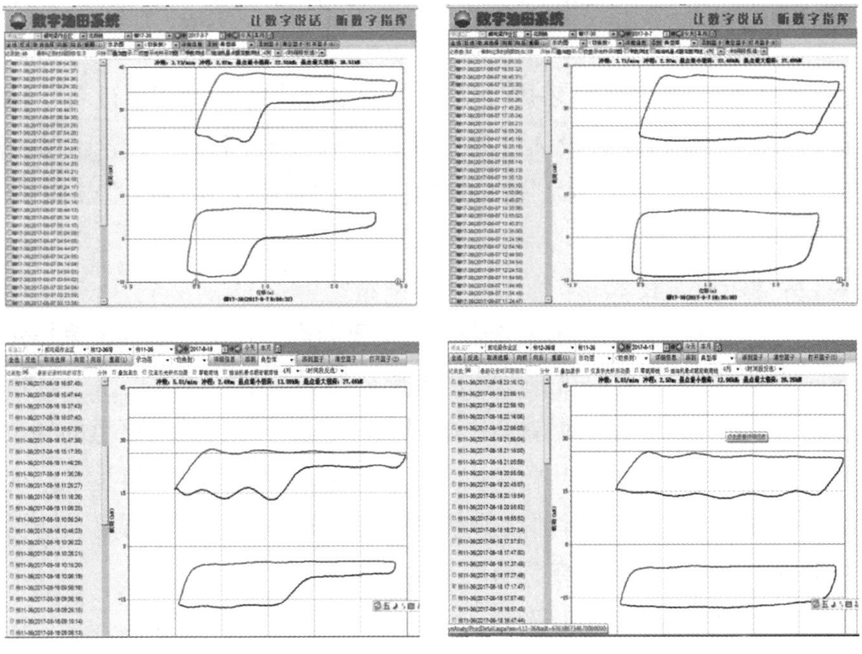

图 4-35　热洗前后实测功图

② 热洗费用大幅度降低。普通热洗(雇佣洗井车)费用大约1850元/口井，作业时间均在12h以上。使用本装置后，热力费用包括移动运输费和导热油消耗费，平均为100+50=150元，作业时间均降低至8h，单井热力成本可节约费用1700元。表4-15为“热力前后数据对比”。

表4-15 热力前后数据对比

序号	井号	热洗方式	日期	日产液/m^3	日产油/t	含水/%	开始时间	结束时间	热洗温度/℃		载荷变化/kN	
									热洗1h	全程最高	上行最大(前)	下行最大(前)
1	柳17-38	移动式加热撬热洗	2017.08.07	6.69	4.44	22	9：30	19：30	70	100	38.51	22.55
2	柳20-36	移动式加热撬热洗	2017.08.13	7.81	2.75	58.6	10：30	20：30	70	100	44.86	18.28
3	柳20-35	移动式加热撬热洗	2017.08.14	10.21	1.41	83.7	9：30	17：30	70	100	43.35	16.72
4	柳20-34	移动式加热撬热洗	2017.08.16	9.07	1.35	82.5	7：00	15：30	70	100	48.15	20.99
5	柳21-33	移动式加热撬热洗	2017.08.16	10.08	3.92	54.3	15：00	23：30	70	100	46.02	19.37
6	柳11-36	移动式加热撬热洗	2017.08.18	10.61	4.01	74	10：00	18：00	70	100	27.46	13.09
7	柳11-35	移动式加热撬热洗	2017.08.19	8.38	2.87	43	15：00	23：00	70	100	36.03	20.22

移动式热洗装置为油田自循环热洗清蜡作业而设计的实用新型设备，经过现场使用，该设备能节省人力和设备投入、操作简单、作业时间短、安全环保、洗井效果好。有效地降低了石油开采成本，是一种值得推广的油田专用新型热洗洗井筒清蜡设备。

6. HS-128阻垢涂层技术

腐蚀与结垢是影响加热炉换热盘管寿命的主要因素。长庆姬塬油田采出水矿化度高(最高达150g/L左右)，导致加热炉盘管过流部分腐蚀、结垢现象严重，且垢型大部分为钡锶垢。加热炉盘管的少量结垢就会影响导热，增加能耗，结垢严重的导致加热炉盘管等设备的报废。为了解决这一问题，应用了HS-128防腐防垢涂层技术，现场运行表明，HS-128防腐防垢涂层技术对加热炉盘管过流部分具有较好的防腐、防垢作用，对提高加热炉盘管使用寿命和热效率具有明显的效果。

(1) HS-128涂层防腐阻垢机理

目前，国内的阻垢技术多为单一物理阻垢或单一化学阻垢，而HS-128防腐防垢涂层技术具有物理阻垢与化学阻垢的双重优势。

① 防腐机理

a. 屏蔽。HS-128 阻垢防腐涂层体系为 7 层，多层结构有效降低涂层孔隙率，且使涂层毛细管结构更加弯曲、延长，隔离、减缓腐蚀物与母材金属接触。

b. 络合。随涂层使用时间延长，微量腐蚀物在介质压力作用下逐渐渗入涂层，在 HS-128 阻垢防腐底涂层中加入四盐基铬酸锌等络合剂，络合剂与酸性腐蚀物络合生成稳定的络合物，阻止腐蚀的产生。

c. 电化学保护。HS-128 阻垢防腐涂层中加入了锌粉等，随使用时间延长，当腐蚀发生时，含锌粉的涂层作为牺牲阳极首先腐蚀，有效保护碳钢母材。

② 阻垢机理

a. 杜绝腐蚀物类结垢的生成。铁的氧化物体积是铁体积的 6 倍，腐蚀物本身就是结垢的组成部分，且腐蚀物粗化了盘管内壁，增加了管壁的表面积，粗化的表面极易附着结垢晶核，阻止腐蚀，使此类结垢过程缓解。

b. 表面能小。表面能仅为普通碳钢管壁的十分之一，客观上加快了涂层表面介质的滚动速度，析出的水垢结晶无法滞留。

c. 亲油憎水。涂层中加入了亲油疏水的添加剂，使最外侧涂层具有亲油疏水的特性，水油混合液流经盘管内壁时立即形成油膜，使油水混合液中的水与涂层隔离，水垢结晶无法附着。

d. 涂层加入专用阻垢剂。阻垢防腐涂层中添加了 Ba、Sr 垢等专用阻垢剂，HS-128 阻垢防腐涂层体系为 7 层结构，分别为络合、屏蔽、防垢等功能层组成，阻垢剂添加于第 5、第 6、第 7 层中，随使用时间的延长，阻垢剂随多层结构的老化不断剥离脱落，在涂层表面形成一定阻垢剂浓度的局部小环境，减缓垢层附着。

（2）现场应用

截止 2020 年，长庆某采油厂共计在 240 台加热炉盘管上使用 HS-128 防腐防垢涂层技术。表 4-16 为部分站点使用效果跟踪情况。

表 4-16 部分站点加热炉盘管使用 HS-128 防腐防垢涂层效果跟踪情况

安装地点	设备型号	数量	涂层处理前	涂层处理后	首次涂层时间
某转油站	ZHJ1000	1	1 年后压差 0.35MPa	2 年后拆开检查无结垢，压差仅 0.1MPa	卧式水套炉 2013.4
某增压点	CLSG(T)0.18	1	更换周期 13 个月	连续正常运行 98 个月后复涂	2013.8
某增压点	CLSG(T)0.27	2	更换周期 6 个月	连续正常运行 102 个月后复涂	2013.8
某增压点	CLSGT0.27	2	更换周期 7 个月	连续正常运行 86 个月后复涂	2012.7
某增压点	CLSGT0.27	2	更换周期 6 个月	连续正常运行 65 个月后复涂	2012.7
某增压点	CLSG(T)0.18	2	更换周期 12 个月	连续正常运行 98 个月后复涂	2013.8
某增压点	CLSG(T)0.18	2	更换周期 15 个月	至今运行正常	2013.8

例 4-4

某增压点有无涂层对比情况(案例 1)，如图 4-36、图 4-37 所示。

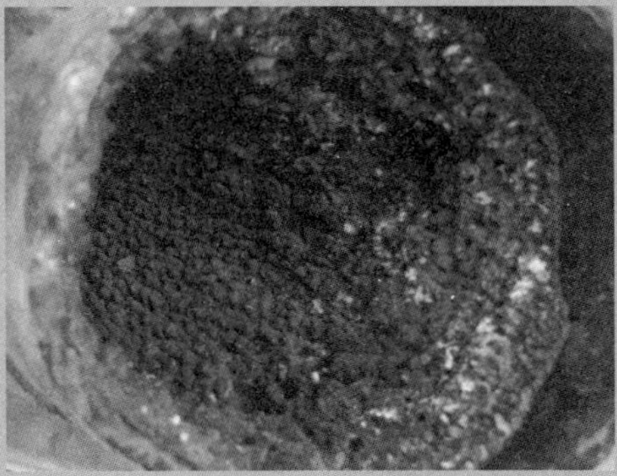

图 4-36　某站点加热炉盘管未涂层，使用 6 个月结垢情况

图 4-37　涂层后，使用 2 年后拆检照

例 4-5

某增压点有无涂层对比情况(案例 2)，如图 4-38、图 4-39 所示。

图 4-38　使用 3 个月接管和盘管结垢对比图(盘管未涂层)

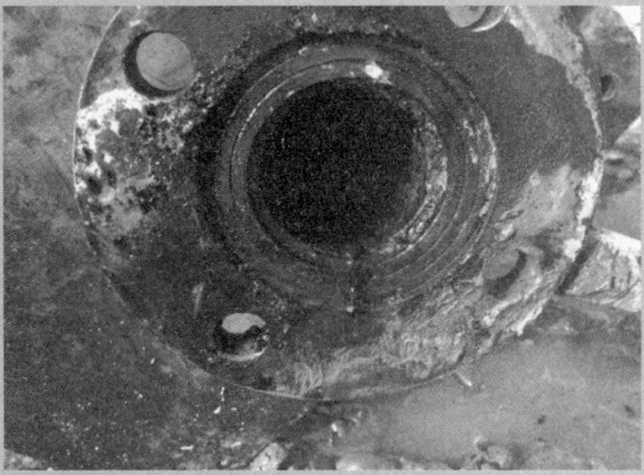

图 4-39　涂层后 1 个采暖期拆检照

为保证 HS-128 加热炉专用阻垢防腐涂层的导热能力，涂层中大量加入铝粉等高导热系数的金属粉末，使 HS-128 加热炉专用阻垢防腐涂层的导热系数大幅优于普通涂层。同时因为降低了结垢速率，总的导热效果相比无涂层的裸钢有所提高，防腐阻垢的同时节能。如图 4-40 所示，横坐标为时间 t，纵坐标为导热系数。

(3) 经济效益分析

经过十余年的实践与摸索，HS-128 阻垢防腐涂层在长庆油田已涂装换热设备和离心泵 1351 台套，阻垢防腐有效率 100%，使用寿命平均提高 3 倍以上，经济效益显著。表 4-17 为某站 400kW 换热盘管涂装 HS-128 涂层投资收益比。

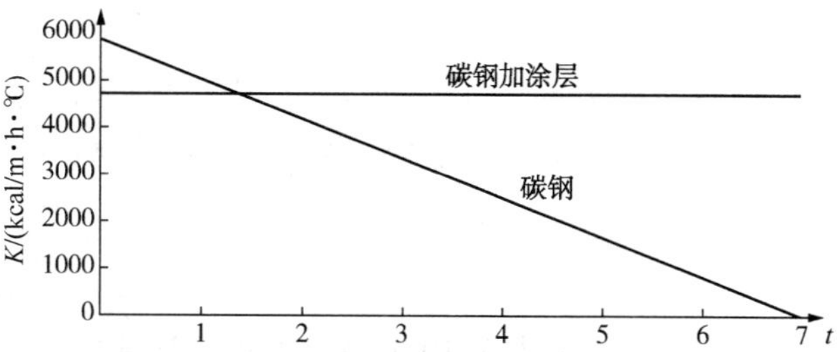

图 4-40　导热系数(K)随时间(t)变化图

表 4-17　400kW 换热盘管涂装 HS-128 涂层投资收益比

项目 使用时间	普通盘管(400kW) 投入/元	HS-128 防垢涂层 投入/元	收益/元	投资/收益
第 1 个寿命周期	35000	19000	0	0%
第 2 个寿命周期	70000	0	+16000	84%
第 3 个寿命周期	105000	0	+51000	268%
第 5 个寿命周期	175000	0	+121000	+637%

注：收益比=当年投资/收益。

（4）总体评价

长庆油田经过 10 余年 1351 台设备的使用效果跟踪分析，HS-128 防腐防垢涂层阻垢机理，具有物理或化学单一阻垢法所不具备的特性与阻垢效果，与其他阻垢技术对比有以下独特优势，同时在应用过程中也发现一些问题。

① 优势

a. 物理阻垢与化学阻垢同步；

b. 防腐与防垢同步；

c. 与其他防垢法相比，不耗能、无污染，在易用性、普适性、免维护、提高热效率等方面优势明显；

d. 与其他任何防垢措施不冲突，可同步进行，也可单独使用，均可取得良好效果。

② 存在不足及改进方面

a. 涂层施工环境需要绝对的洁净无尘，环境中的灰尘等悬浮物黏附对阻垢效果有较大影响；

b. 涂层阻垢寿命一般为 3~5 年，超过年限涂层阻垢效果消失，仅有防腐效果；

c. 由于换热设备的特殊性，涂层厚度较薄，客观限制了涂层的防腐寿命，现存涂层最长寿命为 6 年，不能做到 10 年左右的长效防腐。

针对上述问题，需做相应改进，比如在封闭的无尘环境中涂装；用中效以上的除尘器净化循环风；降低涂料黏度，增加涂装遍数、每次改变盘管重力方向等，涂装质量有了一定程度改善。

HS-128 阻垢防腐涂层的应用，产品结构和施工工艺日臻成熟，经济效益和社会显著，目前已在长庆油田推广使用。

7. 空心杆清蜡技术

长庆油田在空心杆清蜡技术方面做了一定尝试，通过现场应用与常规热洗方式相比，具有热损失小，热洗效率高，不污染地层，不影响产量，热洗液用量少，洗井时间短等技术优势，下面对此项清蜡技术做介绍。

（1）技术原理

空心抽油杆注入热载体采油装置是利用在井筒油管内形成的正循环系统，以连续或间断方式通过空心抽油杆内腔，向井内注入热载体（热水、热油、蒸汽）或化学药剂等来提高井筒温度，降低原油黏度，消除井筒结蜡，使油井能正常生产。

空心抽油杆内的热载体由地面掺水流程，通过掺水立管、软管、悬接器、空心光杆、空心抽油杆、单向掺水阀进入油管与空心抽油杆的环空中，在油管内与原油混合上返进入地面采输系统。

（2）技术参数

空心杆热洗技术所用空心抽油杆有 2 种规格外径，分别为 34mm、36mm，管壁壁厚为 5.5mm、6mm。现场应用的为 $\phi36\times5.5$ 的空心抽油杆。见表 4-18。

表 4-18　空心抽油杆技术参数

空心杆规格外径×壁厚/mm	质量/(kg/m)	内孔面积/mm^2	接头外径/mm	适用油管规格/in*	螺纹公称直径/in*
$\phi34\times5.5$	3.87	415	50	$\geqslant 2\frac{7}{8}$	$1\frac{9}{16}$
$\phi36\times6$	4.44	452			

注：* 1in=25.4mm。

（3）现场应用

① 清蜡效果评价

自 2015 年 9 月配套试验（图 4-41），截至 2017 年 11 月已开展空心抽油杆热洗 123 井次，平均开启压力 6.6MPa，热洗时间 112min，热洗周期 22 天；热洗前后最大载荷由 38.63kN 降至 38.36kN，下降 0.27kN，并对蜡卡井通过热洗作业解卡，累计热洗解卡 6 井次。清蜡效果显著。

图 4-41　空心抽油杆热洗现场

② 经济效益评价

选择普通热洗与空心杆对比，见表 4-19。

表 4-19　空心抽油杆热洗与普通热洗清蜡经济效益对比

对比	空心抽油杆	普通热洗
投入成本	5.0 万元(以深度 450m 含空心杆、热洗阀等)	0.98 万元(500m、ϕ19mmHY 级抽油杆)
热洗成本	4 万元。0.2 万元×20 个月(热洗周期 1 次/月)	5.28 万元。0.22 万元×2×12 个月(热洗周期 2 次/月)
产量影响	基本没有时率影响	8.64 万元。停井 8h(影响油量按 2t，1800 元/t)
清蜡剂投加	1.83 万元。单井每次投加 30kg，每月投加 4 次，按 1.27 万元/t	4.57 万元。单井每次投加 30kg，每月投加 10 次，按 1.27 万元/t 计算
维护性作业	无	2.4 万元(检泵周期为 198 天)
合计	10.83 万元/年	21.87 万元/年

从表 4-19 中可以得出，空心抽油杆热洗较常规热洗清蜡，虽然一次性投入成本较大，但后期维护费用少，单井年节约费用约为 11.04 万元。

(4) 技术优势

由于利用空心抽油杆热洗时热洗液只在泵以上的油管内流动，不会进入地层，因此，与传统热洗技术相比，该技术具有传统热洗工艺无法比拟的优越性。

① 热损失小，热洗效率高。从热损失上来讲，常规热洗除了套管壁吸收了大量的热量，在循环过程中，井底也吸收了很大一部分热量，因此常规热洗只有 50%左右的热量传递给油管内壁，真正地起到熔蜡的作用。而空心杆热洗有接近 90%的热量传给了油管内壁，在井底的热损失几乎为零。

② 不污染地层，不影响产量。空心杆热洗过程中，热洗液只在空心杆和油管环空之间流动，因此不会污染地层。同时，由于热洗介质不通过抽油泵抽出，不会影响油井的产量。

③ 热洗液用量少，洗井时间短。洗井液量只需 3~5m^3，洗井时间在 2h 左右，在提高洗井效率的同时，大大降低了洗井成本。

④ 在不上动力的情况下，利用空心抽油杆清蜡技术解卡。

例 4-6

长庆某采油井 2016 年 4 月 28 日发生蜡卡，安排空心抽油杆热洗，解卡成功。热洗后最大载荷下降 13.6kN，最小载荷上升 25.3kN，热洗效果明显。

(5) 存在的不足

① 杆管环空小，限制了洗井液的排量；

② 现场组织较复杂。空心抽油杆热洗需两台车配合(带压热洗车 1 台，罐车 1 台)，

自能热洗车只需1台车。

③ 该工艺的应用受到油井造斜点、结蜡井段位置、抽油杆柱设计、产品质量(如密封性能、抗拉强度)的一定限制。如果下井后其故障频繁，不但不能延长检泵周期，反而会增加施工作业量，因此，在引进、下井作业时，必须坚持质量第一的原则，精心设计，精心施工。

(6) 总体评价

① 空心抽油杆工艺清蜡能在井筒中上部建立热力场，熔蜡降黏，故能维持油井正常生产，延长油井热洗检泵周期。具有：热损失小，热洗效率高；不污染地层，不影响产量；热洗液用量少，洗井时间短等技术优势。

② 空心抽油杆热洗清蜡技术适合严重结蜡井应用。现场14口井试验表明，油井结蜡现象明显减缓，结蜡周期由以前的5~7天延长至目前的15天以上，延长2倍多(结蜡周期的延长可能是由于油杆外径增大，管杆环空面积减小，流速增大造成的)；同时，严重结蜡井蜡卡频次降低，油井检泵周期延长。

③ 空心抽油杆热洗过程中需要配套水罐车和洗井清蜡车，从经济角度考虑，更加适用于结蜡集中区块及井组。

8. 新型聚合物新型母液配制及注入设备

随着油田进入高含水开采阶段，采出液含水率高，原油开采难度逐步增大。通过聚合物注入来提高原油的采收率，是油田实现增产的重要手段。调剖注聚作为油田三次采油技术，在长庆油田各采油厂已经得到广泛应用，提高了原油采收率，取得了良好的经济效益。

(1) 国内外技术现状

国外聚合物配制注入多采用小规模化，集装箱式橇装，方便于小规模区块短时间调剖，配制能力多在10~30m^3/h，浓度5000~10000ppm(1ppm=10^{-6})，每个区块3~5口井调剖，主要以法国SNF公司设备为主。发展趋势小型化，高浓度，低黏损。

国内多数为大规模集中建站方式，如大庆油田、胜利油田、河南油田等，每个配制站可注入上百口井，适合于油井较为集中的平原型油田，单套装置配制能力多在60~150m^3/h，浓度为3000~60000ppm(1ppm=10^{-6})。发展趋势大型化，低黏损。长庆油田目前多为搅拌罐配液系统和往复泵注入系统两部分组成调剖装置。

(2) 现有聚合物注入设备存在的瓶颈

① 黏损率较高，大于5%；

② 存在“鱼眼”“黏团”；

③ 智能化控制水平低；

④ 混配不均匀。

为提高油田原油采收率，解决目前油田三次采油技术中聚合物配制和注入过程中，存在的高降黏率、配制精度不高及出现的“鱼眼”及“黏团”等缺陷，提高聚合物母液的配制质量，长庆油田采油五厂与相关高校合作开发研制出了一种新型聚合物母液配制设备，并完成样机场内试验及现场验证。

（3）解决的关键技术

① 高浓度。目前国外 SNF 设备，为了减小整体配注体系尺寸及能耗，大力提高配制浓度，甚至不惜牺牲黏损率。我们在项目的研制中，目标浓度配制到 15000ppm，这在国际 EOR 项目中，也属于技术领先。

② 低黏损。在配制母液过程中，从机械剪切和化学降解两方面充分考虑，把黏损率降到最低。

③ 体积小。设计紧凑且便于维修，方便运输，安装调试。

④ 高配置精度。为达到高精度配置，使用成熟可靠仪表及驱动部件，在自动控制方面把误差降到最低。

⑤ 减小熟化罐尺寸。简化熟化方式，降低熟化成本。

设备主要技术指标：聚合物干粉高效均匀精确定量输送，配置溶液精度误差小于 3%；装置溶液降黏率低于 5%。

（4）设备构成及工作流程

① 设备构成

该设备由供料系统、供液系统、混合系统组成，如图 4-42 所示。供料系统包括螺旋输送设备、自动上料系统；供液系统包括过滤器、升压泵、流量计，电动阀及压变等；混合系统包括一级射流器、二级射流器、缓冲腔、液位计、电动阀等。

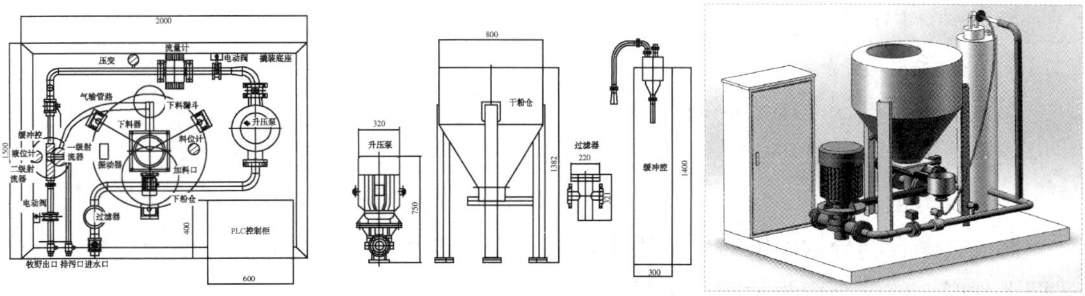

图 4-42　分散配液设备图

② 母液配制流程

清水由进水口通过快接或法兰接入，经由过滤器到达增压泵，分散启动后，增压泵启动，之后进出口电动阀按逻辑开启，清水经进水管路通过流量计进入一级射流器，干粉罐下料器启动，按来水流量，由程序控制定量下料，聚合物干粉由气输管路进入一级射流器，混配成均匀母液，进入缓冲腔内，再进入二级射流器进一步混合（两级射流混合后的母液更加均匀，完全没有“鱼眼”和“黏团”，达到最佳润湿分散效果），输出到熟化罐，进行熟化母液的过程。

母液进入熟化罐后，当叶片淹过搅拌器叶片，搅拌器启动，开始进行熟化，按照药剂厂家的要求达到所设定熟化时间后即可进行注入。装置流程如图 4-43 所示。

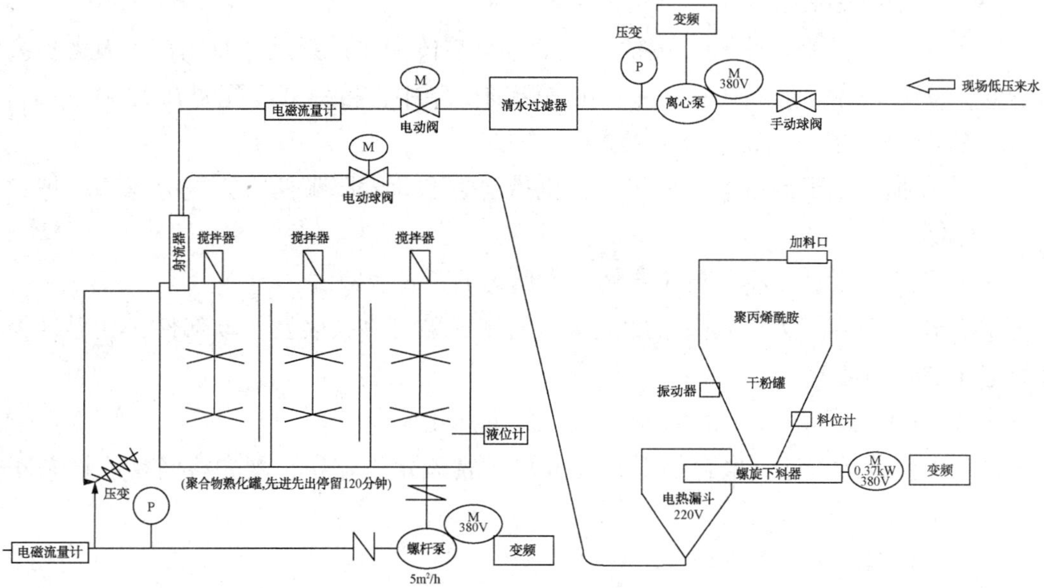

图 4-43　装置流程图

③ 设备参数及性能指标

额定配液能力：$20m^3/h$；

额定配液浓度：15000ppm；

干粉罐容积：$0.4m^3$；

整机功率：20kW；

配置溶液精度误差小于 3%；

装置溶液降黏率低于 5%。

（5）技术创新点

射流式聚合物分散溶解装置解决了降低黏损率以及保证熟化时间，使聚合物母液达到最大黏度，使整个配制过程效果最佳。

① 有效防止物理与化学降解

聚合物母液的黏度损失由物理降解（剪切）和化学降解两部分组成，设计时避免所有和配制好的聚合物母液产生相对运动的部件有尖角，母液输送泵使用容积泵而不是离心泵，这样就有效防止物理降解的发生；装置的材质选用 304 不锈钢材质，防止生成高价铁离子对母液氧化，有效防止发生化学降解。

② 采用射流式水粉混合头。射流式水粉混合头是装置的核心部件，配制出母液的均匀与否，有无“鱼眼”“黏团”完全依赖于水粉混合头的设计。设计的混合头具有可调

节混合量以及负压较大两个特点，能保证在一个流量范围内可调节，并且浓度调节空间较大，最大可达 10000ppm 的配制浓度，同时能保证配制出合格的母液。

③ 自动控制，可实现数字化 RTU 通讯。装置采用 PLC 控制，根据使用情况可以灵活地切换为手动、自动以及半自动状态。在运行过程中，除加料外，无需人为干预，可全自动运行，并且系统设定低料位报警、超压报警、高低液位报警、电机过载报警等；可实现数字化 MODBUS 协议的 RTU 通讯，及时准确地把装置的配制信息实时传送，方便了解现场的配制浓度、配制量、干粉用量等调剖作业的关键指标，同时可以了解装置的运行参数，实现无人值守。

（6）现场应用评价

验证设备各项性能参数，选择设备参数：额定配液能力 $20m^3/h$、额定配液浓度 5000ppm、额定功率 20kW。

① 测量方法

连续运行 3h，设定三种工况条件：

加入聚合物干粉，给料器频率设定 22Hz，运转 1h，测量下料量、进水量及浓度；

加入聚合物干粉，给料器频率设定 31Hz，运转 1h，测量下料量、进水量及浓度；

加入聚合物干粉，给料器频率设定 41Hz，运转 1h，测量下料量、进水量及浓度。

② 测量结果

a. 浓度检测，见表 4–20。

表 4–20　实测浓度检测情况

序号	给料器频率/Hz	下料量/kg	进水量/kg	实测浓度/ppm	误差/%	备注
1	22	52. 0	20	2600	0. 26	运转 1h
2	31	74. 1	20	3270	0. 77	运转 1h
3	41	99. 4	20	4998	0. 01	运转 1h

b. 在溶液配置过程中，由于过流材料均选用不锈钢，工艺流程无机械剪切等情况，溶液降黏率低于 1%。

c. 无“鱼眼”“黏团”现象。

d. 性能评价。设备经过测试，浓度误差小于 1%、降黏率低于 1%、无“鱼眼”“黏团”现象、设备运行控制可靠。

该新型聚合物母液配制设备的研制解决了目前油田注聚设备存在的降黏率高，存在“鱼眼”“黏团”及智能化程度低等不足等情况。推广使用后聚合物干粉将节省 10%以上，降低黏损 15%以上，能够带来可观的经济效益，达到了油田公司“降本增效”工作要求。

第五章　精益管理创新提升方法探讨

随着科学技术的不断进步，先进设备的精细化、智能化、自动化和多元化不断取代了相对陈旧设备，传统的设备管理方法已难以适应其管理要求。需要有更加严密的管理方法和科学设备管理理论作导向，运用现代化管理手段，对设备管理更加精益化。随着油田精细管理的不断深入和油田成本的不断压缩，如何在新的发展形势下克服设备老化和投入不足矛盾，如何保证设备安全经济高效运行，是摆在各级设备管理部门面前的一个重要课题。本章主要按照系统论的观念，对如何提升设备精益管理方法进行探讨，并同采油企业各项管理功能有机结合，以提高企业设备精益管理水平，为企业创造更高价值。

第一节　创新思路

随着石油装备技术日新月异的发展，机电仪一体化设备不断增多，设备管理技术含量不断增加，设备管理复杂程度也越来越高。采油企业设备管理具有如下特点：

技术性：设备是物化了的科学技术；

综合性：现代设备包含了多种专门技术知识，是多门科学技术的综合应用；

随机性：设备故障具有不确定性；

全员性：设备管理的综合性需要全员参与；

一生性：从规划、设计、制造、选型、购置、安装、使用、维护、修理、改造、报废直至更新；

系统性：设备管理中每一个环节、每一项工作内容、每一个工作流程都可以自成体系；

闭环性：设备一生管理的各个环节都是按照计划——执行——检查——改进的模式执行。

采油企业设备精益管理应不断转变观念、创新方法，坚持不懈打基础、补短板、强弱项，形成“思想认知、组织领导、机制建设、氛围营造、问题聚焦、目标导向、工具使用、过程管控、成效总结、考核评价”持续改进的精益管理模式，提升企业管理效率，创造企业卓越业绩。

一、从重管理向“管理+服务”转变

(1) 各级设备管理人员积极深入现场，发现问题、解决问题，切实做到“事事有跟踪，时时有反馈”的服务意识；

(2) 厂处级设备部门做好每年两次的现场调研活动(上下半年各一次)，形成问题清单，针对问题编制治理方案，按照轻重缓急，分阶段、多渠道予以解决由于设备影响生产的瓶颈问题；

(3) 要按照“承上启下、沟通协调、决策参谋、推动落实、服务基层”的工作要求，从生产中来到生产中去，实现从重管理向“服务+管理”转变。

二、从粗放型管理向精细管理转变

通过强化基础工作、优化工作流程、细化工作措施，提升设备性能，提高设备运行效率和效益。借助设备管理信息平台，搭建起设备全生命周期精益管理构架。设备管理由粗放管理向精细管理转变。

(1) 切实转变观念。摒弃“设备运转着就是正常”“设备维护是设备维修人员的事”的观念，抓好以设备“十字”作业为基础的工作要求，进一步完善设备管理各项实施细则及设备技术标准和操作规范。

(2) 目标引领，强力执行。抓好“安全、完好、经济、高效”精细管理目标，以结果为导向，强力推进目标执行，设备管理做到月抽查、季检查、年评比的工作局面。

(3) 优化工作流程、细化工作措施。借助设备管理信息平台，将日常过程中的统计、填报、数据汇总等工作统一纳入设备管理信息平台，减轻基层设备管理人员日常工作量。

(4) 加强润滑管理。落实润滑“六定”制度，开展油液质量检测，重点设备实施按质换油；开展抽油机减速器清洗、治漏等润滑提升活动，不断优化润滑效果。

三、从重视设备运行向“运行+效益”转变

通过调整设备运行状态、提效技术改造、再制造、优化维保模式、闲置共享调剂，确保设备安全运行条件下，降低运行成本，实现效益最大化。

(1) 通过调整设备运行状态、优化运行参数，确保设备经济、平稳运行。主要开展：

① 抽油机平衡度的调整，确保平衡度在85%~115%之间；

② 注水泵配置变频稳压装置，消除注水泵回流；

③ 与工艺部门沟通，优化站点输油制度，确保站点实现变频、常输状态，达到节

能降耗的同时减轻下游站点运行压力。

(2) 加强设备提效技术改造、再制造、闲置共享调剂。针对日常油维改造工程中，优先进行设备技术改造，减少设备更换；产建新投优先调剂闲置设备。

(3) 优化维保模式，深入推行以设备自主维修为主、“制造+服务”为辅的维保模式，区块总承包模式(厂家自带设备，自行管理，可节省投资，减少用工)。吐哈油田此模式在无杆采油中应用。确保设备安全运行前提下，降低运行成本。

四、从被动维修向主动维修转变

借助现有的状态监测手段，做到设备被动维修向设备预制性维修转变，降低运维成本，提高设备健康水平。

(1) 严格执行各类设备维修保养规程，探索以可靠性为中心的维修方法，确定所需的维修内容、维修类型、维修间隔和维修级别，优化最佳维修策略。采油企业的机、泵、炉等均适合此维修方式。

(2) 依托数字化平台，以注水泵、加热炉状态监测为手段，通过健全数据采集，完善故障诊断模型，进一步提高重点设备健康管理水平。

五、从设备运行安全向设备本质安全转变

各级设备管理部门积加强设备安全管理，定期调研梳理设备安全隐患及重复性问题，积极开展风险辨识，化解设备运行风险，提高设备本质安全化水平。

(1) 加强设备的安全检测及安全附件的校验、检查工作。重点对压力容器、锅炉、防爆电气、加热炉自动燃烧器联锁保护进行定期检测，并落实做好安全附件(安全阀、压力表、温度计、液位计)的定期校验及检查。

(2) 严格执行新安全生产法。强化设备安全管理，加大设备安全隐患费用投入，实现设备本质安全。

(3) 积极开展设备安全风险识别。对设备的安装、验收、投运、运行、维护等全过程的安全风险识别，特别是防爆电气设备、特种设备及高压力等级设备的高风险识别工作。

(4) 做到设备本质安全。设备设计、制造和使用等都需考虑其安全防护性能、安全可靠性和稳定性。要认真研究和分析可能会有哪些潜在危险，推测发生各种潜在危险的可能性，并从技术上提出防止这些危险性及控制危险的方法。设备的本质安全化主要表现为自监测、自控制功能，即当超过设计设定的参数值时，设备能够自行监测到可能的变化，按照预先设定的程序处理这些变化的情况。设备及其体系的本质安全化是安全生产的重要保证。

设备的精益化管理基础应用理论还有许多，由此衍生的管理措施也很多。但万变不

离其宗，当今时代不仅需要设备的精益化管理，更要努力去实施和实践设备精益化管理，综合运用各种先进理论、方法和技术等手段，在设备的使用周期中保持住良好设备状态、提高设备的产能状况、适当降低设备的维持费用，努力追求设备运转“零故障”、设备诊断“零失误”、设备管理“零冗余”、设备安全“零事故”。

第二节　提升能力

在科学技术的不断发展下，设备现代化的水平也在不断提高，企业在面对设备管理的问题上，其难度系数也就相应加大。企业想要更好地管理和应用好先进的生产设备，那么就只有运用先进的管理手段，进行精益设备管理，提升管理能力，才能提高设备综合效率，从而提升企业市场竞争能力。

一、提升设备保障能力

（1）多措并举争取资金，提升设备配置。根据油田公司每年设备购置计划，有针对性解决生产中的关键设备配置，适应生产建设设备配置需求，提升装备整体能力。

（2）多渠道争取隐患治理、节能、老油田改造费用，用于设备更新改造。及时更新不符合工艺要求的、高耗能、存在安全隐患的、环保不达标的、达到服役年限的设备等，保障产建运维各类工程设备需求。

（3）做到重点设备日常运行保障。对抽油机、输油泵、注水泵、加热炉、压缩机及压力容器等重点设备，通过规范操作、精细维护保养、优化维修策略、强化润滑管理、实施技术改造等，切实在管好、用好、修好设备三方面下功夫，保证设备安全高效运行。

（4）提前介入设备源头管理。高质量、高效率保障重点建设工程设备需求。

二、提升合规管理能力

（1）积极落实 TSG 21—2016《固定式压力容器安全技术监察规程》的相关要求，做到特种设备管理检验率、注册率达到 100%。

（2）严格落实承包商招标选商管理制度，并做好“三个一批”制度的执行工作。

（3）加强防爆电气管理。防爆电气实行新建场站第三方初始检测，已投运场站逐年检测的管理要求。

（4）设备安全环保达标。根据国家、地方相关法规要求，重点监测锅炉/加热炉废气烟尘、氮氧化物排放浓度限定值，如表 5-1 所示。针对排放不合格的采取有针对性的治理措施，确保锅炉/加热炉排放达标。

表 5-1　某省份锅炉/加热炉烟气排放限定值 mg/m^3

燃气的种类	颗粒物	二氧化硫	氮氧化物(以 NO_2 计)	监控位置
天然气	10	20	80 50	烟囱排放口
其他燃气	10	50	150	

三、提升精益管理能力

1. 强化设备全生命周期管理体系建设

(1) 持续完善体系。制度标准体系、配置标准体系、考核评价体系等。

(2) 抓好全生命周期管理。优化前期管理(选型、制造、安装、调试验收)、强化中期管理(运行、日常保养、维修改造)、重视后期管理(调剂利用、使用评价、报废处置)，夯实基础工作，提升现场管理水平。

(3) 深化构建管理机制。重点做好设备管控、提质增效、管理创新、技术创新、精益人才、交流学习。

(4) 以点带面、示范引领，系统推进。优选示范点建设，以点带面，不断总结完善，优化提升，形成标杆，系统推进设备再制造、设备配置、防爆电气、特种设备、设备维修、承包商管理、管理试点等精益管理。

2. 加强重点设备日常运行与维护管控

针对抽油机、泵、炉、工艺性压缩机组等关键生产设备，实施重点管理，确保性能良好。加强特种设备、非标设备、防爆电气、轻烃装置等专业设备管理，完善管理体系，规范工作流程，确保平稳运行。

3. 提升设备资源的优化配置管理水平

采油企业应制定科学长远规划发展的战略部署，优化设备配置，以高性能、高利用率、高效率、低能耗的“三高一低”为原则，逐步解决报废替换、老旧淘汰设备的更新，加大自动化、数字化、智能化设备配置，开展报废、老旧淘汰设备恢复性能、优化升级再制造，探索推进设备“区域共享”模式，不断优化资源配置，保持或提升设备新度系数。表 5-2 为某油田三年设备配置提升内容。

表 5-2　某油田三年设备配置提升规划

序号	设备名称	提升依据	数量/台(套)	占超期服役设备比例/%	提升内容
1	机泵	工业和信息化部公告的《高耗能落后机电设备(产品)淘汰目录》(共四批)、《节约能源法》第十六、十七条	761	47.7	更新服役 20 年以上严重老化腐蚀的注水泵、输油泵

续表

序号	设备名称	提升依据	数量/台（套）	占超期服役设备比例/%	提升内容
2	加热炉	根据“新两法”及《特种设备安全法》、集团公司“五个零容忍”要求；《节约能源法》第十六、十七条	917	46.3	更新服役15年以上且检验不合格、效率低，腐蚀结垢且2次以上酸洗或维修的加热炉更新
3	油田橇装设备	根据“新两法”及《特种设备安全法》、集团公司“五个零容忍”要求	120	27.6	超过使用年限且整机技术状况差的进行更新
4	压力容器	超过设计使用寿命，依据国家特种设备法律、法规的要求，应重新办理注册变更手续，办理难度大，若继续使用将违反法律规定	270	7.5	超过设计使用寿命的压力容器
5	消防车、修井机、试井车等	达到报废年限，技术性能差、配套装备落后、故障率高，已不能满足油田大修作业的实际需要	256	27.8	达到强制报废期限、尾气排放超标的“黄标车”强制更新
6	办公及通信设备	合理配置、保障高效	7390	18.0	达到报废条件、逐年更新报废
7	分析化验、监测仪器	精准检测、服务生产	3681	8.0	根据生产建设需要，对使用年限长，故障频繁、测试数据；误差大的仪器逐年进行报废更新
8	科研实验设备	科研需要，系统升级	578	15.3	为万口油井、千口气井、二氧化碳提高采收率、侧钻井等项目组提供设备支撑服务，服务器及系统升级，仪器更新
9	维修抢险设备及工器具	抢险设备及工器具定额	600	8.0	逐步加强各单位设备自主维修保养力量，配置应急抢险和设备检维修工器具

四、提升创新创效能力

加强设备技术创新，提升设备运行效率。引进自动化、智能化设备、工具等新设备试验，推进主要设备数字化、智能化和可靠性升级技术改造，开展试验“五小成果”转化工作，解决采油企业生产设备的瓶颈问题。

（1）开展各类废旧设备再制造技术与工艺的探索与研究；

（2）开展防垢、防蜡、防腐、防硫设备及新材料的开发与应用，增强机泵等设备过流部件使用寿命；

（3）开展设备类五小成果转化论证，对可靠性高、提高效率明显的设备相关新技术、新成果，分级分层次加大推广和成果转化力度。

五、提升风险辨识防控能力

风险辨识是以系统地识别、评估并制定措施来控制生产过程中重大的危害，关注由于设备设计、质量、外部环境、人员操作等方面导致的设备失效模式，分析它对系统、人员伤害、财务损失方面影响。下面列举几个事故案例。

例 5-1

2005 年 1 月 8 日，某油田一输气作业区增压站 Z265-4#压缩机组在空载运行过程中发生超速飞车现象，最终因飞轮解体碎块飞出导致一名员工当场死亡。

例 5-2

2019 年 3 月 22 日，某采油企业采油作业区员工杨某在执行抽油机更换毛辫子作业时，因光杆突然下滑，右手第五指被落下的方卡子挤压受伤，造成右手第五指骨中节骨折。

例 5-3

2012 年 10 月 10 日，某采油企业采油作业区员工姚某在新投油井调整防冲距作业时，爬上光杆悬绳器，对光杆上部方卡子位置进行调整，卡牙突然松动，光杆瞬间下滑，姚某左脚大拇趾被方卡子砸中，后送医截肢。如图 5-1、图 5-2 所示。

图 5-1　现场作业图

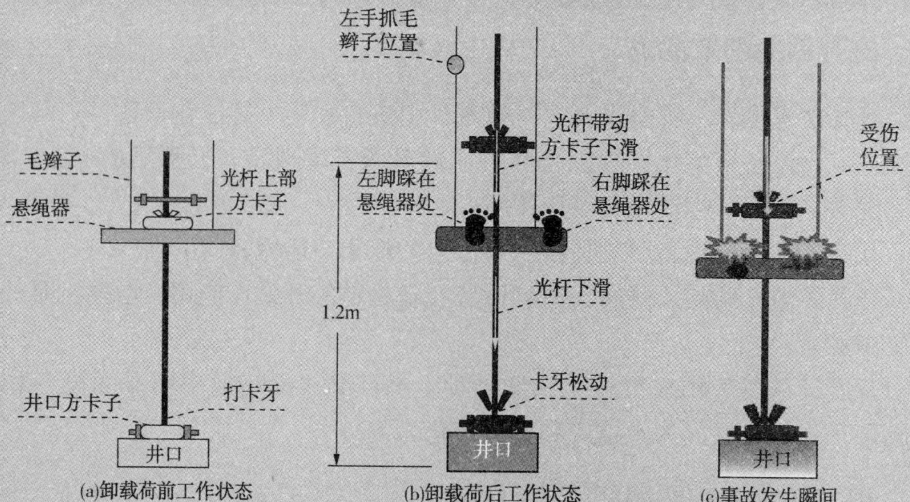

图 5-2　事故分析图

以上事故都是基层员工未认真开展作业前安全分析，现场作业人员的风险辨识能力不足，未采取可靠的防范措施导致的。另从油田企业发生的各类事故统计分析得出，由设备设施故障引发的事故占所有事故的绝大多数，因此对设备设施风险管控提升势必成为油田企业安全管理的重要领域。做好风险辨识与防控可以促进企业管理能力的提高和决策的合理化，提高油田企业安全生产监督管理水平，增强事故预防和突发事件应对能力，最终达到企业经济利益和综合实力的提升。提升设备风险辨识与防控能力应至少做到如下几点：

1. 设备前期风险因素分析与管控

设备前期安全风险与管控主要是由设备研发和制造厂家完成，但采油企业设备管理技术人员要把好源头关，应主动参与图纸会审，提出相关安全风险管控与补充措施。研发设计环节问题主要包括设备耐高温、耐腐蚀、安全防护及联锁、自诊断系统等。

2. 设备使用期本质安全风险管控

（1）安装调试阶段风险管控

安装调试必须要有标准，同时要检查标准的有效性，确认方法是否有效。执行好技术标准是确保设备安全运行的前提，也是安全分析管控的主要环节。

（2）设备运行阶段风险管控

① 操作层要完全掌握设备运行参数。防止超温、超压、超负荷、超速、超振等。

② 管理层要制定和落实好设备的安全操作规程。设备安全操作规程一般由用户根据设备使用环境工况条件，结合以往事故发生原因制定的安全操作措施，是岗位操作人员必须执行的有效措施。

③ 确定设备安全监控点并加以定期监测，进行技术状态评定，掌握其劣化规律，把故障因素控制在安全范围内。

④ 做好设备定期维护保养。设备定期维护保养是保证设备安全运行的首要条件，设备使用单位必须严格执行各类设备修保规程。除“十字”作业法外，还应包括定点、定时、定质、定量等标准和内容。

（3）设备修理阶段风险管控

设备修理是消除设备故障隐患的重要手段，严格按照修理标准进行维修，自主维修要严格执行作业许可制度。设备维修是消除设备安全隐患的保证。

（4）其他方面

① 针对不同季节，根据设备运行状态，积极开展相应的风险辨识活动；特别是冬季设备运行风险，主要是设备、设施冻堵风险。加强冬防保温、伴热及保温设施检查维护，重点关注加热炉、压力容器等运行参数的监控和安全附件的检查，防止因设施冻堵造成超温、超压、超负荷现象。

② 以“设备完整性”管理贯穿设备管理始终，坚持问题导向，贯彻落实“管业务必

须管安全”总体要求，积极开展现场检查活动，采油企业全年专项检查应不少于4次。

六、提升设备管理人员业务能力

作为一名优秀的设备管理人员，应至少具备以下素质。

1. 需要具备良好的专业知识和管理经验

作为一名优秀的设备管理人员，必须要充分掌握企业设备的专业技术理论知识，并具备丰富的管理经验，同时还要不断培养自身学习专业知识以及对管理经验加以总结的能力。对于设备管理人员的专业知识，例如企业设备的综合性能、工作原理及使用方法，甚至包括设备的养护检修等等，企业均要求管理人员务必充分加以掌握。

2. 拥有对设备进行现场管理的能力

（1）具有解决一般问题能力，能对设备风险进行辨识并防范；

（2）具有监督纠偏设备不正当操作能力，有效保证设备运行的正常；

（3）确保设备得到及时有效润滑，明确设备维护人员的定机及定人分工，保证每台使用的设备均得到润滑维护和检查检修；

（4）具备设备点检素质。

3. 具有诊断设备故障能力，确保设备正常运行

在检查设备时，仅仅只是揭示设备故障表面的现象还达不到要求，要想成为一名优秀的设备管理人员，务必要将设备发生问题的源头挖掘出来，并及时找出将设备发生的问题根治的方法，秉持实事求是求真务实的态度，并通过反复检查，将设备中因为缺少某环节而反复出现的故障彻底加以解决，确保设备的正常运行。

4. 要学会从交流中解决设备出现的故障

从与其他管理人员的交流中寻找解决设备出现故障的办法，同样是一个优秀设备管理人员所要具备的能力。作为一名优秀的设备管理人员，切不可将设备故障问题弃之不顾，可以尝试与同事之间进行交流，从而在寻找解决设备故障的同时，还能从交流双方得到很好的学习契机。交流时，身为决策者，应当能够充分判断解决方案的优劣，并且清楚处理问题的方法并非是越专业越好，有时往往看上去简单的笨办法也可以作为解决设备问题的绝佳措施。

设备不能代替管理，再先进的设备也离不开精细严谨的管理和作风，设备除了定期开展设备的维护和保养，消除管理中的薄弱环节和安全隐患外，还要想尽办法提升设备管理人员的“软实力”。

（1）加强“内功修炼”。采取“专业培训与自主学习相结合、技术交流与现场实践相结合、经验分享与故障分析相结合”的培训方式，持续提高管理与维护人员技术素质。随着设备自动化程度逐年提高，对设备管理人员技能要求也越来越高，可通过开展“理论培训”“技师工作室”“技能比武”等方式，让管理人员通过技能培训、考取证书、岗位

练兵等方式不断提升设备管理水平。各单位设备管理人员还应每年撰写一篇论文，提高自身的业务素质。

（2）定期“上门取经”。采油企业应组织设备管理人员去兄弟油田或国内其他公司学习取经，进一步开阔眼界，从而建立属于自己的一套设备管理体系，在规范化、标准化方面扎实开展工作。

（3）做到“精准传承”。可邀请具有多年设备管理经验的老员工，开设现场讲堂，对设备构造、原理、故障判断与维修方面进行授课，促进设备管理人员整体素养的提升。同时，将设备管理过程中出现的经典案例、未遂事故、创新发明，及时进行建档，制作形成可视化的培训课件，做到理论与实践有效结合，筑牢设备管理的安全防线。

通过业务培训，送外交流学习，撰写论文，岗位练兵，全面提升基层设备管理人员业务素质，以胜任本职工作。

第三节　设备数字化智能化管理的提升方法

全面借鉴和应用信息技术新成果，坚持国家“两化融合”发展战略，加快推进设备管理自动化、信息化、数字化、智能化建设步伐，按照“集中控制、无人值守、智能巡检、专业维修”的理念，为设备运行自动化、操控集中化、分工专业化、管理信息化夯实基础。完成设备信息管理平台上线运行，提升设备管理大数据运用水平；持续加大设备远程状态监测和故障诊断，探索人工智能技术在设备管理工作中的应用，改善生产环境，提升工作效率，保障油田企业信息化数字化智能化管理。

1. 推进智能化改造，加快推进传统设备升级

开发引进智能装备：扩大试验无杆采油技术、新型数字化抽油机；重点开发自控伴生气压缩机、往复式油气混输泵、智控注水装置、智控输油装置、污油泥减量化装置等先进装备。

提升在用设备：推进关键设备三级智能检测改造，推广主要生产设备远程启停改造完善，实施闭环控制，支持专业分析。

2. 开展设备状态监测，实施运行中期完整性管理

（1）应分阶段完成 A 类设备状态监测试点建设配套，形成建设应用成果；

（2）建设状态监测标准，覆盖 20%的 B 类设备及全部 A 类设备开展状态监测；

（3）完成监测状态监测管理中心和体系建设，延伸 B 类设备状态监测覆盖范围。

3. 开发设备管理信息平台，实现设备全生命周期业务管控

构建设备全生命周期管理平台是解决当下设备管理问题，实现设备效能利用最优化的重要举措。设备全生命周期管理平台能够实现设备运行监视、操作与控制、综合信息

分析与智能预警、运行管理和辅助应用等功能的一体化管理，让管理者随时随地了解设备的运行情况，大幅度提高企业设备管理能力。

（1）数字化，让设备管理全程可追溯

传统意义上的设备管理工具或软件，往往局限在业务层面和主数据层面。然而，设备本身并不是孤立存在和使用的，设备之间的生产过程相似度以及相互影响度，是设备能否正常运行的影响因素之一。同时，随着设备的大量使用，越来越多的设备传感器产生的实时数据对构建现场设备管理提供了可能性。这一切都使得设备管理的数字化基础并不是仅仅停留在对过去状态的分析，而应该包含设备的全生命周期管理。

（2）智能化，设备维护管理主动化

设备全生命周期管理工作中，设备维护管理是很重要的一环。本杰明·富兰克林曾说过，百分补救，远不如一分预防，可见设备维护管理首先应做到预防性维护。通过预防性地分析和预警，一方面可以帮助维修技术人员提前安排一些重要的预防维修措施；另一方面，通过对预防维护的智能调度，企业可以有充分的时间为设备升级或更新做准备。

（3）可视化，让设备管理简单化

设备全生命周期管理平台的可视化，具体包括可视化设备建模、可视化设备安装管理、可视化设备台账管理、可视化巡检管理等内容，表现为对企业设备进行几何建模，可以直观、真实、精确地展示设备形状、设备分布、设备运行状况。

采油企业通过设备数字化智能化管理的提升可最大化地发挥效能，为企业节省成本、创造利润。

第四节　设备精益管理体系建立提升方法

采油企业需努力探索新形势下设备管理新思路，随着新设备、新技术的不断引进，对设备精益管理提出了新的更高要求。随着油田开发程度的不断加大，注聚、注氮等三次采油技术在油田开采中的应用，装备水平不断提高，随之而来的是设备精益管理的难度加大。本节主要对油田设备精益管理体系建立与提升进行探讨。

1. 健全体制、完善制度标准

（1）加强体制建设，健全高效的设备管理组织保障体系

① 健全设备管理组织网络。厂处级建立设备管理委员会，科级单位需设立设备管理领导小组，中心站(队级)应设专兼职设备管理人员，各级机构都应对设备管理工作及时协调落实，做到组织保证。

② 成立设备监督站。成立设备监督站便于对设备现场管理监督、维保质量监督、重复性问题监督，使各类主要关键设备运行始终处于受控状态。

③ 细化管理岗位，适应设备管理新形式。如长庆油田采油厂应进一步细化管理岗位，增设防爆电气岗、非标设备管理岗，并根据岗位设置，制定相应的岗位职责，明确管理内容。

(2) 建立设备管理目标责任制，不断完善设备激励与约束机制

厂处级设备机构应建立设备管理目标责任制，并向三级单位下达设备主要经济管理技术指标，并定期检查，年度评比考核。

(3) 强化制度建设，实现制度无死角全覆盖

采油企业应根据设备管理要求，不断补充完善管理制度，一般应每3~5年修订管理制度，把制度建设作为夯实设备管理基础、完善设备管理体系、提升设备精益管理水平的重要手段。

2. 强化现场管理，提升精益管理水平

(1) 建立检查与问题整改闭环管理机制

采油企业应根据管理制度要求，采取厂级定期检查与设备监督站抽检的检查方式，对基层三级单位进行量化检查考核，对检查问题形成问题清单，上网通报，限期整改，抽查落实，做到检查与整改的闭环管理。

(2) 创建设备管理示范区，不断探索提升设备精益管理水平新途径

创建设备管理示范区，可起到发挥设备管理优秀典型的示范引领作用，以点带面，逐步推进，全面提升管理水平。示范点建设应制定严格的管理标准，在考核指标设定方面应把影响设备运行质量、安全指标作为重点考核指标。

(3) 定期开展设备整修，及时恢复设备技术性能

① 春秋两季开展设备整修。采油厂应在春秋季节开展特种车辆、抽油机、泵等设备整修，加热设备实行夏季停炉检修，为正常生产提供保障。

② 开展设备状态调查。根据调查情况，合理编制整修计划，消除设备故障，提升设备设备技术性能。

3. 强化设备技术管理，提升设备运行质量

(1) 注重重点耗能设备运行指标管理，持续提高设备运行效率

抽油机、注输泵是采油厂的耗能大户，要注重注输泵与抽油机能耗统计分析。注输泵要提高整体运行效率，降低运行单耗，要提高设备完好率，降低维修费用；抽油机要做好系统效率提升，注重平衡率管理，平衡合格率不低于95%。

(2) 开展单机成本核算，降低运行成本

车辆要执行单机核算制度。燃料、维修费用要定额管理，定期开展统计分析，对严重超支单位进行考核，针对问题，制定下步管控措施。

(3) 开展管理创新与技术创新活动，为设备创新成果推广提供交流平台

采油厂每年应组织一次管理创新活动，活动开展不仅能调动广大设备管理技术人员

创新思路及积极性，还可做到成果转化，为采油厂带来效益。创新活动应作为常态化持续开展。

4. 强化中大型设备前期管理，确保设备发挥最大投资效益

（1）抓源头管理。设备部门积极主动参与设备选型、关键设备方案审查、参与设备安装验收工作。通过抓设备源头管理，优化资源配置，不断提升装备智能化水平，提高利用率。

（2）制定中长期发展规划。坚持设备调研，在调研基础上，制定三到五年中长期发展规划。要严控新购设备总量，要走购置高性能、高利用率、高效率、低能耗的“三高一低”原则。

（3）适时调整配置标准，满足开发需求。要根据开发现状，适时调整设备配置标准。如长庆油田经过多年勘探开发，地层能量逐年递减，抽油井也趋向于“抵冲次”运行方式。常规抽油机电机均配置 8 级常规异步电机，进一步降低冲次很难实现，下一步应考虑配置 12 级永磁同步电机可实现超低冲次需求。

5. 多措并举，不断探索提高设备精益管理水平新途径

采油企业应不断加强以效益为中心的设备精益管理体系建设，在创新中发展，在发展中创新，不断优化完善设备管理体系，提升全员设备管理意识，加强基础及现场管理，持续提升设备经济技术指标，每位设备管理人员都要高度重视设备精细化管理工作，要充分认识到加强设备精细化管理，是企业保持生产装置设备稳定高效优化运行的重要保证，是企业全面完成各项任务指标的重要基础和保障。把“实现设备全生命周期长寿稳定运行”作为设备管理的目标。

第六章　油田企业设备精益管理实例

第一节　大庆油田设备精益管理经验

近年来，大庆油田装备制造集团制造业务结合油田实际，坚持问题导向，强化顶层设计，推进“精益管理”，创新服务模式，扎实推进行业转型升级发展，一举甩掉十多年亏损的帽子，初步走上了健康发展的道路。

一、推进精益管理，深挖内部潜力，有效释放企业生产动能

(1) 坚持以“研、产、销”全链条模式优化升级为方向，扎实推进全方位、全要素、全流程的精益管理，着力推动“三个转变”。

① 由分散独立研发向精益研发转变提能力。坚持以提升设计研发水平为龙头，积极探索“联合研发、集中攻关、众包设计”的一体化研发模式，通过整合油田装备制造企业和社会研发资源，实施平台化运营、数字化开发、项目制管理，实行科研人员双轨制管理，畅通科研人员成长通道，实现了设计研发能力和科研人员培养双促进。

② 由传统生产方式向精益生产模式转变提效率。坚持以提升生产加工能力为主线，优化工艺流程，全面推行6S管理与目视化管控，建设标准化车间，开展自动化改造，推行准时制生产，打造清晰明确的生产现场，生产计划细分，生产信息及时传递，物料配送精准定量，构建形成了高效顺畅的生产加工和物流配送体系，生产能力、加工效率、劳动强度实现了“两升一降”。

③ 由单一销售方式向精益营销方式转变提效益。坚持以提升经营效益为目标，强化“人人压担子、全员有指标”的销售理念，通过大力实行“一把手营销”拓市场，“全员式营销”包市场，区域性营销盯市场，逐步建立形成了以客户为中心、以市场为导向、以服务为宗旨的营销模式，极大调动了全员积极性，成功开辟了一批新的市场，创效能力和经营业绩大幅提升。

(2) 优化设备保障，加快推进老旧设备革新改造和更新配套，逐步由重复更新型向功能高效型转变，由单一购置型向租购结合型转变，充分发挥设备效能，有效解决了关

键工序生产瓶颈。

（3）优化物资保供，大力实施物资供应前置化和驻厂监督，推行采购管理项目化，物资采购计划的准确性和物料保供及时性不断提高，为优质高效生产提供了坚强保障。

二、坚持市场导向，创新“制造+服务”模式，提升增值创效能力

创新服务方式，丰富服务内涵，延伸价值链条，以服务拓市场，向服务要效益，靠服务谋发展。

（1）开展设备租赁服务，燃气发电机组、潜油电泵产品通过设备租赁服务，成功进入伊拉克、苏丹、印尼、乍得等海外市场，赢得用户认可。开展产品定制服务，通过“套餐+点餐”“整机+零部件”等形式，实现量身定制，满足各类用户群体的多元化需求。橇装产品定制服务成功进入浙江油田西南区块。

（2）开展“1+N”一体化服务，推行“全生命周期”服务，提供系统解决方案。采取核心产品与其他产品“捆绑式”销售，做好与核心产品相配套的全过程服务。

（3）开展装备技术服务，通过开展“技术+制造+服务”模式，派遣专业技术人员到北石机械、塔西南、大庆钻探等用户现场提供劳务及技术服务，不仅为用户提高了生产效率、节约了生产成本，而且盘活了油田装备僵尸企业富余人员。今年以来，累计实现技术服务创收近3亿元。

三、加强顶层设计，强化政策支持，发挥油田整体优势

（1）明确装备制造产业发展方向。油田专门召开装备制造行业会议，确定发展思路，完善发展规划，并对改进生产组织运行方式、创新服务模式、加强产品研发和市场开发、探索装备制造企业合作、进一步规范油田内部装备制造产品市场等各个环节，制订详细指导方针和政策措施，在一定程度上破解了国有企业体制和机制问题，提高了企业自主经营能力，发挥了油田政策制度指导优势。

（2）推进内部优势产品采购。遵循市场规律，强化优势产品动态管理，依据大庆油田优势产品自主生产、技术先进、质量可靠、应用广泛的基本条件，编制下发大庆油田第一批内部装备制造优势产品目录，共计22类产品、129种规格型号，严格优势产品政策执行，鼓励引导内部优势产品持续提高质量性能，优先采购《目录》中的优势产品。同时，根据油田投资及生产计划，下达指导性生产计划，为制造企业提前编制采购计划、组织招标及采购创造有利条件，保证油田所需产品及时到位。

（3）做好标准化设计和工厂化预制。坚持以用户需求为导向，采用标准设计通用模式，减少个性化需求，计量间、配水间、阀组间、天然气撬等小型站场设施，全部实现了标准化设计、工厂化预制大幅度缩短供货周期。

第二节　西南油气田润滑管理经验

润滑作为设备管理的主要工作之一，西南油气田高度重视压缩机润滑管理工作。近年来结合设备精细润滑做出了一系列有益探索，取得了保障油气安全生产、润滑降本增效的显著成绩。

一、持续加强润滑管理建章立制，夯实润滑管理基础

（1）明确设备润滑职责。针对压缩机组类发布《增压开采技术管理办法》，明确要求加强使用过程中的润滑管理，落实到对机组每月润滑油耗管控。

（2）制定规范。制定压缩机设备润滑、冷却技术规范，加强在基层单位的落实，进一步规范和夯实公司主要设备在设计、选用、使用和检测、维护、储运等方面的技术管理。

（3）制订并发布了 Q/SY XN 0088—2017《往复天然气压缩机组安装技术规范》，对润滑系统安装、清洁、取样等规范了技术要求。

二、推进润滑精细化管理，坚持按质换油

（1）组织各单位开展油品定额管理，动态分析压缩机组等主要设备的实际消耗与控制指标之间的差异，稳步降低了润滑油消耗量。组织各单位进行专题交流，落实各机型的润滑油耗计算标准，将整体机用油平均单耗由 15. 58L/d 降低到 12. 42L/d。

（2）生产现场配置油品快速分析仪。2017 年通过非安设备计划新增、更新油品分析仪 9 台，累计 122 台；光谱分析、铁谱分析和颗粒度分析等外委送交第三方检测。压缩机组润滑油性能定期检测得到较好执行，确保设备的良好润滑。

（3）对重点机组用油选型不合理采取针对性措施，多次解决现场问题：储气库 8 台大功率压缩机组壳牌 SIW680 润滑油黏度过高造成气缸异常磨损问题，成功试验了低黏度 S1W460；轻烃厂压缩机电机轴承烧损分析，选用了性能更好的极压复合锂基脂试用；对龙岗净化厂转水泵轴承温度高，调研发现油品选用不当（低转速下错选二硫化钼高温脂）并进行纠正。

三、大力推进润滑油国产化，降本增效

1. 润滑油国产化

2016 年专题研究、下达了《关于进一步规范化使用润滑油的通知》，制定了分气质、分部位选用油品的技术要求，加大了润滑油国产化力度，CNG 站已全部使用昆仑润滑油，当年昆仑润滑油用量增加到 31%，降本增效 200 万元。实现了全年昆仑润滑油比例 61%。

2. 润滑油使用过程监测

为保证换型润滑油能确保机组正常运行，加强了润滑油在国产油替代过程中使用监测：制定了润滑油液定期检测方案，建立了设备用油台账，及时监控设备润滑情况，充分保障国产化替代过程中润滑可靠性。

四、推进增压站 QHSE 标准化建设，规范现场润滑管理

2017 年组织开展了增压站 QHSE 标准化建设，形成了从基层作业区、场站到班组的“三手册，一图册”，对增压站包括润滑在内的现场管理进行了规范，全年实现了 81 座增压站达标验收。

五、开展润滑管理科研项目研究，提升润滑整体实力

（1）开展《天然气压缩机组经济运行研究》，摸清了机组各种工况下的合理润滑消耗，对指导现场用油起到了较好效果。摸清增压机组燃料气和润滑油的合理用量，采取措施，使机组节能降耗，做到经济运行就尤为必要。平均单台增压机组润滑油消耗下降 5%。

（2）开展《天然气压缩机组合理润滑现场试验与应用研究》，在试验的基础上，规范了压缩机组润滑系统设计、油品选型、检测维护和优化使用，进一步形成了分公司润滑、冷却的技术标准。润滑油使用成本降低 20% 以上。

（3）二级单位开展润滑科研项目多项，长期摸索和取样检测，掌握了压缩机组曲轴箱润滑油的劣化规律，延长油品寿命到 8000h，实现年保换油，年节约润滑油 50 万元以上。

六、积极组织润滑技术交流与培训，夯实润滑人才队伍

将设备润滑技术交流和培训作为一项常态化工作开展，持续努力提高相关人员技术水平。先后与广研检测、壳牌润滑油、雪佛龙润滑油、中石油昆仑润滑油、西安天厚、北京西马力等专业机构，开展润滑技术专题交流，拓宽了油气田润滑管理知识技能。每年设备管理培训中将润滑作为内容之一，长期坚持，突出重点，累计培训 325 人次，增强了基层技术干部润滑管理意识，夯实了专业人才队伍基础

第三节　胜利油田设备“十字”管理法

胜利油田全面推行系统节点精细管理，创新管理理念，探索实施设备“十字”管理法。在坚持传统设备“十字”作业法的基础上，借鉴先进的管理经验，总结提炼出设备“十字”管理法。不仅包括了设备管理的相关制度、标准和规范，而且涵盖了设备管理的目标、责任、运行和考核。

一、设备“十字”管理法的基本含义与内容

(1) 优配：即优化设备资源配置，努力实现设备投资回报最大化。优化设备增量配置，盘活存量资产。

(2) 监测：通过建立与完善设备监督与监测“两个体系”，切实提高设备健康管理水平。监督体系是指建立定期设备检查与随机设备抽查相结合的设备监督检查模式；设备监测体系是设备检测与故障诊断体系的简称。

(3) 润滑：润滑管理是设备管理工作的重要组成部分，润滑管理要与体制、机制变化相适应。设备的精密性要求不断应用新技术，提高水平。由传统的润滑管理向经济科学的全面润滑管理转变。

(4) 安稳：加强设备前期质量管理，加强设备现场管理，提高设备本质安全化水平，实现设备的安全平稳运行。

(5) 高效：高效运行，实现设备与工艺合理匹配，实现节能降耗目标；高效管理，建立高效畅通的设备管理机制和支撑手段。

二、设备“十字”管理法的解读

(1) 设备“十字”管理法是一个不可分割的整体。即优配、监测、润滑、安稳、高效是一个闭环管理。优配是前提；监测是基本手段和依据；润滑是命脉；安稳是根本和使命；高效是追求的目标。

(2) 设备“十字”管理法是一套建立在实践基础上的科学体系。设备“十字”管理法具有节点管理的目标体系、责任体系、运行体系和考核体系。推行设备“十字”管理法，必须以效益为中心，既要优化要素，也要优化过程，注意在动态中协调要素与整体的关系，从而达到系统总体功能的最优化。

(3) 设备“十字”管理法是设备管理的传承和发展。设备“十字”管理法是设备“十字”作业法的延伸和提炼。

(4) 推行设备“十字”管理法是一个设备管理理念转变的过程。

意识上由技术型转变到经济技术型、经营效益型；定位上从生产后勤保障的角色走到企业生产经营的前沿。

(5) 推行设备“十字”管理法是一个设备管理机制转变的过程。

(6) 推行设备“十字”管理法是设备管理的精细化过程。从精和细上下功夫，精是抓住关键环节，细是具体量化。

三、取得成效

胜利油田通过践行设备“十字”管理法，做好了设备增量资产的优化配置，充分挖掘了设备资源能力，全面推进了设备操作标准化、设备本质安全化、设备运行合理化，实现了向设备精益管理要效益。

附录　油田设备管理相关标准目录

一、综合法规

《中华人民共和国全民所有制工业交通企业设备管理条例》(自1987年起施行)

《中华人民共和国安全生产法》(自1993年9月1日起施行)

《中华人民共和国道路交通法》(自2004年5月1日起施行)

《中华人民共和国节约能源法》(自1998年1月日起施行)

《中华人民共和国特种设备安全法》(自2014年月1日起实行)

《特种设备使用管理规则》(TSG 08—2017)

《中华人民共和国道路交通安全法实施条例》(中华人民共和国国务院令2017年第687号)

二、节能管理

GB 15316《节能监测技术通则》

GB/T 33653《油田生产系统能耗测试和计算方法》

GB/T 33754《气田生产系统能耗测试和计算方法》

SY/T 6374《机械采油系统经济运行规范》

SY/T 6569《油气田生产系统经济运行规范注水系统》

SY/T 6723《输油管道系统经济运行规范》

SY/T 6567《天然气输送管道系统经济运行规范》

SY/T 6373《油气田电网经济运行规范》

三、抽油机管理

API 11E《抽油机规范》

GB/T 29021《石油天然气工业 游梁式抽油机》

SY/T 6729《无游梁式抽油机》

SY/T 5226《石油天然气钻采设备 抽油机节能拖动装置》

SY/T 6668《游梁式抽油机的安装与维护》

Q/SY 1233—2009《游梁式抽油机平衡机操作规范》

四、地面泵管理

API 610《石油、重化学和天然气工业用离心泵》

GB/T 9234《机动往复泵》

GB/T 5656《离心泵 技术条件(Ⅱ类)》

GB/T 26507《石油天然气钻采设备 地面油气混输泵》

JB/T 12798《双螺杆泵》

JB/T 8644《单螺杆泵》

SY/T 6462《油田用注聚合物泵》

SY/T 0403《输油泵组安装技术规范》

五、井下泵管理

SY/T 5078《水力泵抽油系统》

SY/T 6598《潜油电泵保护器的使用与检验推荐作法》

SY/T 6599《潜油电泵离心泵试验推荐作法》

GB/T 21411.1—2014《石油天然气工业 人工举升用螺杆泵系统 第1部分：泵》

GB/T 21411.2—2009《石油天然气工业井下设备 人工举升用螺杆泵系统 第2部分：地面驱动装置》

SY/T 5188《抽油泵维护与使用推荐作法》

六、锅炉管理

TSG 11—2020《锅炉安全技术规程》

TSG G5003—2008《锅炉化学清洗规则》

TSG G5001—2010《锅炉水处理监督管理规则》

TSG G6001—2009《锅炉安全管理人员和操作人员考核大纲》

GB/T 1576《工业锅炉水质》

GB 10180《工业锅炉热工性能试验规程》

GB/T 17410《有机热载体炉》

GB/T 21435《相变加热炉》

JB/T 10094《工业锅炉通用技术条件》

JB/T 7985《小型锅炉和常压热水锅炉技术条件》

GB/T 17954《工业锅炉经济运行》

NB/T 47034《工业锅炉技术条件》

七、加热炉管理

SY/T 6382《输油管道加热设备技术管理规范》
SY/T 0404《加热炉安装工程施工规范》
SY/T 5262《火筒式加热炉规范》
SY/T 0031《石油工业用加热炉安全规程》
SY/T 0538《管式加热炉规范》

八、燃烧器

GB/T 19839《工业燃油燃气燃烧器通用技术条件》

九、汽车管理

GB 7258—2017《机动车运行安全技术条件》
GB/T 18344—2016《汽车维护、检测、诊断技术规范》
GB/T 16739—2014《汽车维修业开业条件》
《道路运输车辆技术管理规定》(中华人民共和国交通运输部令 2016 年第 1 号)
《汽车维修合同实施细则》(交运发〔1992〕112 号)
《机动车登记规定》(公安部令 2012 第 124 号)
《报废汽车回收管理办法》(2001 年 6 月 16 日中华人民共和国国务院令第 307 号)
《机动车强制报废标准规定》(2013 年 5 月 1 日施行，商务部、发改委、公安部、环境保护部令 2012 年第 12 号)

十、内燃机

SY/T 5641《石油天然气工业 天然气发动机》
SY/T 5030《石油天然气钻采设备 柴油机》
SY/T 6416《发动机的安装、操作和维护推荐作法》

十一、压缩机

API 11P《油气生产用配套往复式压缩机规范》
API STD 1616《石油、化学和天然气工业用天然气涡轮机》
API STD 617《石油、化学和气体工业用轴流、离心压缩机及膨胀机-压缩机》
API STD 618《石油、化学和气体工业设施用往复压缩机》
GB/T 13279《一般用固定的往复活塞空气压缩机》
SY/T 6651《石油、化学和天然气工业用轴流和离心压缩机及膨胀机 压缩机》

十二、压力容器

GB/T 150《压力容器》
TSG 21—2016《固定式压力容器安全技术监察规程》
TSG R0005—2011《移动式压力容器安全技术监察规程》
TSG D0001—2009《压力管道安全技术监察规程—工业管道》

十三、其他设备

SY/T 5079《油井测试设备》
SY/T 5961《清蜡设备》
SY/T 5962《洗井机》

十四、润滑管理

GB/T 13608《合理润滑技术通则》
GB 7607《柴油机油换油指标》
GB 8028《汽油机油换油指标》

参 考 文 献

[1] 胡光荣. 现代企业设备管理[M]. 2版. 北京：机械工业出版社，2001.
[2] 李宁会. 油田设备管理[M]. 2版. 北京：中国石化出版社，2020.
[3] 刘炜光. 油田设备润滑管理[J]. 中国设备工程，2010，(12).
[4] 马立军. 无外接动力油井伴生气回收装置的研制与应用[J]. 中国设备工程，2021，(03).
[5] 冯胜利. 油田设备精细管理体系的建立与探索[J]. 中国设备工程，2012，(08).
[6] 卢群辉. 浅析油田设备本质安全风险管控[J]. 石油化工安全环保技术，2015，(05).
[7] 亓和平. 践行设备“十字”管理法，努力向设备精细管理要效益[J]. 中国设备工程，2012，(01).
[8] 王玉伏. 创新设备精益管理初探[J]. 中国新技术新产品，2013，(07).
[9] 赵新宇. 精益管理在油田设备管理中的应用[J]. 今日财富，2019，(02).
[10] 高志坚. 设备管理[M]. 北京：机械工业出版社，2020.
[11] 孔令先. 企业管理从设备管理抓起[J]. 中国设备工程，2002，(05).
[12] 王海旭. 浅谈目视化管理在油田现场设备管理中的应用[J]. 中国设备工程，2019，(05).
[13] 文宇鹏. 一种采油井伴生气回收系统[P]. CN2020215135479.
[14] 李葆文. 设备管理新思维、新模式[M]. 北京：机械工业出版社，2004.
[15] 贾品元. 油田三次采油技术聚合物新型母液配置注入设备研制[J]. 16届宁夏青年科学论坛论文集，2020，(08).
[16] 贾品元. 油田往复泵及其应用[M]. 北京：中国石化出版社，2016.
[17] 苏璟琛. 离心水泵经济运行措施浅析[J]. 大科技，2016.
[18] 邓寿禄. 集输系统加热炉经济运行[J]. 油田节能，2016，17(06).
[19] 沈永刚. 现代设备管理. 北京：机械工业出版社，2003.
[20] 崔重印. 浅谈石油企业设备设施完整性管理程序[J]. 中国设备工程，2020，(12).
[21] 沈希瑾译. 精益思想. 北京：机械工业出版社，2017.